智能媒体时代普通高等院校新媒体
全能专攻复合型人才培养数字化规划教材

总主编 严三九 副总主编 赵为学

媒介经营与管理
（第三版）

Media Operation and Management

编著 ◎ 严三九 刘 峰

华中科技大学出版社
http://press.hust.edu.cn
中国·武汉

内 容 提 要

本教材系统梳理了媒介经营与管理的知识体系与实践框架，立足媒介产业发展新态势，全面解析媒介管理的核心逻辑与操作路径。教材主体内容按管理维度层层展开：从媒介组织结构设计与变革入手，探讨组织形式优化的路径；聚焦管理者与领导者的职能差异，强调媒介领导者的素质要求与职业经理人培养；深入分析媒介市场的特征与智能传播时代的新变化，阐述市场细分、目标定位及环境分析的方法；同时详细阐述媒介产品营销和各方面的管理策略。

全书兼顾传统媒体与新媒体的管理特性，融入智能化、融合化等时代元素，理论与实践相结合，可以帮助新闻传播专业学生系统理解当代媒介管理逻辑。

图书在版编目(CIP)数据

媒介经营与管理 / 严三九, 刘峰编著 . -- 3 版 . -- 武汉 : 华中科技大学出版社, 2025. 8.
ISBN 978-7-5772-2217-2

Ⅰ. G206.2

中国国家版本馆 CIP 数据核字第 202533DJ80 号

媒介经营与管理(第三版)　　　　　　　　　　　　　严三九　刘　峰　编著

Meijie Jingying yu Guanli（Di-san Ban）

策划编辑：周晓方　杨　玲　庹北麟

责任编辑：林珍珍

封面设计：原色设计

责任监印：曾　婷

出版发行：华中科技大学出版社（中国·武汉）　　　电话：（027）81321913

　　　　　武汉市东湖新技术开发区华工科技园　　　邮编：430223

录　　排：华中科技大学出版社美编室

印　　刷：武汉市洪林印务有限公司

开　　本：787mm×1092mm　1/16

印　　张：17

字　　数：392千字

版　　次：2025年8月第3版第1次印刷

定　　价：49.80元

总序

Introduction

随着信息传播技术的快速发展，智能媒体时代、全媒体时代的到来，媒体深度融合向纵深推进，中国的新闻传播教育也处在大变革、大发展时期。为了大力普及新传播技术背景下的当代新闻传播学知识，为全国普通高等院校新闻传播学类专业的学生提供符合新传播技术发展要求的最新、实用的教材，华中科技大学出版社和上海大学新闻传播学院等单位共同组织编写了一套智能媒体时代的新闻传播学系列教材。

本套教材编撰宗旨：

本着与时俱进、不断革新的精神，大力普及新传播技术背景下的当代新闻传播学理论、知识和技能，并为全国普通高等院校的新闻学、传播学、广播电视学、广告学、网络与新媒体等相关专业提供符合智能媒体时代、全媒体时代要求的实用教材。

本套教材编撰原则：

（1）与时俱进，不断革新，具有时代特色、中国特色。

（2）深入浅出，删繁就简，基础理论与实务训练并重。

（3）继承学术传统，吸收中国新闻改革30多年来的学术成果和典型案例。

本套教材编撰特色：

（1）吸收当前新闻传播学的最新研究成果。

（2）以智能媒体、全媒体的新闻传播主要平台为视角。

（3）以实务为基点阐述新闻传播的主要理论。

（4）采用大量案例，聚焦新闻传播学类专业新的知识要点。

（5）注重实际训练，培养学生的基本技能。

　　本套教材在编撰过程中尽量做到文字通俗易懂但不肤浅，教学案例众多但有特色，紧扣智能媒体、新媒体技术但尊重传统。

　　本套教材的指导委员会、编审委员会成员来自复旦大学、中国人民大学、中国传媒大学、上海交通大学、浙江大学、华东师范大学、同济大学、安徽大学、上海外国语大学、河北大学、上海师范大学、上海体育大学和上海大学等众多高校的新闻传播学院，因而这套教材是各兄弟院校教师大协作的产物。

　　参加本套教材编著的老师都长期工作在新闻传播学专业及其相关专业的第一线，多年从事专业课程的教学、科研，具有丰富的教学经验并获得过重大的研究成果。其中，有的是教育部高等学校新闻传播学类专业教学指导委员会委员，有的长期担任中国新闻奖与省部级新闻奖的评委；大多数老师参加过国家级、省部级规划教材的编写；同时他们都参与了大量的新闻工作实践，为本套教材的新颖性和实用价值提供了有力的保证。

　　本套教材着重强调基本知识理论和案例分析相结合，在内容上既有科学性、系统性，又有很强的可读性、实用性和示范性，同时注重吸收30多年新闻改革的最新成果。每本教材的主编都有多年教学和实践的经验，能够对同类教材及参考书编写的传统结构有所突破，以方便读者更好地掌握课程精髓为目的，以创新为核心，重新构架全书的结构。

　　在人工智能、大数据、移动互联网、物联网、区块链技术大发展的媒介化社会，新闻传播成为当代社会生活的一个重要方面，媒介素养也成为提高干部素质，乃至提高公民素质的重要方面。本套教材不仅可以作为高等院校本科生、高职高专学生的教材，也可以作为新闻工作者与宣传部门从业人员进修的参考书、广大新闻爱好者的继续教育与自学用书。

　　我们处在一个革故鼎新、新生事物层出不穷、科技日新月异的信息化时代、数字化时代和智能化时代，客观实践经常跑在思想认识和理论研究的前面。因此，在高校教材建设上，强调面向当代社会实践，面向未来，强调以马克思主义、习近平新时代中国特色社会主义思想等为指导，注重科学性、知识性、前瞻性与实用性，这是我们编写这套教材的共同要求。而其中每一本教材，在框架设计、理论知识阐述、材料运用、行文风格等方面，又各具特色。我们每位执笔人，都把编写教材的过程作为总结经验、研究学问的过程，也是十多个兄弟院校老师共同的学术成果，必将受到新闻传播学院师生、新闻宣传工作者以及新闻爱好者的欢迎，必将在开展新闻传播教育和指导新闻传播实践中发挥更大的作用与社会效益。同时，我们也预计到，我们的思考和编写难免有不周之处，敬请读者不吝指正。随着新闻传播学教学、科研、实践的不断发展，这套教材内容肯定要不断充实与更新。我们殷切地期待读者提出批评与建议，使这套教材臻于完善。

张骏德　严三九

2019 年 7 月 26 日

序言

Preface

在人类传播史上，技术革新始终是推动媒介形态迭代的核心动力。当生成式人工智能、算法推荐等技术浪潮席卷传媒行业，当虚拟主持人与真实主播同台竞技，当智能传播系统重构内容生产全链条时，传统媒介经营与管理的理论框架面临前所未有的挑战与重构。在此背景下，《媒介经营与管理》的课程体系与具体内容都需要做出更新，回应智媒时代行业的变革。

当前媒介产业正处于"技术—机制—文化"三重变革的交汇点。以Chat-GPT、Sora为代表的生成式AI技术，已实现从辅助工具到内容生产者的角色跃迁，算法推荐技术重构了信息分发逻辑，但也引发了"信息茧房""过滤气泡"等社会问题；虚拟现实（VR）、增强现实（AR）技术创造沉浸式传播体验，同时带来版权归属、伦理责任等新课题。这种变革不仅体现在技术应用层面，更深刻影响着媒介组织的战略决策、市场竞争格局乃至整个产业生态。在这一语境下，媒介经营与管理的诸多内容被重新界定，传统以"渠道为王""内容生产"为核心的理论体系，已难以解释算法主导的传播生态、人机协同的生产模式、跨界融合的资本运作等新现象。本教材的修订正是基于这一时代命题。当技术成为媒介生存的基础设施，当算法逻辑渗透到管理决策的诸多环节，我们需要重新构建一套既立足于行业实践又具有前瞻性的知识体系，这不仅是应对智能传播挑战的现实需求，更是培养卓越媒介管理人才的必然选择。

相较于前两版，第三版教材做了大量修订工作，将算法治理、虚拟主持人协同管理、智能生产流程优化等前沿议题纳入其中，同时更新了诸多案例。对于新闻传播专业的学生而言，这本教材不仅是知识图谱，更是应对未来挑战的思维工具箱。它将帮助你理解：在算法主导的信息洪流中，如何通过精准的市场细分实现价值突围；在人机协同的生产体系中，如何设计激励机制激发人类创造力；在资本与技术的博弈中，如何坚守媒介的公共价值。而这一切的核心，在于建立一种"技术敏感型"的媒介经营与管理思维：既深谙智能传播的技术逻辑，又能透过技术表象把握传播的本质规律。这正是《媒介经营与管理（第三版）》试图传递的立意，也是我们对未来媒介经营管理者的殷切期待。

严三九

2025.8.14

目录
Contents

/1 **绪论**

/1   第一节   媒介经营管理的基本概念
/7   第二节   媒介的生存环境
/11   第三节   媒介经营管理的基本要求

/19 **第一章   媒介组织结构**

/19   第一节   媒介的组织形式
/27   第二节   媒介的组织结构设计

/33 **第二章   媒介管理者和领导者**

/34   第一节   媒介的管理者和领导者
/40   第二节   媒介领导者的要求

/46 **第三章   媒介市场**

/46   第一节   媒介市场概述
/52   第二节   媒介目标市场分析
/64   第三节   媒介市场环境

/76　　**第四章　媒介产品营销**

/76　　　　第一节　媒介产品营销概述

/81　　　　第二节　媒介产品营销的价值策略

/88　　　　第三节　媒介产品营销的消费成本

/91　　　　第四节　媒介产品营销中的便利策略

/93　　　　第五节　媒介和消费者的沟通

/102　　**第五章　媒介生产管理**

/102　　　　第一节　媒介生产流程管理

/116　　　　第二节　媒介生产成本管理

/126　　**第六章　媒介财务管理**

/126　　　　第一节　媒介财务管理的概念与作用

/130　　　　第二节　媒介财务管理的实施

/135　　　　第三节　媒介财务状况的监测

/141　　　　第四节　媒介财务分析

/146　　**第七章　媒介人力资源管理**

/146　　　　第一节　竞争优势与人力资源

/153　　　　第二节　媒介人才的选择与任用

/159　　　　第三节　媒介人力资源的培训与发展

/166　　　　第四节　媒介人力资源的绩效考核

/172　　　　第五节　21世纪媒介人力资源管理的发展

/178　　**第八章　媒介战略管理**

/178　　　　第一节　媒介战略管理的概念、特征与意义

/185　　　　第二节　媒介战略管理的过程

/202　　**第九章　主持人管理**

/203　　　　第一节　主持人管理的本质和原则
/207　　　　第二节　主持人管理的有效举措
/210　　　　第三节　主持人管理的创新
/218　　　　第四节　虚拟主持人管理

/223　　**第十章　媒介集团化管理**

/224　　　　第一节　媒介集团化管理的思路与策略
/229　　　　第二节　媒介集团化管理的设计与运作

/244　　**第十一章　媒介资本运营**

/245　　　　第一节　媒介开展资本运营的理论依据和现实需要
/247　　　　第二节　当前媒介资本运营的主要形式
/250　　　　第三节　智能媒体与资本市场
/252　　　　第四节　实现媒介与资本市场的互动双赢
/255　　　　第五节　媒介资本运营的引导与管控

/258　　**参考文献**

绪　论

提到经营管理，人们会自然而然地联想到经济管理学中那些枯燥乏味的概念。在这里，必须要说清楚一点，尽管我们研究的对象也是经营管理问题，也属于经济管理学范畴，但不是一般工商企业和其他性质企业的经营管理，而是生产特殊商品的媒介产业的经营管理，具有一定的特殊性。

随着我国经济建设和新闻事业的不断发展，新闻界学者提出"媒介管理学"的概念和观点，认为新闻学应重新细分，将新闻学应用部分的新闻采访、写作、编辑、摄影、评论等，与发行、广告、计划、财会、经营等分离，将后者单独列入"媒介管理学"范畴。

媒介经营管理，是以媒介（新闻单位）经营管理工作的性质、特点、规律、作用、方法、任务等为研究对象的一门学科。它的应用性、实践性极强，涉及新闻学、传播学、经济学、管理学、政治学、社会学、心理学、市场营销学等多学科内容。与其他性质企业的经营管理相比，媒介经营管理具有极强的政治性、特殊性和实用性。

第一节　媒介经营管理的基本概念

一、管理与企业经营管理

虽然我们说"经营管理"，但这并不意味着"经营"和"管理"是两个相互独立的概念。管理是经济学意义上的，所针对的是企业的经济活动，因此"经营"和"管理"是一体的，"经营"一般被纳入"管理"的范畴。

经营管理对应的英文为 management。英文词典对 management 的解释是：The act, manner, or practice of managing；handling, supervision, or control（处理、监督或控制的行为、方式或实践）。从本质上说，管理是一种行动和过程，也是人类的一种生产劳动方式。

马克思认为，一切规模较大的直接社会劳动或共同劳动，都或多或少地需要指挥，以协调个人的活动。人类的管理活动在很早以前就出现了，但管理学作为一门学科的历史只有一两百年。在近七十年中，诸多学者提出了"管理"的定义，影响较大的有以下几种。

法国实业家、现代管理理论的创始人之一法约尔提出，管理是由计划、组织、指挥、协调、控制等职能要素组成的活动过程。

日本学者前川良博人对"管理"一词的定义是：以达到组织目的为目标，有计划、有组织地付出努力的有系统的行动。

经济学家赫伯特·西蒙提出：管理就是决策。

也有学者提出了不同的定义，比如：管理是通过领导工作、计划工作、组织工作、控制工作等诸多过程来协调所有的资源，从而达成既定目标，其中的资源包括资金（money）、物质（material）、人员（man）三部分（即通常所说的3M）；管理是在某一组织中，为完成目标而从事的对人与物质资源的协调活动；管理是通过其他人的工作达到组织的目标；管理是协调人际关系，激发人的积极性，以达到共同目标的一种活动。

虽然以上定义的切入角度和侧重点各有不同，但都是广义上对管理的理解，其所指的"管理"，涉及政治、经济等多个领域。

一般来说，经营是指企业为了实现自身的生存、发展和战略目标而进行的决策，以及为实现这种决策而从各方面所做的努力。换句话说，经营是一种行动，通过人们有意义的行为来完成经济方面的工作，以谋求一定的利益。

企业经营有以下职能：其一，预测市场变化；其二，协调整个企业内部和外部活动，适应市场变化；其三，发现和利用能使自己发展成长的机会。据此，企业的经营活动主要包括以下内容：其一，预测，包括进行市场调查，以及对市场需求和供给的现状和变化、技术的进步、资源的变化、竞争的发展、经营方式和经营战略的变化等，做出科学的预测；其二，决策，即在预测的基础上，对企业的发展方向、目标以及达成目标的重要举措等做出正确的决策；其三，将企业的发展方向、目标具体化，即把它们变为企业成长发展的各种规划，包括产品方向、产品品种和数量、市场目标、企业规模、基本建设、技术改造、新技术的采用、增加利润、提高员工收入、员工的招收和培训等规划，以及实现这些规划的步骤；其四，为实现企业的发展目标而开展的与市场活动有关的各项工作，如资金的筹集、生产资料的采购、产品的销售、市场的开拓、新产品的研制、生产组织形式和管理机构的改革与发展、与其他企业的协作关系等。

对于任何企业来说，进行经营管理的目的，都是利用有限的成本获得尽可能多的利润。因此，在进行经营管理时，企业要集中人力、物力，最大限度地利用所有可供利用的资源（包括有形资源和无形资源），争取获得最大的收益。

以上分别对经营与管理进行了阐释，综合审视两者，并结合现代企业的特点，我们便得到了有关企业经营管理的几个关键点：其一，企业经营管理是以企业的增收和盈利为目标的；其二，企业经营管理的对象是人、物、财，其中"人"是最根本、最主要的；其三，企业经营管理的核心行为是监督（"管"）、协调（"理"）企业的各项事务。

因此，本书将企业经营管理定义为：企业为获得最大利润，而对生产、销售、消费过程中的各环节进行的各方面的活动，包括领导、计划、组织、控制等。

必须补充的一点是，在追求经济效益的同时，企业也不能无视社会效益、社会价值与社会伦理。因为企业是一种社会组织，是社会的一部分，只有服务于社会、有益于社会才能得到社会的支持，立足于社会，从而谋求自身的长远利益与发展。这就要求企业在运行过程中严格遵守法律法规及市场规则，并且承担应有的社会责任，兼顾经济效益与社会效益，有时要为社会效益而牺牲一部分经济效益，但不能一味追求盈利而置社会责任与消费者权益于不顾。

二、媒介经营管理

长期以来，对于媒介，人们所重视的是意识形态的宣传属性。但随着市场化的发展，媒介的产业属性日益突出，而且宣传自身也必须尊重市场规律与传播规律。这就要求人们以看待产业而不仅仅是宣传工具的眼光来重新认识媒介经营管理。在此背景下，我们需要对媒介经营管理进行全新而准确的定义。

对于媒介经营管理的定义，有广义与狭义之分。广义的媒介经营管理是指运用媒介产业的人力、物力、财力等资源，通过领导、计划、组织、控制等行为，使产业资源（包括有形资源和无形资源）得到合理配置，发挥最大效用，从而在保证社会效益的前提下谋求最佳经济效益。狭义的媒介经营管理专指出售媒介的广告版面或时段的相关经济活动和管理运作。

对于媒介经营管理的定义，还有宏观与微观之分。宏观的媒介经营管理是指国家、社会对媒介的制度、体制的规定和要求，微观的媒介经营管理则是指具体的媒介单位对自身的行政、生产、营销、财务、人事、技术、安全等的管理。

媒介在社会中具有独特的地位和广泛的影响力，因此媒介的经营管理也区别于一般的企业管理，其特殊性主要表现在以下几方面。

1. 媒介必须把追求社会效益放在首位

这是媒介经营管理与一般企业经营管理的最大区别。任何大众传播媒介都是一定意识形态的产物，它们隶属于一定的阶级、政党或集团，其经营管理者也持有各自明确的阶级立场、政治倾向和价值观。媒介这一经济实体首先是传播媒介。在一些国家，媒介是为资本主义制度服务的，它们所持的是资产阶级的立场，反映资产阶级的价值观；在我国，媒介代表党和国家的声音，以人民的利益为出发点和落脚点，承担着新形势下宣传思想工作的使命任务。

2. 媒介经营管理中有一个极其重要的组成部分，即信息资源管理

媒介在"3M"的管理范围之外，还有第四个M，即message（讯息）。在传播学中，讯息被定义为"由一系列有序性符号组成的表达特定信息或意义的符号系统"。对任何媒介来说，讯息都是其传播的内容所在，没有讯息，便没有媒介。媒介之所以具有强大的社会影响力，正是因为其能把大量有价值的讯息传递给社会公众。此外，在人、物、财的管理中，也会涉及各种经营管理信息（management information），对它们的管理也是媒介经营管理中的重要内容。

3. 媒介组织的内部机构有特殊的设置和架构

简单地说，由于媒介要完成宣传和经营的双重任务，因此其内部结构也大致根据这两项任务的安排而设置，并以技术部门为基础和保障。此外，还有其他相关产业作为经营渠道的补充。

这里以上海SMG集团为例进行介绍。上海SMG集团的组织架构呈现出复杂性和系统性，具体如下[①]（截至2024年6月）。

（1）媒体运营及网络传输

广播节目（12套）：上海新闻广播、长三角之声广播、上海交通广播、上海故事广播、上海戏曲广播、经典947、动感101、Love Radio 103.7、五星体育广播、第一财经广播、浦江之声、爱乐时尚广播。

电视频道（12个）：东方卫视（高标清）（上星）、新闻综合（高标清）、都市（高标清）、第一财经（高标清）、东方影视（高标清）、纪实人文（高标清）（上星）、五星体育（高标清）、东方购物（高标清）、上海外语频道ICS（高标清）、哈哈炫动（高标清）（上星）、东方卫视海外版、香港财经HD。

互联网新媒体：旗下新媒体产品主要有BesTV+平台型产品，包含IPTV、OTT、移动客户端等；三个垂直类新媒体品牌：融媒体新闻品牌"看看新闻Knews"，其核心产品是以"原创+短视频聚合"为特性的移动新闻客户端；互联网音频社群应用"阿基米德"；"第一财经"新媒体矩阵，包含一财网、一财客户端、一财全球（Yicai Global）等。

全国数字付费电视频道（13个）：法治天地、魅力足球、劲爆体育、金色学堂、新视觉、都市剧场、4K欢笑剧场、动漫秀场、生活时尚、乐游、游戏风云、东方财经、七彩戏剧。

---

① 上海广播电视台简介，https://www.smg.cn/review/201406/0163874.html。

报纸杂志（4种）：《第一财经日报》、《第一财经》（YiMagazine）、《每周广播电视报》、《上海广播电视研究》。

网络传输：无线传输、有线传输和卫星传输。

（2）内容制作及版权经营

包括新闻、综艺、社教、体育、影视剧、动漫及纪录片等各类内容制作。旗下五岸传播公司专事集团内外的节目版权交易。

（3）现场演艺

院团：上海话剧艺术中心、上海歌舞团、上海杂技团、上海爱乐乐团、上海滑稽剧团、上海木偶剧团、上海轻音乐团、上海音乐剧艺术中心。

场馆：梅赛德斯-奔驰文化中心、上海话剧艺术中心（艺术剧院、戏剧沙龙、D6空间）、上海国际舞蹈中心、美琪大戏院、兰心大戏院、艺海剧院、人民大舞台、上海马戏城、木偶剧场、尚演谷等。

学校：上海市马戏学校。

票务：上海文化信息票务中心有限公司。

舞美：上海舞美艺术中心（上海舞台技术研究所）。

（4）文化旅游及地产

拥有东方明珠广播电视塔、上海国际会议中心、东方绿舟等诸多知名文化地标。下属东方明珠置业有限公司从事文化地产的综合开发及运营管理。截至2024年6月，已建成东方明珠凯旋中心，正在建的项目有东方智媒城、东方明珠新媒体创智中心、临港影视工业4.0示范基地等。

（5）文化金融与投资

上海文化广播影视集团财务有限公司是全国广电系统首家财务公司，是一家以加强上海广播电视台和东方明珠股份公司资金集中管理和提高资金使用效率为目的，为上海广播电视台成员单位提供财务管理服务的非银行金融机构。

上海广播电视台设立文广创新创业基金，并成立上海文广资本管理有限公司负责基金运营管理，为上海广播电视台培育新内容、新技术和新商业模式提供资金支持。

东方明珠新媒体股份有限公司联合金融机构、地方政府和产业合作伙伴，共同发起设立东方明珠传媒产业股权投资基金，积极打造创新业务的对外投资平台。

（6）多业拓展

旗下上海应帆数字科技有限公司、上海小荧星集团有限公司、上海幻维数码创意科技股份有限公司、上海东方传媒技术有限公司（SMT）等企业分别涉足财经大数据、电视后期制作、技术系统服务、少儿艺术教育等产业，持续深耕各自专业领域。

三、媒介经营管理的意义

在庞杂的社会系统中，媒介是一个活跃的、开放的并具有发散性影响力的系统。媒介的运营及发展，很大程度上受到外部环境的影响。社会政治、经济、科技、文化等方面的变动，都可能对媒介产业的发展产生影响。可以说，媒介是站在时代浪尖的行业。这不仅对媒介经营管理者提出了更高的要求，也凸显了媒介经营管理的重要意义。总体而言，对媒介进行科学的经营管理，能够使媒介内部处于良性运转的状态，并使之适应外部环境，从而实现更高效、长远、可持续的发展。

具体来说，媒介经营管理有以下几方面的意义。

第一，有利于媒介对资源进行合理配置与协调，从而实现协同发展。与所有的经营管理活动一样，媒介经营管理的核心也在于协调。通过经营管理，可以协调媒介中人力、物力、财力、信息这四方面的资源，使其实现有效配置，更好地发挥效用。

第二，有利于媒介实现社会效益与经济效益的协调和双赢。媒介的组织目标包括宣传目标和经营目标。媒介既作为精神产品的生产机构属于社会上层建筑，又处在市场之中，受市场机制的支配和调节，这就需要其有能够适应其特征的经营管理方法，保障组织目标得以实现。

第三，有利于媒介提高自身品质，从而应对时代的挑战和激烈的市场竞争。在知识经济时代，媒介产业必须做好充分的应对，一方面提高自身的内容品质和经济实力，打造更为出色的媒介品牌，另一方面时时留意社会各界尤其是媒介市场的动向，做到知己知彼。这一切都离不开高效、科学的经营管理。

许多实践经验已经证明了媒介经营管理的重要性。综合比较不同的媒介，经济效益好、发展势头强劲的往往是那些在微观管理上有成效、有创新的媒介；就单个媒介而言，在不重视产业经营管理，或者经营管理比较松懈、脱离社会发展的时期，往往会陷入停滞不前的困顿局面，甚至危及媒介的生存；而在把握社会发展及市场变动趋势、科学高效地进行经营管理时，其发展速度则会快得多。例如，在媒介竞争日益激烈、以网络为代表的新媒介风头正盛的背景下，美国商业广播能在媒介市场中保有一席之地，原因正在于其经营管理者能够找准自己的媒介特色，适当定位，推出"适位广播"。他们知道，随着媒介的日益多元化，受众呈现加速分化的趋势，其信息需求愈加多样，因此媒介既要关注广大受众的普遍要求，更要满足日益细分的受众的个性化需要。他们为美国商业广播制定了"专业化"和"本地化"的发展方针，不以综合节目吸引广大受众，而是面向特定听众，呈现专业特色；以面向中心市场特别是本地听众为服务宗旨，成为区域化、本地化（或社区化）的传播机构。在频率设置上，往往是一家电台以一种专业节目类型取胜，如音乐台、谈话节目台、全天候新闻台等。其追求的不仅是"专"，而且是"精"。如彭博新闻社（Bloomberg）向美国的200多家电台出售体育报道，不仅仅提供文字稿，还包括现场的音响报道、电话访问等多种形式的完整节目，这些节目通过卫星、综合数字网从节目公司传至各个电台，保证其时效性和技术质量。

正因竞争激烈，加上经营管理如此重要，如今各大媒介都在努力转变管理观念，加强对经营管理的重视，并出现了"管理培训热"。"向管理要质量，向管理要效益"，已经成为经营管理实践中许多媒介的共识和迫切需要。既谙熟市场规律又通晓传播规律的现代媒介经营管理者，也成为媒介行业中备受青睐的人才。

第二节　媒介的生存环境

一、全球化与媒介业的竞争

随着全球化的深入推进和信息技术的迅猛发展，麦克卢汉所预言的"地球村"不再是一个遥远的概念，而成为我们日常生活的真实写照。我国媒介业在此背景下，不仅面临国内市场的激烈竞争，更要在全球舞台上与"各路豪杰"角逐。尤其是在中国深度融入全球化的进程中，媒介业的竞争格局愈发复杂多变。

全球化浪潮使得境外媒介产品以前所未有的速度和规模进入中国市场。如今，我们不再仅仅通过传统的电视频道接触国外影视作品，各大视频平台纷纷引进海外热门剧集、电影和综艺节目，为观众提供了更加多元的文化选择。与此同时，一些国际知名媒体集团也通过合资、合作等方式，与国内媒体共同制作内容。这些国际媒介巨头凭借强大的资金实力、丰富的制作经验和先进的传播技术，给国内媒介带来了巨大的竞争压力。

除了境外媒介产品的涌入，全球化还促进了中外文化思想的交流与碰撞。这种交流与碰撞不仅体现在媒介内容上，更深刻地影响了媒介从业者的工作理念和受众的接受习惯。例如，近年来流行的"网生代"，就是全球化背景下多元文化交融的产物。这种文化现象对媒介业的影响是深远的，它要求媒介从业者具备更加开放、包容的心态，同时要求媒介内容更加贴合年轻受众的喜好和需求。

在全球化背景下，中国媒介业的工作职能和管理体制也发生了深刻的变化。为了适应国际市场的竞争需求，媒介业必须加快改革步伐，推动管理体制的创新和完善。这包括：加强法律法规建设，规范市场秩序；推动媒介融合发展，提高传播效率；加强人才培养和引进，提升行业整体素质等。同时，媒介业还需要加强与国际社会的交流与合作，学习借鉴国外先进的经营理念和管理经验，不断提升自身的竞争力。

以短视频平台为例，近年来国内短视频平台雨后春笋般涌现，不仅吸引了大量国内用户，还吸引了众多国际知名企业和创作者入驻。这些平台通过算法推荐、内容创新等方式，成功吸引了全球范围受众的关注。同时，国内短视频平台积极走出国门，与国际市场接轨，通过海外合作、投资等方式拓展国际市场。这种全球化背景下的竞争与合作，为中国媒介业的发展注入了新的活力。

总之，在全球化大背景下，中国媒介业面临着前所未有的机遇和挑战。只有不断适应时代的变化，积极应对全球化的竞争，才能在激烈的竞争中立于不败之地。

二、区域化与媒介业的分众

全球化与区域化，看似是一对"矛盾体"，实则相互依存、互为补充，共同塑造着当今社会及媒介业的发展格局。在媒介业，区域化的发展倾向愈发明显，成为与全球化趋势并行不悖的重要现象。媒介的区域化，并非传统的行政区划概念所能涵盖的，在当下它更多表现为以经济发达的中心城市为核心，形成的具有独特文化特色和市场潜力的媒介生态环境。在这种生态环境中，媒介机构类型齐全、竞争激烈，但同时它们之间又保持着良性的合作与互动。

媒介的区域化是经济区域化发展的必然产物。以我国长三角、珠三角为例，这些地区不仅经济繁荣，而且人口集中，市场活跃，为广告业和媒介业提供了巨大的发展空间，因此一些有一定规模的媒介区域正在逐渐形成。它们以中心城市为依托，辐射周边地区，形成了独特的媒介生态圈。媒介的区域化也是各地经济、历史、文化等差异性的体现，不同的地域有着不同的受众群体和收视习惯。地域文化的差异使得媒介节目制作机构在策划和制作节目时，必须充分考虑当地受众的收视需求。

在当今的媒介市场中，我们可以看到一些省级卫视正在积极探索区域化发展道路，它们不再满足于全国范围内的泛泛传播，而是更加注重对特定区域的深耕细作。这些卫视通过挖掘区域内的历史、地理、文化等资源，打造具有鲜明地域特色的节目内容，从而吸引和留住本地观众。以湖南卫视为例，其作为省级卫视中的佼佼者，一直以来都致力于挖掘和展示湖南地区的独特文化魅力。通过推出一系列具有湖南特色的综艺节目和电视剧，湖南卫视不仅成功吸引了大量本地观众的关注，也赢得了全国范围内观众的喜爱。这种立足本地、放眼全国的发展策略，使得湖南卫视在激烈的竞争中脱颖而出，成为媒介区域化发展的典范。

除了湖南卫视外，还有许多其他省级卫视也在积极探索区域化发展道路。它们通过不同的方式和策略，力求在特定区域形成自己的品牌影响力和市场竞争力。这种区域化发展趋势，不仅有助于提升媒介机构的市场占有率，更有助于推动当地文化的传播和发展。当然，媒介的区域化并非一蹴而就。它需要媒介机构在深入研究当地市场和文化的基础上，制定切实可行的发展策略，同时，需要政府和社会各界的支持与配合，为媒介区域化发展提供良好的环境和条件。

总之，全球化与区域化在媒介业中并非矛盾对立，而是相互促进、共同发展的关系。在全球化大背景下，媒介业通过区域化发展，可以更好地满足不同地区受众的需求，推动当地文化的传播和发展。同时，区域化也为媒介业提供了更多的发展机遇和空间，有助于提升整个行业的竞争力和影响力。

三、智能化与媒介业的"换血"

现代媒介的发展正步入一个全新的智能化时代，科技的飞速进步不仅深刻改变了媒介的运行模式和发展方向，更为媒介业带来了前所未有的"换血式"变革。随着人工智能技术的迅猛发展，智能化已经取代数字化，成为媒介业新的发展方向和动力源泉。

在智能化浪潮的推动下，媒介与受众的传播关系正在发生深刻的变革。传统电台、电视台纷纷拥抱智能化技术，转型升级为智能电台、智能电视台，为受众提供更加个性化、精准化的内容推荐和互动体验。智能语音助手、智能推荐算法等人工智能技术的应用，使得受众可以随时随地通过智能设备获取所需信息，并与媒介进行实时互动，实现了传播关系的双向/多向即时化。

智能化的发展也对媒介业的广告模式产生了深远影响。随着人工智能技术在广告领域的广泛应用，广告投放变得更加精准、高效。通过对用户数据的深度挖掘和分析，广告商可以精确锁定目标受众，实现广告的个性化推送和精准营销，这不仅提高了广告效果，也带来了更多的广告收益。

同时，智能化技术的发展也加速了媒介业的资源重组和结构调整。在智能化背景下，媒介机构需要不断创新，加强技术研发和人才培养，以适应新的市场环境和发展趋势。跨媒体、跨平台的合作成为媒介业发展的重要趋势，众多媒介通过共享资源、互通有无，实现共赢发展。

智能化技术的广泛应用还为媒介业带来了更大的生存空间。在智能化时代，媒介不再受限于地域和文化，通过互联网和移动互联网的连接，各种媒介可以便捷地进入国际市场，与全球范围内的受众进行互动和交流。智能传播技术的发展使得信息传播得更加迅速、广泛，为媒介业的发展提供了更广阔的空间和机遇。

面对智能化时代的挑战和机遇，媒介业必须积极拥抱智能化技术，推动媒介的智能化升级。人工智能技术在媒介内容生产、传播、运营等各个环节的应用，将为媒介业带来全新的发展机遇。例如，智能写作机器人可以辅助人工进行新闻稿件的撰写，智能剪辑系统可以自动完成视频素材的剪辑和合成，智能推荐算法可以根据用户的兴趣和偏好推荐相关内容等。

值得一提的是，随着5G、大数据、云计算等技术的快速发展，媒介业正迎来更多的创新应用。例如，基于5G的高速网络传输，媒介可以提供高清、实时的视频传输和互动体验；通过大数据分析，媒介可以更准确地把握受众需求和市场趋势，为内容创作和广告投放提供有力支持；云计算技术的应用则为媒介提供了强大的数据存储和计算功能，推动了媒介业务的快速发展。综上可知，智能化与媒介业的"换血"正在深入进行，在智能化浪潮中，媒介业需要不断创新和变革，积极拥抱智能化技术，以适应新的市场环境和发展趋势。

四、娱乐化与媒介业的"洗脑"

1948年，拉斯韦尔在其《社会传播的结构与功能》（*The Structure and Function of Social Communication*）论文中，提出了传播活动的三大功能：环境监视功能、社会联系与协调功能、社会遗产传承功能。之后，赖特对拉斯韦尔的"三功能说"做了重要的补充。他认为，媒介除了这三大功能外，还有一个重要的功能，即提供娱乐。这与心理学家威廉·斯蒂芬森提出的"传播的游戏观"相吻合。斯蒂芬森认为，传播既可以是工作化的，也可以是娱乐化的，而后者使人愉悦。媒介的功能应是多样的，除了正统、严肃的告知和教育之外，还应有服务性、娱乐性等。在当今社会，不管人们自觉还是不自觉，都很难不受到后现代思潮的影响。而游戏精神正是后现代思潮的一个组成部分。另外，随着生活节奏的加快，现代人不仅需要政治、经济、文化等各个领域的信息，还需要媒介提供娱乐消遣。这也是电视剧始终占据各频道黄金时段的原因。娱乐化的节目能吸引相当大的受众量，从而争取广告商投资，获得可观的经济利益。

因此，重申社会的娱乐文化背景以及媒介的娱乐功能，对媒介的经营管理和生存发展具有相当重要的作用。虽然很多人担心娱乐化会使媒介走向低俗，但一味追求高雅，无视社会文化发展的趋向，显然也不是明智之举。"娱众而不媚众，通俗而不低俗"，是当今媒介所应追求的格调。尤其对于国内媒介来说，放下长期以来的"政治说教"架子，重视媒介的娱乐功能，追求受众量和影响力，不啻为一场"洗脑"。

在智能传播时代，媒介的娱乐功能不仅得到了进一步强化，还通过与智能化技术的结合，呈现出更加丰富多彩的面貌。智能算法的应用使得媒介能够更精准地为用户推送个性化的娱乐内容；通过分析用户数据，媒介能够了解用户的兴趣和偏好，从而为其提供更加符合"口味"的娱乐内容。这种个性化的推送方式，不仅提高了用户满意度，也增强了用户黏性。虚拟现实、增强现实等技术的应用，为受众带来了更加沉浸式的娱乐体验。虚拟现实技术可以让受众身临其境地参与娱乐内容，获得更加逼真的感官体验；增强现实技术则可以将虚拟的娱乐元素与现实场景相结合，创造出更加丰富多样的娱乐形式，为受众带来全新的娱乐体验。

媒介业在积极探索娱乐化的发展路径。以视频平台B站（哔哩哔哩）为例，其成功很大程度上得益于对娱乐功能的深入挖掘和对智能化应用的探索。B站通过智能推荐算法，为用户提供个性化的视频内容推荐，吸引了大量年轻用户。同时，它积极引入虚拟现实技术，推出多个虚拟偶像和互动体验项目，为用户带来了全新的娱乐体验。这些举措不仅提升了B站的用户黏性和活跃度，也为其带来了巨大的经济效益。

除了视频平台，电视媒体也在积极拥抱"娱乐化"。以浙江卫视为例，其近些年推出多档综艺节目，如《奔跑吧兄弟》《王牌对王牌》等。这些节目实现了与观众的实时互动，增强了节目的观赏性和娱乐性。观众可以通过手机、平板等设备参与节目的投票、评论等环节，与节目嘉宾进行互动，增强参与感。

当然，我们在强调媒介娱乐功能的同时，也应注意娱乐化并不意味着低俗化，媒介在追求娱乐效果的同时，更应注重内容的品质和价值观的引导。媒介应借助先进的技术手段，加强对内容的筛选，避免低俗、不良信息的传播。同时，媒介从业人员应加强自律，提高职业素养和道德水平，确保娱乐内容能够传递积极向上的社会价值观。此外，媒介在娱乐化的发展过程中，还应注重与社会的互动和沟通。娱乐内容作为媒介与受众之间的桥梁，应反映社会的热点和关切，引导受众关注社会问题，促进社会和谐发展。媒介可以通过制作具有社会意义的娱乐节目，或者与公益组织合作开展相关活动，将娱乐与社会责任相结合，实现媒介的社会价值。

综上，智能传播时代下的媒介业，应充分发挥娱乐功能的优势，结合智能化技术，为受众提供更加丰富多样、有价值的娱乐内容。同时，媒介应注重内容的品质和价值观的引导，做到既满足受众的娱乐需求，又能够传递积极向上的社会价值观。在未来，随着科技的不断进步和媒介业的持续发展，娱乐化将成为媒介业的重要趋势之一。媒介应紧跟时代步伐，不断创新和探索，将娱乐功能与智能化技术相结合，打造更加符合受众需求的娱乐内容，同时注重与社会的互动和沟通，积极履行社会责任，为社会的和谐发展贡献自己的力量。

第三节　媒介经营管理的基本要求

一、媒介经营管理的职责

媒介的经营管理者在经营管理活动中应完成的任务以及应起到的作用主要包括以下几个方面。

1.计划

计划是所有经营管理活动的基础。它是指为了实现决策所确定的目标，预先进行的行动安排。计划的内容主要包括在时间和空间两个维度上进一步分解工作的任务和目标，选择任务和目标实现的方式，规定工作进度，以及对行动结果进行检查和控制等。没有人能够准确无误地预测未来，因而完美无缺、天衣无缝的计划是不存在的，但计划能让原本模糊的目标变得清晰、明朗、具有较强的可操作性。

在管理学中，计划的内容一般包括"5W1H"（what、why、who、where、when、how）。what即做什么，指行动的目标和内容；why即为什么做，指行动的原因；who即谁来做，指工作的人员；where即在哪里做，指行动的地点；when即何时做，指行动的时间；how即怎样做，指行动的方式。

在制订计划的过程中，必须对"5W1H"做明确的界定。此外，还必须考虑其他问题，如需要多少资金和资源等。

计划有各种类型：按时间分，有长远计划与短期计划；按职能分，有业务计划、财务计划、人事计划等；按计划内容的明确性分，有具体性计划与指导性计划；等等。

无论是从微观意义还是宏观意义上讲，计划对于媒介有效进行传播、实现社会效益与经济效益都具有重要作用。计划职能运用得好，能提高媒介的管理水平，为媒介顺利实现组织目标提供前提和基础；计划职能运用得不好，可能会造成目标不明确、组织混乱等，导致严重的资源浪费。因此，制订计划时必须十分严谨，并且要充分考虑媒介自身的特征，如结构、优势、环境和未来发展趋势等，争取实现高效、可持续的发展。

2. 组织

媒介要高效运行，必须有合理的组织结构作为保障。所谓"组织结构"，就是对管理人员的设定、分配以及对其管理职能的确定。经营管理者应完成的组织工作，主要就是对管理人员的管理劳动进行横向和纵向分工。它是媒介目标得以实现的组织保障。

组织的主要内容有：根据媒介的目标，设立一套组织机构，建立职位系统，确定职权关系，从而把整个媒介组织的方方面面紧密有机地结合起来；与媒介的其他职能结合起来考虑，以保证所设计和建立的组织结构真正科学、有效；根据媒介组织内部和外部各种因素的变化，适时调整和变革媒介的组织结构。

具体来说，媒介的组织者需要依次完成以下四项任务。

第一，职务设计与分析，即确定媒介组织中有哪些需要完成的工作或活动。

第二，部门划分。这个划分包括横向的划分和纵向的划分。

第三，结构形成，即赋予职权、配备人员、明确责任、界定工作内容、厘清工作范围等。

第四，工作检验。比如定期汇报工作，及时进行调整。

媒介的组织划分受多种因素影响，如媒介自身规模、在整个传播系统中的地位、媒介的技术条件、媒介的经营战略、媒介的发展阶段等。

媒介的经营管理者要完成组织任务，不但需要对媒介自身现有的人力、财力、物力、信息等资源及其特性、品质十分熟悉，而且需要前瞻性洞察与媒介产业相关的各种因素的发展趋势，尤其需要具有政治上的敏感性。

3. 领导

媒介的经营管理者必须能够指挥、带领、引导和鼓励其员工为实现媒介目标而努力。领导工作对于保证媒介目标的实现具有关键作用。

所谓"领导"，必须有可以指挥的人员，并且必须有对其施加影响的力量或能力。具体来说，在带领、引导和鼓励员工为实现媒介目标而努力的过程中，媒介的经营管理者要发挥以下三方面的领导作用。

一是指挥。经营管理者要头脑清醒、胸怀大局、高瞻远瞩、运筹帷幄，帮助员工认清所处的环境和形势，指明活动的目标及达成路径。

二是协调。经营管理者要纠正下属的思想分歧和行动偏差，消除内外部各种干扰因素，把大家团结起来，共同朝着媒介目标迈进。

三是激励。经营管理者要通情达理、关心下属，为下属排忧解难，使他们长久地保持工作热情和积极性，激发、鼓舞他们的工作斗志，发掘和加强他们积极工作的动力。

领导是一门艺术。经营管理者必须具备与他人打交道的能力，合理处理各种关系，在指挥下属的同时完成自己的本职工作，创造一个有利于媒介提高生产效率、实现媒介目标的工作环境。

4. 控制

控制的目的是保证媒介目标实现和为此制订的计划能够与实际操作动态相适应。为此，媒介的经营管理者必须对媒介内部的管理活动及其效果进行衡量和校正。这是负责执行计划的媒介主管人员，尤其是直接主管人员的主要任务。

管理学认为，任何一个系统都是由因果关系链连接在一起的元素集合，元素之间的这种关系称为耦合。媒介也是一个耦合的系统，其生产经营活动的全过程是由严密的因果关系链连接的，而控制就是为了对这个耦合的系统进行调节。经营管理者通过控制媒介投入生产的人力、物力、财力和技术信息，可以控制媒介生产经营活动的产出。

控制的先决条件是计划。在计划付诸实施之后，就必须开始控制任务，衡量计划的执行进度、控制生产成本和产品品质，把握产品流量和流向，调整资源配置，揭示计划执行中的偏差，并及时采取纠正措施，保证工作的连续性和完整性。

有效的控制必须做到以下几点。

一是适时，即及时对偏差进行纠正。

二是适度，即控制的范围、程度、频度等要恰到好处。

三是客观，即符合媒介生产经营活动的实际情况。

四是有弹性，即能够灵活应对突发状况。

5. 创新

上述组织、领导、控制都是为了"维持现状"，保证系统按预定的方向和规则运行，但媒介面临的内外环境并不是一成不变的，随着环境变化，如以互联网为代表的新媒体的崛起，媒介的活动很有可能不适应社会要求，而另一些内部因素，如经营制度等，则可能引起管理人员积极性降低、管理层次不科学等"慢性问题"。因此，仅维持是不够的，经营管理过程中还必须勇于打破现状、大胆创新，奋力为媒介发展开拓新的局面，以实现媒介发展的螺旋式上升。经营管理者要不断调整系统活动的内容和目标，以适应环境变化的要求。经营管理者所背负的创新任务，虽然容易为人们所忽视，但对于媒介保持生机与活力、实现良性循环来说，是不可或缺的。

媒介经营管理活动中的创新任务包括以下几个方面。

一是目标创新，即调整媒介发展计划，确定新的目标。

二是技术创新，即引进最新技术，改变经营管理方针。

三是制度创新，即探索新的经营管理制度，制定新的控制标准。

四是组织创新，即更换部门领导，调整人员结构。

五是环境创新，即开拓新市场，吸引新受众，获得新的广告客户，开创新的媒介合作。

创新是有一定过程可依、一定规律可循的。一般来说，创新会经过"寻找机会—提出构思—采取行动—坚持不懈"的过程。

二、媒介经营管理的原则

媒介的经营管理者在经营管理活动中必须遵循一定的指导原则，从而对经营管理活动的过程与结果起到规范、导向、促进和保证的作用。这些原则既符合一般管理活动的规律，又具有媒介行业的特殊性。结合我国媒介的具体特点，可以把媒介经营管理的原则归纳为以下几条。

1. 坚持党性、把控方向

党性原则是指媒介经营管理必须加强党的领导，增强党性，坚持正确的政治方向。这既是由我国媒介的性质、目的、任务决定的，也是对我国社会政治、经济、文化的客观现实及规律的反映。

我国大众传播媒介是党和政府的耳目喉舌，反映广大人民群众的根本利益，因此不管是传播活动还是管理活动，都必须代表先进文化的前进方向，坚决维护国家形象和人民利益，坚持贯彻社会主义新闻传播事业的基本方针，坚持和加强党的全面领导，遵守传播规律和职业道德。对于我国媒介来说，党性原则是办好电台、电视台的根本前提和保证，也是衡量一个媒介是否合格的首要尺度。

坚持党性，不是靠"假、大、空"的传播方式，也不能一味板起脸来说教，而是要脚踏实地，把党性真正贯彻落实到行动之中。经营管理者对党性理解得越深刻、越清晰、越全面，经营管理活动中的党性越明确，贯彻的方式越灵活生动，经营管理活动就越能有效开展，也就能实现更大的社会效益和经济效益。

2. 整体把握、促进协调

媒介系统的整体中包含着各种各样的要素，但整体并不是这些要素的简单叠加，而是"1+1>2"的组合。如果能把这些要素进行科学合理的组合，就能使整体释放出的能量远远超过各部分的能量之和。媒介的经营管理者必须胸怀大局，从实现整体目标出发，合理地组合电台或电视台内部各部门、各层次、各因素的力量，实现管理最优化。

经营管理者首先要对媒介内部各部门、各层次、各因素有充分的了解，将其视作有机联系、相互影响的整体；对于人力、物力、财力及信息资源，要进行科学组合与合理配置，以充分发挥其效用，避免内耗。媒介内部各部门、各层次、各因素之间存在相互制约、相互依存的关系，形成一个有机互动的整体，因此在经营管理过程中，需要协调和依靠各种力量。具体来说，首先要重视各部门、各层次之间的信息沟通，使彼此之间增进理解和认识，避免发生冲突和矛盾，特别是要注意平等对待物质产品与精神产品之间的关系，如媒介的节目制作和技术部门之间并不存在谁主谁次的问题，二者都是媒介产业中至关重要、不可或缺的部门；其次要重视人力、物力、财力、信息资源之间的合理配置和科学互动，不能片面突出其中某方面，而忽视其他方面的效用，"有钱能使鬼推磨"或"人才就是一切"的观点都是片面的；最后要重视责、权、利三者之间的有机结合与良性互动，避免出现"有权无责"或"有责无权"局面。

以上是就媒介内部因素来说的，媒介与外部因素的关系同样需要引起重视。经营管理者要把媒介视为整个社会系统的重要组成部分，重视媒介与社会各方面（如政治、经济、文化等）的联系，着力发展媒介与社会之间的互补关系和制约关系，使媒介与整个社会系统之间形成共存、互利的良性循环。

媒介生态学认为，媒介是一个生态系统，需要保持媒介生态平衡。而经营管理者在这个生态系统中起着举足轻重的作用。只有从大局出发，整体把握、通力合作、有机配合，才能使媒介的整体作用得到最大限度的发挥，为媒介目标的实现提供保障。

3. 发扬民主、注重法治

根据我国媒介管理制度和民主集中制的要求，媒介的经营管理者要充分发扬民主作风，接受群众监督，调动广大员工的工作积极性与创造性，使其形成主人翁意识，共同参与媒介经营管理工作，依靠集体的智慧和力量，办好媒介、管好媒介。

要做到民主，首先要认识到员工的重要性。媒介的每一位员工都既是媒介经营管理的对象，又是媒介经营管理的主体。他们一方面接受管理，另一方面也有权参与媒介经营管理活动中的重大问题决策，监督领导是否正确地执行了党和国家的宣传方针，是否尽心尽力地履行了媒介经营管理的职责，是否有思想和行为上的偏差等。对于经营管理工作中的失误和不足，员工有权提出批评和建议。而作为媒介领导，必须切实体谅和关怀员工，为其提供公平的晋升和发展空间，以充分调动其工作积极性，使其工作潜力最大限度地发挥出来，并保障员工在媒介中当家作主的地位，调动他们为媒介出谋划策的积极性。唯有如此，媒介才能处于良性的发展状态之中。

在发扬民主的同时，经营管理者也必须注重用法治原则来管理媒介，使媒介的机构设置、管理行为、人事财务、信息传播等各方面的管理活动制度化、规范化，从而使媒介系统成为一个协调有序、分工合理、管理科学的整体，以尽量少的消耗获得尽量多的回报。具体地说，首先必须贯彻落实国家针对媒介管理所出台的法律法规，并在媒介内部建立比较严格且符合媒介自身实际情况的规章制度，规定机构设立和撤销、干部任免和选拔的条件，规定各部门之间的关系及各自的职权，明确信息传播和产品营销的过程，建立科学规范的媒介管理制度。除了"有法可依"，还必须"有法必依"，也就是依法管理、按章办事。在媒介产业全球化的今天，在经营管理过程中强调法治是尤其重要和迫切的。

4. 依循程序、谋求发展

在媒介经营管理过程中，需要依据具体的目标和任务，实现程序控制、阶段把关、全程管理，使经营管理工作科学化，从而保证媒介活动稳定开展，保证媒介产品质量，并使媒介的社会效益和经济效益不断提高。具体而言，媒介经营管理的基本程序包括战略制定、选择评价、实施和控制等。经营管理者要以战略管理为主导、信息传播为主线，协调好各个职能部门的工作，使节目制作部门、广告经营部门、技术部门、安保部门、人事部门，以及党、团、工会等各方面的工作都围绕中心工作有序开展。尤其需要注意的是，在程序化工作中，要讲究媒介工作的专业性，因为媒介工作需要很强的专业知识和专业技能，所以在经营管理过程中，必须尊重大众传播的专业特点和规律。如果在经营管理过程中，仅遵循管理学的一般规律而忽视媒介业的特殊规律，是难以做好媒介经营管理工作的。

此外，媒介经营管理必须具有长远的眼光，通过合理有效地利用各方面的资源，使媒介的综合实力健康、稳步提升。"发展才是硬道理"，在瞬息万变的现代社会中，媒介发展如逆水行舟，不进则退。

三、学习媒介经营管理的重要性

对于我们为什么要学习媒介经营管理，可以从以下几个方面进行分析。

1. 激烈的市场竞争、全球传媒产业的发展形势以及人才紧缺的实际

媒介经营管理岗位上的人员，大多数是从记者、编辑队伍中抽调的一些有相关专业特长的人员，甚至有不少媒介向社会招聘经营管理人员时干脆直接地选择有丰富经验和实际操作经历的人，而不要仅有高学历的新手。

我国媒介业向来不缺写新闻稿的采编人才，缺的是优秀的媒介经营管理人才。目前，尽管我国媒介业的管理人员具有较高的专业素质，但是，他们对媒体和市场的结合缺乏足够的实践经验。很多在媒介业工作的人不懂得媒介市场经营，而持资金希望进入媒介业的人不了解媒介的运作规律。媒介业经营管理人才严重缺乏，难以应对日益激烈的市场竞争，与发展中的社会主义市场经济不符，制约着媒介业在新形势下的可持续发展。

特别是在全球传媒产业急剧变化和发展的时期，我国媒介业既面临着良好的发展机遇，又面临着严峻的挑战，此时借鉴国外媒介经营管理的先进经验，可以加快创新步伐，与国际媒介形成良性互动。媒介业未来的发展迫切需要专业的管理团队，这就要求我国加快培养经营管理人才。

2. 媒介业谋求生存

媒介业的一个重要目标，是在党的领导下，站在人民的立场上，满足社会需要，做好新闻信息的传播工作。但它还有另外一个重要目标，就是与其他企业一样，通过市场交换谋求自身生存与发展。

人们常说，管理出效益。经营管理，无论是作为一种观念、一门科学，还是作为媒介传播的一个组成部分，从它本身的起因和目的来讲，都是为了提高企业的社会效益和经济效益。没有经营管理人员和具体运转部门，舍弃经济来源和物质保障这一基础条件，媒介所有的发展计划就会沦为一句空话，媒介就会陷入惨淡经营、苟延残喘的困境。同时，在社会主义市场经济体制下，市场与受众对媒介传播的反作用越来越强，媒介不得不重视市场与受众对其产品的接受程度。因此，媒介经营管理创新是我国媒介业发展所面临的非常紧迫的课题之一。

3. 媒介从业人员的紧迫感、危机感与不确定的前景焦虑

市场规律与价值规律这两把"利剑"使得媒介从业人员在面对竞争时，带有紧迫感、危机感与不确定的前景焦虑。

在计划经济时期，媒介生产者无须认真思考，就可以轻松完成自身的任务。在选择受众时，一直处于"传者第一"而非"受者第一"的状态。改革开放后，受众的眼界变得开阔，信息选择的空间越来越大，选择媒介时也更趋理性和针对性，因此反过来催生了"受者第一"而非"传者第一"的局面。媒介从业人员在市场竞争中也逐渐认识到了"受众是欺骗不了的"这条真理。

媒介的产品日益增多、内容愈发丰富、印制日益精美等趋势，既使受众对媒介产品越来越挑剔，也使媒介业同行间的竞争越来越激烈。任何一家媒介，都不可能对市场规律和价值规律熟视无睹，游离于现实市场之外。各家媒介必须研究媒介产品的适销对路问题和受众的喜好，以适应激烈的竞争，瓜分市场这块"大蛋糕"。媒介从业人员真正感受到了市场竞争的严峻压力。

4. 媒介业提高现代化经营管理水平的需要

由于高新技术和现代化传播工具的运用，人类社会正在进入全媒体时代，这促使媒介业提高现代化经营管理水平，并从实际出发，以现代化经营管理方法解决具体工作中随时可能出现的各种问题。

　　改革开放四十多年来，我国媒介业的迅猛发展和新闻信息的快速传播，在很大程度上得益于高新技术的应用。网络时代的到来、现代信息技术工具的使用和新媒介的出现，使得媒介从业人员的思维、操作方式以及竞争手段变得更加复杂，工作效率得到很大提高。现代信息技术的发展缩小了国与国之间、地区与地区之间的差距，世界经济呈现全球化发展趋势。使媒介产品的生产销售走向世界市场，成为我国媒介业的重要目标。媒介从业人员再也不能沿袭过去那一套老旧的操作方式和思维模式。在高新技术的市场竞争中，媒介业提升现代化经营管理水平，加强采编、制作、印刷、销售、资金、人力等职能部门的协同配合，显得极为重要。

　　全媒体时代，新的传播技术和传播方式呼唤着现代化传播手段和经营管理模式。作为知识经济重要产业的媒介业，为了达到期望的效益与目标，每一位从业人员都必须不断提高自身素质，摒弃过时的操作方式，形成敏捷且有成效的市场适应能力，对时代潮流做出快速反应，最终提供高效务实的传播服务；否则，将被激烈的市场竞争淘汰。

　　在市场经济条件下，媒介业的发展空间是相当大的。对于如何应对挑战、增强活力和实力、提高竞争力，媒介的经营管理者需要冷静思考、认真总结，对于过去的实践经验进行理论、体制和机制方面的创新，并不断开拓思路，从中找出规律。

◣ 思考题

　　1. 如何理解媒介经营管理的内涵？

　　2. 如何理解媒介经营管理的生存环境？

　　3. 如何理解媒介经营管理的原则？

　　4. 我们为什么要学习媒介经营管理？

第一章

媒介组织结构

要了解媒介经营管理，首先必须了解媒介组织结构和组织过程。

媒介组织结构是组织框架的核心，是媒介适应环境、实现媒介目的的手段，也是媒介执行经营战略的重要工具。它直接制约着组织分配资源的效率、活动的效果，影响着组织目标的实现。

媒介组织结构是动态的，它与媒介所处的环境、目标战略、技术、规模相联系，并随着环境的变化而变化。现实中没有哪个组织结构可以完全适用于所有媒介。因此，媒介经营管理的创新必须从打破原有组织结构着手，克服组织重叠、人浮于事、资源浪费、信息传递失真、工作效率低下等结构弊端，根据具体情况做出相应调整，构建有序、高效、经济、灵活的组织框架体系。

第一节　媒介的组织形式

一、组织

（一）组织的含义

组织常被称作组织结构。在管理学中，组织有静态和动态两方面的含义。

从动态方面看，组织作为一种活动，是根据一定的目的、按照一定的程序，对分散的人员或事物进行系统性或整体性安排的活动或行为。

从静态方面看，组织作为一个实体，是按照一定的宗旨和目标，将若干因素构成有序的结构系统。它具有一定的职权与职责，如工厂、机关、学校、医院、各级政府部门、各个层次的经济实体、各个党派和政治团体等。

哈佛商业学院战略管理学派认为管理学意义上的组织包括三个重要的概念[①]。

一是职权。它是指经由一定的正式程序赋予某项职位一种权力。拥有这种职权的人，可以承担指挥、监督、控制以及惩罚、裁决等工作。

二是职责。它反映上下级之间的一种关系。上级有对下级的工作进行必要指导的责任，下级有向上级报告自己工作业绩的责任。

三是组织系统图。它是反映组织内各机构、各岗位之间关系的一种图表，对动态的组织结构变化进行静态描述。

组织是人类社会性的主要特征，是社会的"细胞"，是连接人与社会的"桥梁"。随着生产和生活的高度社会化，组织在现代社会中发挥着越来越重要的作用。

（二）组织的内容

组织的内容是组织要素的总和，它包括管理主体、管理客体、组织环境以及组织目的。这四个基本要素相互结合、相互作用，共同构成一个完整的组织。

1. 管理主体

管理主体，一般是指具有一定的管理能力，拥有相应的权威和责任，从事管理活动的人或机构，也就是人们通常所说的管理者。现代管理主体是由管理者、管理资金、管理设备、管理信息等组成的"人机体系"。管理主体是现代管理组织的核心组成部分，在组织中处于主导和支配地位。在整个管理过程中，管理主体起着决定性作用。管理的关键在于管理主体，而管理主体的关键又在于管理者的素质、管理集团的结构和管理运行机制。

2. 管理客体

管理客体即管理对象，是指管理主体行为的承受者，是管理过程中组织所能预测、协调和控制的对象。现代管理客体的构成要素包括人员、资金、物资与设备、信息、时间与空间等。其中，人员是管理客体的核心，是管理主体借以实现管理目标的基本条件和客观基础。

管理主体与管理客体是现代管理组织中不可分割的组成部分，它们之间呈现出辩证

---

① 邵培仁、陈兵：《媒介战略管理》，复旦大学出版社，2003年版。

统一的密切关系。这种密切关系主要表现在以下三方面：其一，管理主体与管理客体相互依存；其二，管理主体与管理客体相互作用；其三，管理主体与管理主体既统一又对立，共同构成组织及其运动。

3. 组织环境

组织环境，是指存在于组织之外，对组织的建立、生存和发展产生直接影响的外界客观条件。它是与组织有密切联系的外界因素。组织环境不仅是组织得以建立的客观基础，也是组织生存和发展的必要条件。任何组织都处于一定的自然环境和社会环境中，完全脱离环境的组织是不存在的。

组织环境对组织的作用主要有以下三方面：其一，制约着组织的活动方向和内容；其二，影响着组织的决策和管理方法；其三，影响着组织管理活动的开展，加快或阻碍管理过程。组织对组织环境的影响作用主要表现为，管理者通过一定管理要素的组织、协调和控制，实现对客观环境的利用和改造。

4. 组织目的

组织目的即组织中所有成员的共同愿望。任何一个组织都有其存在的目的，如果没有目的，组织就不可能建立；失去目的的组织，也失去了存在的必要。

（三）组织形式

根据古典管理理论代表人物、德国社会学家马克斯·韦伯的行政组织理论，组织结构多为等级结构的金字塔形，这种结构通常由决策层、管理层和操作层三个基本层次构成，但随着组织规模的扩大，这三个层次本身和三个层次之间可能派生新的层次，从而增强管理的弹性和灵活度。

以下介绍几种常见的组织形式。

1. 直线制

直线制又称单线制，它是工业经济发展初期所采用的一种简单的组织形式。直线制的特点是组织的一切管理工作均由组织领导层直接指挥和管理，不设立专门的职能机构。在这种组织形式中，一个下属单位只能接受一个领导的直接命令，因此它主要适用于规模较小、业务相对简单的企业。直线制组织形式如图1-1所示。

直线制组织形式的优点是：管理结构简单，权力集中，管理费用低，命令统一，联系直接，决策迅速，责任明确，指挥灵活，上下级关系清楚，易于管理。

直线制组织形式的缺点是：管理职能全部由主管人员一人承担，事多责重；总负责人容易独断专行，管理工作缺乏专业性，不利于后备管理人员的选拔。

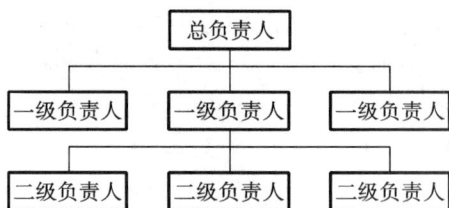

图1-1　直线制组织形式

2. 职能制

职能制又称多线制，是指按照专业分工设置相应的职能管理部门，实行专业分工管理的组织形式。除各级主要负责人外，它还设立了按专业分工的职能部门（如生产部、财务部等）。这些职能部门有权在自己的业务范围内，向下级单位下达工作指令。职能制组织形式如图1-2所示。

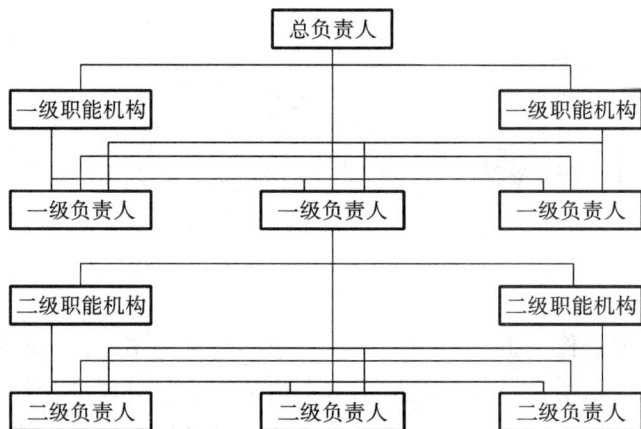

图1-2　职能制组织形式

职能制组织形式的优点是：能够适应现代化复杂业务要求，管理分工细，专业性强；可以发挥职能机构专家参谋的作用，具体指导下级单位工作，弥补行政领导个人管理能力的不足。

职能制组织形式的缺点是：容易形成多头领导，导致下级无所适从；各级负责人和职能单位的权力范围难以划分。

3. 直线—职能制

直线—职能制又称生产区域制，是以直线制为基础，在各级行政领导下，设置相应职能部门的组织形式。也就是在直线制组织统一指挥的原则下，增设参谋机构，但该机构无权对下级进行直接指挥和命令。这是当前我国绝大多数企业所采用的组织形式。直线-职能制组织形式如图1-3所示。

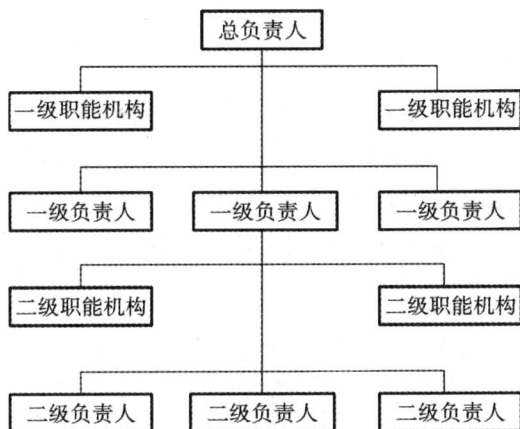

图1-3　直线-职能制组织形式

直线-职能制组织形式的优点是：避免了职能制多头领导的弊端，既保证了集中统一的指挥，又能发挥各种专家业务的作用。

直线-职能制组织形式的缺点是：各职能单位自成体系，信息的横向沟通较少，容易发生矛盾；工作易重复，可能导致效率降低；若职能机构权力过大，容易干扰直线指挥命令系统；职能机构设置缺乏弹性，对环境变化反应迟钝；管理费用增加。

4. 事业部制

事业部制主要是根据单个产品（如某类节目）、单项服务、产品组合、重要工程等来组织事业部。每个事业部又包括调研、制作、财务、市场等职能部门。事业部制组织形式如图1-4所示。

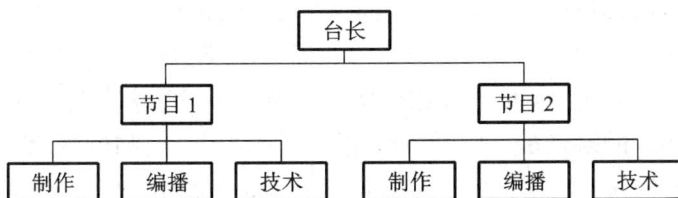

图1-4　事业部制组织形式

事业部制组织形式的优点是：有很强的市场前瞻性，其分权化设计使各事业部规模精简，鼓励灵活应变与主动变革，能有效适应不稳定环境的快速变化；同时，由于各产品线或业务单元独立运营，客户能精准选择满足自身需求的产品或服务。

事业部制组织形式的缺点是：对管理人才要求高，需要具有全面管理才能的人才；每一个产品分部都有一定的独立权力，高层管理人员有时会难以控制；对总部的各职能部门，如人事、财务等，产品分部往往不会善加利用，导致总部一些服务没有得到充分的利用。

5. 矩阵制

矩阵制组织又称非长期固定性组织，其矩阵式结构由纵横两套管理系统构成：纵向为常设职能系统，横向为为完成某一任务而临时组建的项目系统。参加项目的人员要接受双重领导（来自职能经理和项目经理）。项目一旦结束，团队就解散，成员回归原职能部门。目前，绝大多数媒介机构都采用这一组织形式。矩阵制组织形式如图1-5所示。

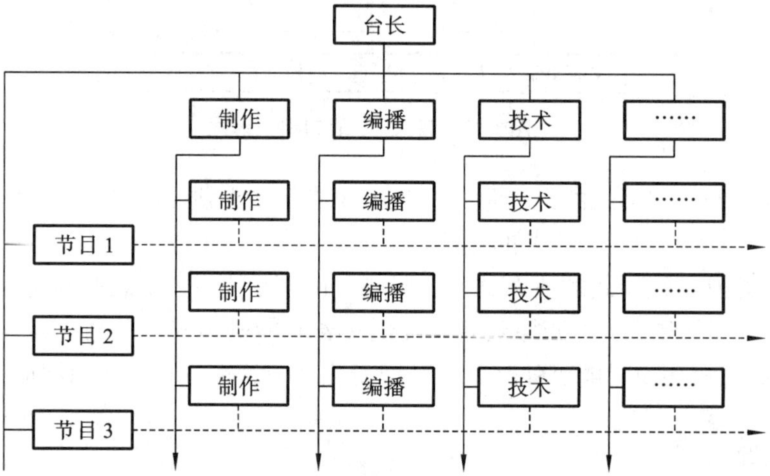

注：虚线表示临时领导关系。

图1-5　矩阵制组织形式

矩阵制组织形式的优点是：加强了横向联系，克服了职能部门各自为政的弊端，专业人员和专用设备能够得到充分利用；具有较强的机动性，任务完成，组织即解体，人力、物力能够实现较高的利用率；各种专业人员在一个组织共同工作一段时期，完成同一任务，为了一个目标互相帮助、互相激发，有利于开阔思路、提高效率。

矩阵制组织形式的缺点是：成员不固定在一个位置，有临时观念，有时责任心不够强，同时由于人员受双重领导，出了问题有时难以划分责任。

6. 集团控股制

集团控股制是在非相关领域开展多种经营的大型企业常用的一种组织形式，如图1-6所示。

7. 区域型

区域型组织形式是在不同国家或不同地区，设立自主经营的分部。这些分部包括所有职能，并在当地生产销售产品。如新闻集团、维亚康姆集团等媒介巨头在各国、各地区设立分部，并根据各个国家、地区的特殊需要，按照区域性目标分派员工及生产文化产品。对媒介产业来说，区域型组织形式有助于媒介集团在参与全球竞争的同时，实现经营和制作节目或内容的本土化。区域型组织形式如图1-7所示。

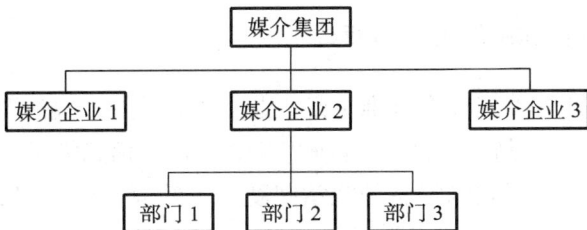

图1-6 集团控股制组织形式

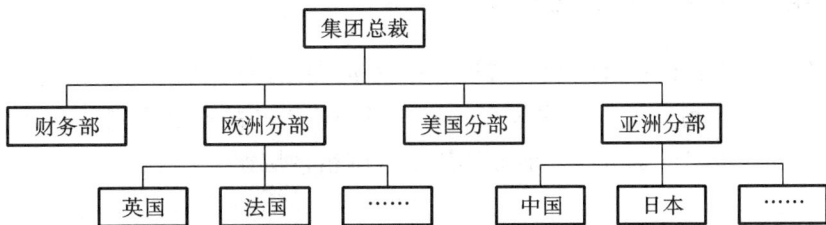

图1-7 区域型组织形式

（四）组织功能

组织功能是集体采取合理行动后产生的功能。它并不是把组织内个人功能简单叠加的结果。它是指为实现管理目标而进行组织活动，是保证决策目标实现和计划有效执行的一种重要功能。

衡量组织功能主要有两大标准：其一，是否有利于提高管理效益；其二，是否有利于实现组织目标。

组织功能历来是管理学中重要的研究内容。不同管理学派基于各自时代的发展需要，对组织功能的具体认知有所不同，但其共同点是强调组织功能的重要性：如果没有组织功能，即使决策正确，也不能得到有效实施。

二、媒介组织

（一）媒介组织的定义

简单地说，媒介组织就是各级各类报社、广播电台、电视台等媒体的内部治理结构和各级管理组织结构。

媒介组织是社会中特殊的组织，它既不是纯粹参与市场竞争的企业，又不是彻底的国家机关、完全的公益机构。它是专门从事大众传播活动以满足社会需要的社会单位或群体。

媒介组织具有以下几个主要特征。

1. 媒介组织具有管理组织的一般特征

媒介组织是经过认真策划、充分准备建立起来的。它的成立得到了权威部门的认定和社会大众的认同；它有明确的目标，即满足社会大众的信息需求；有明确分工和权限，形成媒介内部的角色关系；它制定各种规章制度，以约束媒介组织成员的行为，为实现目标提供保证等。

2. 媒介组织生产特殊的文化产品

媒介具有不同于其他管理组织的特征——它生产的是一种特殊产品。它以生产节目、新闻、音乐等信息产品为己任。这些产品与一般企业生产的产品不同。它是具有时效性的文化产品，包含意识形态成分，能够作用于人的精神层面。

3. 媒介组织成员从事大众传播活动

媒介组织成员专门从事大众传播活动，并以此谋生。他们通过固定的媒介（如广播、电视等）对大众进行信息传播。

4. 媒介组织以实现社会与经济效益的统一为目的

媒介组织与一般管理组织最大的不同在于，它的组织目的体现了社会与经济效益的统一。媒介组织具有社会性，即承担社会责任，为社会服务；同时具有经济性，即它是社会第三产业的机构，以生产文化和精神产品获得经济效益，实现自我发展。

5. 媒介组织趋于垂直或水平整合化

20世纪90年代以来，大众传播媒介业互相整合的现象日益频繁，媒介组织开始出现垂直或水平整合化。媒介组织之间的兼并、重组、整合已成为世界媒介业的重要现象。

（二）媒介组织的内容

媒介组织的内容包括管理主体与客体、组织环境与组织目的。

在管理活动中，组织既是管理主体，又是管理客体（管理对象），因此，各级各类报社、电台、电视台实质上既是管理主体，又是管理客体。管理主体在管理活动中居于主导地位，组织环境只起到影响的作用。

媒介的组织环境主要由社会一般环境和具体工作环境构成。其中，社会一般环境包括政治法律系统、经济系统、社会文化系统和科学技术系统四个部分；具体工作环境包括媒介市场、资源的可得性和受众三个方面。[①]

除了媒介的外部环境，媒介组织的内部资源也会对媒介组织产生影响。这里的内部资源包括频率/频道资源、时间资源、版面资源、节目资源、受众资源、广告资源、技术资源、人力资源等，这些都是媒介组织进行生产的必备要素。

媒介组织的目的有很多：有的是为了获得良好的社会效益，有的则是为了获得经济效益，但基本目的还是生产和提供合格的产品——信息（节目及其他形态的信息），获得良好的社会效益和经济效益，既推动社会进步，也获得自我发展。[②]

第二节　媒介的组织结构设计

一、组织结构设计原则

组织结构设计，就是对组织活动和组织结构进行设计，它将为实现组织目标而需要完成的工作、任务，划分为若干不同性质的业务工作，然后将这些工作组合成若干部门，并确定各部门的职责与职权。组织结构设计要遵循以下八个原则。

（一）任务目标原则

组织结构设计要服务于各项工作的任务和目标，尤其是价值链上的目标，体现一切设计为目标服务的宗旨。

（二）分工协作原则

媒介组织设置了不少部门，而每个部门都不可能独立承担所有的工作，因此，分工协作对于现代企业来说至关重要。

（三）统一指挥原则

统一指挥原则是指各部门要在组织的总体发展战略指导下工作，在最高管理层的统一领导下，确保行动具有一致性和协调性。

[①] 胡正荣：《媒介管理研究——广播电视管理创新体系》，北京广播学院出版社，2000年版。
[②] 胡正荣：《媒介管理研究——广播电视管理创新体系》，北京广播学院出版社，2000年版。

（四）管理幅度原则

每个部门和管理者都应设定合理的管理幅度。管理幅度太大，管理者力不从心，无暇顾及一些细节；管理幅度太小，则不能充分利用管理资源。所以在组织结构设计时，要为不同层级和岗位确定合理的管理幅度。

（五）责权对等原则

被赋予一定职责的部门，必须同时拥有与职责匹配的权力，否则其职责将难以有效履行。

（六）集权分权原则

组织结构设计中，权力的集中与分散应当适度，确保既不影响工作效率，又不降低工作积极性。

（七）执行部门与监督部门分设原则

执行部门和监督部门分设，可以确保各部门独立运作，互不干涉，互相制约。例如，财务部负责日常财务管理、成本核算，审计部专门监督财务部。

（八）协调有效原则

组织结构设计应遵循协调有效原则，确保在执行组织结构设计方案后，部门之间能够相互监督和制约。若组织结构设计方案执行后，部门间监督协作失灵、运营效率低下，即证明该设计方案违背了协调有效原则。

二、组织结构设计的内容

组织结构设计的内容包括以下几点。

（1）确定组织结构设计的基本方针和原则

根据组织的任务、目标、外部环境和内部条件，确定组织结构设计的基本思路。

（2）设计组织结构的框架

这是组织设计的主体工作，即按照职能、区域、行业和产品、服务对象、特定组织的重要性等设计组织的不同部门。

（3）设计管理幅度和管理层次

根据各个部门不同的任务，划分管理权力，实现纵向管理层之间、横向管理部门之间的协调和配合。

（4）设计管理规范

确定各项管理业务的工作程序、工作标准和管理人员应采用的管理方法等，并使之成为各管理层、部门和人员的行为规范。

（5）设计职能分析和职能

需要探讨、研判、确定不同部门的具体职能内容，明确其所包含的任务内容与边界范围，这对于确定组织的结构构成具有基础性意义。

（6）设计各类运行制度

运行制度包括绩效评价和考核制度、激励制度、人员补充和培训制度等。

（7）人员配备和训练管理

这是人员各司其职、各就各位的准备工作。

组织结构的设计是一个动态的工作过程，并不能一蹴而就，而是一个即使在组建后也要针对反馈的情况，根据新的组织环境、组织战略和技术、组织发展阶段，进行合理修正，使之不断完善的设计过程。

三、媒介组织结构的变革

当今社会，世界媒介产业的结构加快调整，呈现出娱乐业、新闻业和信息业高度融合的趋势，媒介组织结构正经历前所未有的变革。

1. 成熟的媒介组织结构案例

以媒介生产社会化程度相当高的美国为例，其媒介的组织结构非常成熟。一般情况下，一个电台或电视台的组织结构中，必须具备若干部门。比如：节目部门，负责所有节目的制作和购买，保证每天节目正常播出；经营部门，负责处理广告业务，协调广告商与节目的编排，购买实况转播权；制作部门，负责节目包装、制定节目播出时间表；技术部门，负责节目的传输和设备维护，保证节目准时、清晰地播出；财务部门，负责制定财务报表、审计等事务。

典型的美国电台组织结构如图1-8所示。

典型的美国电视台组织结构如图1-9所示。

典型的美国媒介集团部分媒介组织结构如图1-10所示。

图1-8　典型的美国电台组织结构

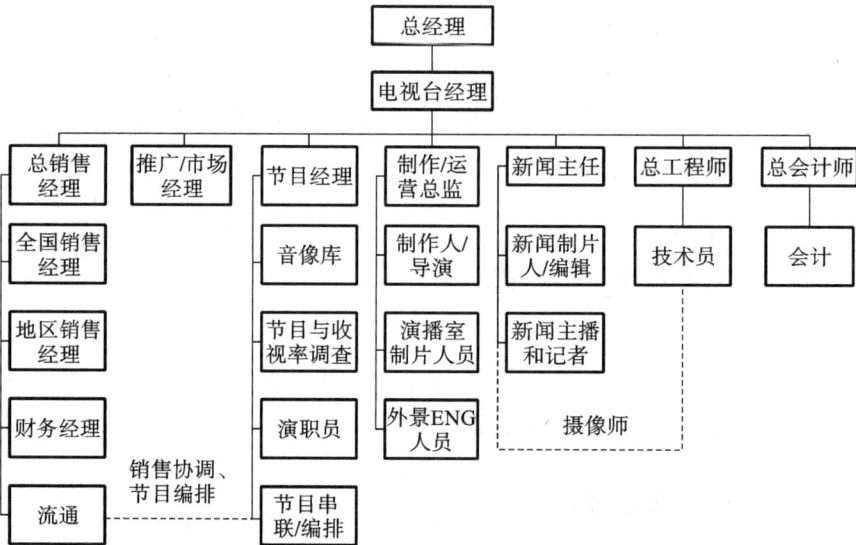

图1-9　典型的美国电视台组织结构

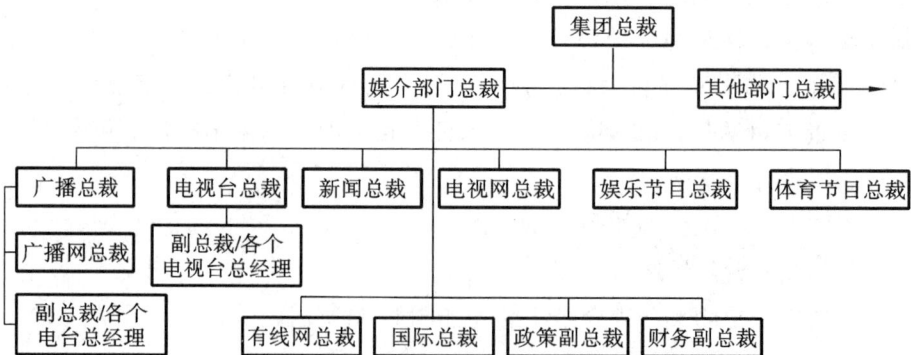

图1-10　典型的美国媒介集团部分媒介组织结构

2. 媒介组织结构的调整

随着社会环境、科学技术等外部条件的不断变化，媒介的组织结构也在不断进行相应的调整。这主要体现在以下几个方面。

（1）组织结构趋于简化，制作与播出分离

随着媒介生产的社会化程度不断提高，其组织结构表现出制播分离的发展趋向。这不仅促进了媒介组织之外的媒介制作、生产产业与市场的发展，也使得媒介的一部分功能外化，由社会组织承担，简化了媒介原有的组织结构。

（2）组织结构趋于多样化，细分化程度提高

随着媒介业的发展壮大，媒介细分化程度逐渐提高，其组织结构也呈现多样化趋势：既有超大规模的跨国媒介组织，如新闻集团、维亚康姆集团，也有巨大的产业集团的媒介产业组织；既有全国性媒介组织，也有地方性媒介组织。

（3）组织结构趋于模糊化，部门界限被打破

在传统组织结构中，部门细化，岗位固定，职责明确，但部门与部门之间通常存在难以逾越的鸿沟，这对于横向信息的流动形成了一定的阻碍。在新的组织结构中，为完成某个项目或任务而组建的团队成为媒介组织结构中的基本单元，打破了原有结构的固定框架，使得每个团队都可以有一套完整的节目部门结构，同时拥有制作、技术、销售、财务等人员。

（4）组织结构趋于扁平化，管理跨度加大

在媒介组织中，知识是主要的生产要素，人才是组织构成的基础，个人的创造力对于节目制作有着至关重要的作用。在传统的组织结构中，等级制度非常严格，这在一定程度上制约了人才的发展。随着信息技术的发展，组织内部信息传递已不需要等级制度来协调，层层牵制的等级制度反而制约了信息流通。媒介组织结构趋于扁平化，管理跨度加大，管理层次减少，决策分权化，知识权威化，这能够在不影响媒介整体运作的情况下，激发节目创作者的积极性和创造性，对媒介组织的经营与发展也起到了非常重要的作用。

（5）组织集团化，资源整合化

随着媒介业的竞争日益激烈，组织集团化的优势日益突出。集团组织结构框架基本由以下几部分组成：代表集团管理决策核心的管理委员会；代表集团资源整合的基础职能部门；为集团的经营提供规划和协调服务的核心运营部门；承担集团业务发展任务的运营实体（重组后的电台、电视台、网络公司、广告公司、技术公司等是集团的运营实体，也是集团生存发展的基础）。它们彼此间的经济往来一般是契约式的。

思考题

1.媒介组织及其主要特征是什么？

2.媒介组织结构设计的原则有哪些？

3.媒介组织结构设计的内容有哪些？

4.如何理解媒介组织结构的变革趋势？

第二章

媒介管理者和领导者

　　领导学认为，领导工作的效能是由领导者、被领导者和客观环境三个要素及其相互关系决定的。由此，可以从以下三个方面去考虑提高领导工作的有效性：一是提高领导者素质；二是提高被领导者素质；三是提高领导者、被领导者和客观环境三个要素的协同性。领导是通过施加影响力，使被领导者心甘情愿地、群策群力地为实现既定目标而努力的过程。优秀的领导能够让员工充满热情并信心十足地去工作。领导工作是科学、艺术、技巧和人的某些心理属性的结合。

　　媒介领导者要具有强烈的政治意识、把关意识和政策意识。除此之外，媒介领导者还应具备以下三个方面的重要修养：一是比较内行，对新闻出版或所在媒介，业务比较熟练，看得出门道和路数，不会"瞎指挥"；二是善于策划/规划，对于本组织的发展改革大计有思考，有路数，有前瞻性，有决断力；三是善于用人，个人能力再强也无法独立支撑一个组织，高明的领导者善于招揽能人，为我所用，而不是事必躬亲，忙于琐碎事务。随着我国媒介融入市场经济环境步伐的加快，媒介经济运作的日益规范化与市场竞争的加剧成为必然趋势。同时，媒介市场的繁荣也反过来对现代媒介的经营管理、资本运营、市场化运作、服务水平等提出了更高的要求。在这一环境中，作为媒介经营管理的主角，媒介领导的职能与角色定位也必然发生相应的转变。

第一节 媒介的管理者和领导者

一、管理者及其任务

管理是指为了实现组织的预期目标，通过计划、组织、决策、领导、控制等职能，协调人与人之间、人与物之间关系的一种活动。

在管理过程中，管理者按照制定的规章流程，协调员工之间的分工合作，将组织的决策予以分配执行，从而保证组织目标顺利达成。在组织决策的执行过程中，管理者对偏离目标的动向进行控制。人是最活跃的生产要素，因此管理的重点是人。

关于管理者的任务，目前存在两种主要观点：一种是明茨伯格的观点；另一种是德鲁克的观点。

1. 明茨伯格的观点

明茨伯格提出了管理者具有三大任务，即人际关系任务、信息任务和决策任务。这三大任务又包含十项具体的子任务。

（1）人际关系任务

人际关系任务的第一项任务是作为带头出面人物的任务，即主持各种社交应酬活动，如迎接来宾、主持会议等；第二项任务是作为领导人的任务，即领导下属完成工作，并使下属的需求与组织的目标匹配；第三项任务是作为联络人的任务，即与外界有关人员保持联络，营造一个有利于组织发展的良好外部环境。

（2）信息任务

明茨伯格认为，信息的收集和沟通是管理者的一项重要工作。管理者收集信息、处理信息和传递信息，并依据各种信息做出正确决策。管理者的信息任务有以下三项：一是作为信息收集者，不断地审视环境，不断地向联络人和下属提问题、收集信息；二是作为信息传播者，与他人共享信息；三是作为发言人，把收集到的信息传递给其他部门的人员，甚至是组织外部的人员，同时向上层管理者汇报情况。

（3）决策任务

管理者决策任务主要包括以下四个方面：一是作为企业家，不断发现企业的问题、分析环境的变化，寻求机会，制定和实施战略计划和行动方案，适应环境的变化；二是作为调解员，对超出其控制范围的事件，如罢工、客户破产、合同纠纷等事项进行调解和处理；三是作为资源分配者，对组织的资源及自己的时间进行合理分配；四是作为谈判者，负责企业内外部争执事件的谈判和调解。

2. 德鲁克的观点

德鲁克在其《管理：任务、责任和实践》一书中指出，管理者的基本任务有以下五种。

（1）设定目标

管理者要决定目标是什么，确定目标每一环节的标准以及达成目标的方法，还应向执行者准确传达这一目标。

（2）组织

管理者应分析业务活动、决策及必要的关系，对管理活动进行分类，再将其进一步细分为具体的工作；同时，管理者要把组织划分为不同的部门，并选拔合适的人负责各个部门。

（3）激励和信息沟通

管理者将负责各项工作的员工组织起来，激励他们为达成组织目标共同努力，同时处理好人员配置、待遇、晋升等方面的问题，与员工保持联系和沟通。

（4）业绩考核

管理者应确定明确的考核标准，这对于考核工作人员的业绩而言是非常重要的。

（5）管理发展

管理者应训练和发展下属，同时进行自我管理。

德鲁克认为上述设定目标、组织、激励和信息沟通、业绩考核、管理发展只是形式上的分类，只有结合管理者的经验和才能，才可能产生应有的效用。[1]

二、领导者及其职能

有学者认为，领导是指导和影响下属或群众成员为实现某一共同目标而做出努力和奉献的过程或艺术。[2]

我们认为，领导是领导者在一定的环境、体制内，通过依法履行职能，率领和引导被领导者为实现预定目标而努力的社会行为过程。这个过程由领导者、被领导者和环境三个要素组成。领导的共性可以分解为以下四个方面：其一，领导是一个相互作用、施加影响的过程；其二，领导必须同时具备领导者和被领导者，缺一不可；其三，领导者是相互影响中的支配性力量；其四，领导的目的是确定和实现组织目标。

那么，领导者应当做什么呢？明茨伯格将领导者的职责分为四个方面：其一，确定

---

① 黄种杰、郑汝铭、柯明斯等：《管理学基础》，经济科学出版社，1996年版。

② 张兆响、司千字：《管理学》，清华大学出版社，2004年版。

方向、计划和预算；其二，结盟、组织和配备人员；其三，激励他人、控制和解决问题；其四，创建领导文化。①

三、管理者和领导者的区别

关于管理者与领导者的不同之处，亚伯拉罕·扎莱兹尼克有过精辟的论述，概括起来主要有以下几点。

1. 对目标的态度

管理者的目标常源于需要而非欲望，不带个人情感；领导者常以高度个性化的积极态度锚定目标，并通过调整行为模式、激发团队想象力和未来预期等，引领企业发展方向。

2. 工作的概念

管理者倾向于将工作视为一种授权过程；领导者则着眼于长期挑战，力图拓宽思路。

3. 承担的任务

管理者强调理性与控制，是问题的解决者；领导者一般仅指出问题，并致力于完成自己和组织的使命。

4. 与他人的关系

管理者乐于与他人一起工作，常避免单独行动；领导者在人际关系方面极具感情色彩。

5. 自我意识

管理者是现存秩序的卫道士和规则制定者，自我意识通过现存组织的强化而加强；领导者具有"再生"性格，他们一般追求变化的方式。

严格来说，领导者与管理者的含义并不完全相同。领导者必然是管理者，而管理者并不一定是领导者。领导者扮演着双重角色。人们容易把领导者与管理者混为一谈，但作为领导者或管理者本身，则应认真区别，在组织中、在管理过程中，应时刻注意自己所扮演的角色。

尼克松在他所著的《领导者》一书中，提出了领导与管理、领导者与管理者的不同

---

① 亨利·明茨伯格等：《领导》，思铭译，中国人民大学出版社，2000年版。

之处，他指出，伟大的领导是一种特有的艺术形式，既需要有超群的力量，又需要有非凡的想象力。领导者的重要标志就是具有心理领导力。

领导者和管理者的差异具体如表2-1所示。

表2-1 领导者和管理者的差异

管理者	领导者
非情绪化	热情的幻想家
告诉	询问
汇报	倾听
很少期盼	更多鼓励
难以信任	易于信任
平静	狂热
知道答案	广开言路
告诉怎样做	分享为什么
指导	指明道路
有下属	有追随者
留心细节	留心全局
以系统为中心	以人为中心
怎么样和为什么	是什么和为什么
保持	开创
控制	激励
分立	寻求合作
目标/计划	身份/价值
把工作做准确	做正确的工作
好的士兵	拥有人
盯着底线	盯着地平线
以安全为目的	乐于改变
固定	弹性
接受现状	挑战现状

资料来源：内维尔·贝恩、比尔·梅佩：《人的优势——通过更好的遴选与业绩改善经营成果》，徐海鸥译，经济管理出版社，2001年版。

总之，在实际工作中，领导者的职责应是"掌舵"和"正确地做事"，管理者的职责应是"划桨"和"准确地做事"。

四、媒介管理者及其职能

媒介作为我国党和政府进行宣传和舆论引导的重要工具，其影响面之广、影响程度之深，毋庸置疑；同时，在我国市场经济条件下，媒介的产业属性要求其必须实现经济效益。媒介的双重属性要求我们"双管齐下"：既要对它进行事业化管理，又要对它进行产业化经营。媒介的复杂性对其管理者和领导者提出了更高层次的要求。媒介管理者的工作职能如下。

（一）计划职能

媒介管理者要确定组织目标，并制定计划方案以实现这些目标。这包括明确特定媒介的使命、分析这一媒介的市场环境和内部条件、确定明确的执行程序等。

计划是沟通现实情况和未来预期目标的桥梁。媒介管理者的工作如果没有计划，往往会陷入盲目状态，即使做成了，也只是碰运气。作为指导原则和行动方向的计划，在媒介管理中扮演着至关重要的角色。

正确发挥计划职能的作用，能够促使媒介主动适应变化了的市场需求，有利于媒介精准把握未来趋势，应对外部环境带来的挑战，协调采写、编辑、播放、摄录等方面的步调，将注意力集中于媒介目标，从而取得较好的社会效益和经济效益。

（二）组织职能

组织职能是指媒介管理者根据计划让员工明确各自的角色定位及负责的任务。组织的宗旨就是创造一种促使员工完成任务的环境，它是一种管理手段，而不是管理目的。媒介管理者要精心策划员工的角色定位，尽可能让每位员工都去做他最擅长的事情，同时要着手建立有效的信息沟通渠道、监督机制等，构建有效的分权/授权机制，协调媒介的各类要素，从而使组织的各项工作能够良好地推进，不断提高媒介的社会效益和经济效益。

（三）决策职能

决策是指从两个或两个以上的可行方案中选择一个合理方案的分析判断过程。媒介具有很强的专业性和复杂性，媒介管理者在计划制订和组织实施过程中，要不断做出决策，对各种方案进行综合考虑，去粗取精、去伪存真。

（四）领导职能

媒介管理者的主要任务之一是指导和协调组织中的人，即领导。领导职能是指管理者对员工施加影响，让他们为实现组织目标做出贡献。有效的领导必然要求管理者针对员工的需要和行为特点，通过各种途径，如影响力、激励和沟通等，确保组织目标实现。同时，领导的对象是人，因而必须考虑到人的复杂性和个性——每个人都是具有不同能力和愿望的独特个体。管理者在履行领导职能时，必须注意维护员工的尊严。

（五）控制职能

控制职能是指管理者注意员工的工作是否按照相关规章制度和下达的指令来开展。管理者依照事先制定好的程序，评估员工的工作绩效，找出存在的偏差，并分析出现偏差的原因，纠正偏差或采取惩罚措施。控制过程涉及控制标准的制定，而控制标准会随着实际情况的变化而不断修改、完善，因此管理者需要在实践中不断摸索、总结。

五、媒介领导者及其职能

媒介领导是一种媒介组织行为，是领导者在一定的新闻传播环境、体制内，通过组织、指挥和协调信息传播与信息营销的社会实践活动，引导和激励其组织内的专业成员实现预定目标的社会行为过程。就其本质而言，媒介领导是一种以组织信息为根本内容的社会实践活动。

媒介领导者不同于一般的领导者，其领导本质是提供信息服务，但提供并不等于一味迎合。媒介领导者是信息服务、传播权利与传播责任的统一体。媒介领导者可以决定传播什么、传播多少和如何传播，但也必须对传播后果负责。他们不能在出现问题之后以"满足受众需要"为借口一推了之。对于受众积极、健康的信息需求，媒介当然要设法予以满足，但对于受众消极、低俗的信息需求，媒介则要进行引导与规避。

媒介领导者的首要任务是"掌舵"，他是舵手，而不是划桨者，其重要任务是授权而不是专权。在激烈的媒介竞争中，如果媒介将最优秀的媒介人才都用于"划桨"，就会迷失方向，尽管它的前进速度加快了，但可能是走向一个错误的方向，这是非常危险的。[1]

---

[1]　邵培仁、陈兵：《媒介战略管理》，复旦大学出版社，2003年版。

第二节　媒介领导者的要求

一、领导者的基本素质及领导能力的构成要素

（一）领导者的基本素质

一般来说，领导者需要具备以下素质：首先，精力充沛，具有良好的教育背景，对人和情境具有敏锐的洞察力，有足够强的自信心、稳定的情绪、乐观的性格；具有成就欲望与雄心，有支配欲望、权力动机与领导欲望；有很强的职业道德感；具有领导技能、人际关系技能、观念技能、组织协调能力、有效沟通能力、果断决策能力、掌控全局把握方向的能力、调兵遣将善于用人的能力。

（二）领导能力的构成要素

领导能力主要由四部分构成：一是有效地并以负责的态度运用权力的能力；二是深入了解不同时间、不同情境下的不同激励因素的能力；三是鼓舞人们的能力；四是以某种活动方式形成一种有利的气氛，以此引起激励并使人们响应激励的能力。

首先，领导者要懂得合理使用自己的权力，其中合理授权和分权非常重要。

其次，在实际工作中，领导者要掌握并合理利用激励理论、各种激励因素和激励制度的性质。

再次，领导者要鼓舞员工为了完成某一项目而全力以赴。他们可能具有这类素质：有魅力，能激发员工的忠诚、奉献精神和强烈的希望来推动实现领导者想要实现的目标。

最后，领导者可以激励员工，让员工相信目标的价值并且知道做什么有助于实现这样的目标。

二、媒介领导者的基本素质

除了上述一般适用的领导者所应具备的素质外，媒介的特殊性质还要求媒介领导者具有如下素质。

（一）政治思想素质

政治思想素质包括政治态度和思想品德两大部分。我国媒介领导者是社会主义精

神文明建设的指挥者和组织者，他们承担着舆论引导的重要职责，必须坚定地坚持四项基本原则，坚持走中国特色社会主义道路，坚决贯彻党的基本路线、方针和政策，遵守国家的法律法规，正确处理国家、媒介、员工之间的关系，努力为社会主义精神文明建设服务。他们要有崇高的使命感和强烈的事业心，把电视台、电台的发展壮大当做自己的事业，有不断开拓进取的意识，有良好的思想品德和工作作风，牢固树立全心全意为人民服务的奉献精神和公仆意识，要任人唯贤，敢于、善于提拔有才干的人，还要以身作则，通过自己的模范行为率领广大员工一起努力，为企业成长共同奋斗。

　　作为我国新闻事业的重要组成部分，广播、电视等是党、政府和人民的喉舌。"政治家办报"这一思想是毛泽东于1959年6月与吴冷西谈话时提出来的。邓小平同志不仅继承和发展了毛泽东的新闻思想，还立足于新时期改革开放和现代化建设实践，对新闻舆论工作的党性原则做出创新性论述。江泽民同志高度重视新闻宣传与党的事业的关系，提出舆论工具必须掌握在真正的马克思主义者手中，重新提出并强调"政治家办报"。江泽民要求新闻工作者必须讲政治，有鲜明的政治观点，必须具有良好的政治素质，具有很强的政治鉴别力和政治敏锐性，必须树立高度的政治责任感。胡锦涛同志多次强调要坚持政治家管宣传、政治家办报、凭党性办报办刊。2008年6月20日，胡锦涛同志在人民日报社考察工作时，对新闻宣传工作提出了"五个必须"。第一条就是必须坚持"党性原则"。在新兴媒体快速发展、舆论环境空前复杂的今天，习近平总书记进一步拓展了政治家办报思想的内涵和外延，明确提出政治家办报办刊办台办新闻网站原则。他强调，要坚持党管媒体原则不动摇，坚持政治家办报、办刊、办台、办新闻网站，坚持什么、反对什么，说什么话、做什么事，都要符合党的要求。①

　　2016年，习近平先后到人民日报社、新华社、中央电视台调研，主持召开党的新闻舆论工作座谈会并发表了重要讲话：做好党的新闻舆论工作，事关旗帜和道路，事关贯彻落实党的理论和路线方针政策，事关顺利推进党和国家各项事业，事关全党全国各族人民凝聚力和向心力，事关党和国家前途命运。这"五个事关"，深刻阐明了新闻舆论对于党和国家事业发展与长治久安的极端重要性，深刻指出了新闻舆论工作在党的工作全局中的重要地位，是我们认识和把握、开展和做好党的新闻舆论工作的基本遵循。当互联网成为我们面临的"最大变量"时，习近平强调要把网上舆论工作作为宣传思想工作的重中之重来抓，要求新闻舆论工作者真正成为运用现代传媒新手段新方法的行家里手。②

（二）拥有合理的知识结构

　　合理的知识结构是媒介领导者必备的基本素质。随着信息时代、知识经济时代的到

---

① 《政治家办报思想是如何形成和发展的？》，http://www.zgjx.cn/2021-06/08/c_139995447.htm，2021年6月8日。

② 杨振武：《把握好政治家办报的时代要求——学习贯彻习近平同志在党的新闻舆论工作座谈会上重要讲话精神》，《人民日报》，2016年3月21日第7版。

来，领导者没有较高的知识水平是难以胜任工作的。媒介领导者要注重吸收具有较强时代感的新知识。具体来说，要掌握以下几个方面的知识。

1. 基本的政治、经济理论及时事政治政策

媒介领导者要熟练掌握马克思主义政治经济学和西方经济学相关知识，并深入了解我国进行社会主义市场经济体制建设的意义，同时必须及时了解国内外经济形势的变化，尤其是与媒介相关的政策动向。

2. 广泛的科学文化知识

这里的科学文化知识包括文学、历史、哲学、逻辑学等领域的知识，有利于开拓视野，培养思维能力。

3. 专业知识和管理知识

媒介领导者要掌握媒介节目制作与运营方面的知识。媒介领导者虽然不是必须成为某一专业的行家，但对其领导、管理领域的专业知识，如节目的采访、摄录、编辑、播报等流程有完整的了解和清晰的认识，才能在宏观调度和指挥时拿出更切合实际的方案。

传播学之集大成者施拉姆首次明确提出传媒的经济功能，指出大众传播通过经济信息的收集、提供和解释，开创了新的经济行为。施拉姆认为，采用机械的媒介尤其是电子媒介所成就的一件事，就是在世界上参与建立了史无前例的宏大的知识产业。[①]

因此，媒介领导者不仅应当懂得管理学、统计学、经济学等方面的知识，还应学习社会学、心理学、行为科学、人才学以及领导科学等方面的基本理论。

4. 国家政策、法令法规

媒介领导者对国家政治、经济等方面的政策法规应了如指掌。

（三）专业技能素质

好的媒介领导者不仅应具备一定的知识水平，还要有必要的专业技能。媒介领导者的专业技能是一种综合性能力。具体说来，包括以下几个方面的能力。

1. 分析、判断和形成概念的能力

媒介领导者要在复杂多变的事物中透过现象看本质，敏锐地洞察主要问题；在众多矛盾中抓住决定事物性质和发展进程的主要矛盾和矛盾的主要方面；综合运用理论

---

① 郭庆光：《传播学教程》，中国人民大学出版社，1999年版。

知识，培养逻辑思维，有效地归纳、概括、分析与判断，找出解决问题的方法与措施。

2. 决策能力

媒介领导者不能优柔寡断、患得患失，必须迅速及时地做出决策。正确的决策依赖于媒介领导者广博的知识、丰富的实践经验，以及细心的调查、准确的预见。

3. 组织、指挥和控制能力

媒介领导者要善于根据组织设计的原理，以及电视台、电台的资源结构，选择合理的组织形式，建立高效的组织机构，制定组织的战略目标，还要能够根据形势的发展、经营目标的变化，适时调整组织机构，使人、财、物等资源达到综合平衡，发挥最大优势，获得最优效果。领导者在组织目标的实施过程中，要迅速及时地发现问题，排除干扰，并随着宣传政策的变化，及时调整目标，降低风险。

4. 沟通、协调能力

随着社会化大生产的日益深入，社会组织内外关系也日趋复杂，沟通协调在媒介的领导活动中有着重要的地位和作用。媒介领导者要善于与人打交道，注重听取各个部门、各个栏目组员工的意见，协调好内部员工之间的关系。

5. 开拓创新能力

媒介领导者要带领员工在复杂多变的环境中不断开拓创新。媒介节目要不断满足广大受众的需要，而受众普遍具有"喜新厌旧"心理，如果节目一成不变，就容易让受众产生厌倦心理，媒介节目的影响力也就无从谈起。

6. 知人善任的能力

媒介领导者必须具有一定的辨才能力，重视人才的培养、开发与利用，知其所长，委以适当的工作，发挥每位员工的才能与智慧。

7. 适应环境的能力

适者生存是一个普遍的规律。媒介领导者必须通过"了解—适应—利用—影响—改造"这一过程很快适应环境，及时了解企业环境的现状和未来变化趋势，抓住时机，发挥主观能动性，充分利用媒介的有利环境，使自身企业得以发展。[1]

---

[1] 谭力文、徐珊、李燕萍：《管理学》，武汉大学出版社，2000年版。

三、关于媒介职业经理人

职业经理人是指以企业经营管理为职业，深谙经营管理之道，熟练利用企业内外各项资源，为实现企业经营管理目标而担任一定管理职务的高级人员。对于媒介职业经理人，大致有以下几个基本要求：有成功经验、活动能力强、策划能力强、政治敏感性强；管理能力强（不一定是好记者，但要会管理记者），懂财务、会经营。媒介职业经理人与一般企业职业经理人相比，难度上有过之而无不及。媒介职业经理人应具备较强的职业能力，以驾驭现代传媒这个高度复杂的"机器"。这种能力是个人素质结构、知识结构和专业结构的综合体现，其中，决策能力、创造能力、应变能力更为重要。

1. 决策能力

当今社会，几乎所有媒介都面临变幻莫测的政治环境、错综复杂的国际局势、激烈残酷的市场环境。可以说，这是一个面对问题并且要设法解决问题的时代。媒介一般有策划专家和智囊群体，他们负责对媒介提出多种建议性方案，而职业经理人的职责就是在熟悉媒介业务和经营管理的前提下，在复杂多变的环境中进行抉择。如果职业经理人缺乏这种决策能力，难以分辨各种方案的优劣，无法进行准确的取舍，那么即使他的其他能力再强，也不会成为一位出色的职业经理人。

2. 创造能力

这是职业经理人的核心能力，它表现为在媒介策划活动和经营活动中敏锐地洞察事物变化，提出大胆的、新颖的推测和设想，并进行周密论证，拿出可行的方案以付诸实践。

3. 应变能力

应变是个体主观思维的一种快速反应能力，是个体创造能力的集中表现。所谓"兵无常势，水无常形"，职业经理人必须擅长"随势而变"。这里的"势"即媒介的经营环境，具体来说，包括目标受众、竞争对手、协作伙伴以及经营者本身。职业经理人只有帮助企业在应变中造就有利的形势，才能始终处于主动地位，保持竞争优势。

严重制约中国媒介提高自身竞争力的一个普遍因素，就是经营管理者的非职业化。随着媒介经济运作日益规范化与媒介市场竞争加剧，视野开阔、熟悉资本与市场运作的媒介职业经理人更加重要。媒介市场的逐步成熟与发展，使得媒介职业经理人成为新闻媒体竞相追逐的人才资源。

目前在传媒集团实践和探索中，一些为人瞩目的传媒经营管理者脱颖而出，如北京青年报社前社长崔恩卿、赛迪传媒的李颖、电广传媒的魏文彬等；一些非公有的媒介机构，也在市场上"摸爬滚打"，出现了一些优秀的经营管理精英，如腾讯公司的马化腾、百度公司的李彦宏、凤凰卫视的刘长乐、光线传媒的王长田、阳光卫视的杨澜等。[①]

思考题

1.如何理解媒介管理者的工作职能？

2.媒介领导者素质及领导能力的构成要素有哪些？

3.什么是媒介职业经理人？媒介职业经理人应具有哪些能力？

---

① 李树喜：《以人制胜——媒体变革与媒体人》，光明日报出版社，2003年版。

媒介市场研究是认识和了解向消费者销售媒介产品的过程，这一过程涉及媒介市场细分、媒介目标市场、媒介市场定位、媒介市场环境等。本章首先介绍了媒介市场的概念和特征，分析媒介目标市场，并从宏观和微观两个层面对媒介市场环境进行探讨。在宏观层面，从媒介政治法律环境、媒介经济环境、媒介社会文化环境、媒介科技环境等方面探讨媒介市场的特征；在微观层面，从媒介自身资源、内容生产者、媒介受众、媒介广告、媒介竞争者等方面对媒介市场环境进行分析。

第一节　媒介市场概述

一、什么是媒介市场

1. 媒介市场的概念

媒介市场是媒介生产力发展到一定程度的产物。在我国，媒介市场是随着市场经济的发展和媒介组织的改革而出现的。在西方国家，由于政府体制和媒介属性不同，媒介市场在现代媒介诞生之初就存在。

在国内媒介市场化经营之前，我国的媒介组织经营主要靠政府宏观计划，基本不参与市场竞争。在市场化进程中，政府对媒介组织逐渐放开管制，国内媒介组织通过体制改革，从以前的政府机构转变为市场主体直接参与市场竞争。如持续增长的上市传媒集团数量反映出我国媒介市场的逐渐成熟。媒介组织在市场上主要靠出售广告时段和空间获得收入，各媒介组织的市场活动形成了媒介市场。通俗地讲，媒介市场就是媒介产品交换的场所、媒介产品交换关系的总和，也是媒介产品的现实购买者和潜在购买者需求的总和。

2. 媒介市场概况

2025年以来，我国图书市场在多重挑战与机遇中呈现结构性调整的复杂态势。2025年第一季度，图书零售市场码洋239.24亿元，同比2024年第一季度下降5.34%，降幅较2024年底有所收窄；2025年第一季度在中国消费市场延续复苏的态势下，图书零售市场的增长动能主要来自内容电商渠道，该渠道码洋同比增长率为86.95%，也是细分渠道中唯一实现正增长的渠道，这一增速远超实体书店和传统平台电商。[①]2024年全国广播电视和网络视听行业总收入14878.02亿元，同比增长5.32%。其中，广播电视和网络视听业务实际创收收入12855.87亿元，同比增长5.27%；财政补助收入996.71亿元；截至2024年底，全国广播电视和网络视听从业人员106.58万人，从岗位上看，管理人员16.76万人，经营人员15.11万人，专业技术人员47.15万人，其他人员27.56万人；专业技术人员占比44.24%。[②]2024年，我国数字经济核心产业增加值占GDP比重10%左右，数字经济规模稳居世界第二；2025年一季度，数字产业实现业务收入8.5万亿元，同比增长9.4%，增速较上年同期提升4.4个百分点。[③]

各类媒体合作更加紧密，利益共同体正在形成。随着媒体融合的加速推进，各类媒体之间以联合、联盟等多种方式加强协作，各种各样的利益共同体纷纷涌现，合作共赢成为常态。具体来说包括以下几点。一是主流媒体融合加速，与新媒体共时生存成为常态。一方面，主流媒体自身注重平台建设，致力于打造具有真正融媒体属性的平台，比如建立融媒体集团或新媒体中心、创建互联网视频平台、打造具有服务属性的平台等；另一方面，主流媒体和新媒体之间的融合向纵深化、全方位方向进阶，台网之间除了常规的传播渠道合作外，还涌现出诸多内容驱动、营销驱动、用户驱动的融合发展成功案例。例如：安徽卫视和爱奇艺基于内容开展生产、播出、营销合作，推出"R计划"；深圳卫视和阿里巴巴集团联合推出《超级发布会》，打造场景化娱乐营销，实现电视与电商、观众与消费者的深度融合。二是主流媒体之间加强协作，合作共赢。例如：通过内

---

① 《开卷、中金易云一季度图书市场数据一升一降，差异背后亦有共性——内容电商成增量主战场》https://www.pac.org.cn/diaozhabaogao/140801.html，2025年5月26日。

② 《2024年全国广播电视行业统计公报》，https://www.nrta.gov.cn/art/2025/5/9/art_113_70729.html，2025年5月9日。

③ 《以数观势丨乘"数"而上 中国数字经济动能澎湃》，https://www.cac.gov.cn/2025-07/07/c_1753601299298941.htm，2025年7月7日。

容聚合打造优质内容航母的央视新闻移动网，吸引了多家媒体和机构入驻；以国内外联盟的新联盟形式，推出"广电内容+"产业的融媒体营销模式。此外，还有类似"剧盟"的电视剧联合"购、编、推"模式以及联合研发、联合播出、联合营销等多种合作模式。三是新媒体之间流量互导，激发沉淀流量价值。例如：新浪微博为秒拍导入粉丝，实现粉丝的引流；社交平台与电商合作，将社交场景和消费场景融合，缩短营销链条；抖音、快手等短视频平台与电商合作，开发网红电商模式；视频网站与电商合作，实现权益互通。从20世纪80年代至今，媒介融合经历了技术、经济市场、政府管制、文化等不同维度的变迁，继续向纵深方向发展。

二、媒介市场的特征

媒介市场除了具有一般市场的共性，还具有作为媒介产品和媒介服务交易场所的特性。

1. 开放性

媒介市场的开放性是指在一定的区域市场内，外地媒介产品能够进入本地媒介市场。开放性可以衡量一个地区媒介市场的流通难易程度。由于媒介传输渠道的特性，报纸在发行、购买和阅读方面的本地化属性较强，各地的报业市场普遍是本地产品强势，互相之间对外地报纸的开放性差异不显著。而点播媒体信号传输较为便捷的传播特性决定了其在实施跨区域进入时受技术影响的成分比较低，开放性较强。[1]比如卫视的发展就是电视媒介市场开放性的体现，利用通信卫星传送和转播电视节目的电视系统覆盖面更广，更加趋近于开放性的市场。

互联网是媒介市场开放性十分突出的媒介形态，能够完全打破时空的界限进行信息传播，因为整个互联网就建立在自由开放的基础上。互联网技术决定了信息呈开放式传播，信息可以扩散到任何有网络存在的地方，模糊了时间和空间、现实和未来、真实和想象、实在和虚构、静态和动态、平面和立体、城市与乡村等之间的界限，具有极大的超越性——超越了由文字固定下来的传统"文本"（静态的、固化的、单向的），形成了能够不断续写的、改写的、链接的、解读的、解构的"超文本"，因而敞开了一切往日文本创造者所设立的、由文本自成封闭系统的禁区，创造了一个允许任何形式的信息自由翱翔的无限领域，即所谓的"赛博空间"（Cyberspace）。[2]所以，在互联网市场上，网络媒介的形式和内容不断进化和更新，人人都是自媒体，人人都有进入媒介市场获取经济效益的机会。

---

① 王斌：《媒体市场开放度：意义与测量》，《首届中国传媒经济学博士生论坛论文集》，2007年12月。
② 黄卫星、张玉能：《互联网的开放性与红色经典文化记忆》，《长江文艺评论》2018年第6期，第78-82页。

2. 多维性

同一媒介产品可以进入不同的媒介市场。以广播节目为例，新媒体时代的广播内容不仅可以在电台播出，还可以在音频分享平台在线或下载收听。比如，上海广播推出的阿基米德App，致力于打造头部综合音频平台，以用户思维优化界面，在盘活广播优质内容的基础上，加快自主内容策划，同时加速相关网端产品覆盖、延伸至广播端，推动多元产品布局，构建城市"声"活新入口。截至2025年初，阿基米德App梳理了2000多档库存音频"专辑"，淘汰、更新、重组了400多档音频内容。[①]对于电视节目，观众能够在电视端、PC端、移动端等多种形式的终端进行观看，媒介市场的多维性使同一媒介产品能够被更多的受众接触，并因此提升产品价值。

3. 交互性

通常而言，交互性就是生产者、媒介平台和受众之间信息传递的双向性。在传统媒体时代，媒介市场就存在交互性，比如读者与编辑、观众与电视台通过写信、电话、短信、投票等多种方式进行交流。新媒体时代的互联网平台极大地增强了交互性，存在多种交互方式，包括受众对网页中的超链接进行点击产生的交互、传播者与传播者的交互、传播者与受众的交互、媒介与媒介的交互等，它们共同构成了网络中的"交互场"。具体来说，这种交互包括人际交互、媒介交互和人媒交互。人际交互是个体之间的交流互动，人与人通过界面在虚拟空间中进行交流。互联网技术将世界各地的人聚集在虚拟空间中，地域局限、信息发布滞后的传播缺陷得以避免，人们在"地球村"实现了信息共享。比如，传受之间通过反馈、留言、提供新闻线索、参与新闻制作过程实现交互，或者受众之间通过对网络评论、点赞进行回复实现交互。媒介交互聚焦媒介之间在交互过程中产生的影响，强调不同媒介之间边界的消解，是媒介之间相互融合、相互补充的过程，包括互为传播、互补增生、互渗互融、互竞共生等形式。媒介交互是从内容到形式的转换和演变，它们共同对文本产生作用，是传播力增强的有效之道。媒介是人的延伸，是对人体器官、感官功能的强化和放大，人媒交互让人体感官在媒介信息的刺激下产生反应，使人的感官秩序重新调整，从而平衡多种感官，达到对信息的深层次理解，在叙事与接受的重合中让受众产生沉浸感和共情，从而提供环境之外的信息，属于心理层面的交互。[②]

---

① 《内容更优界面更潮，上海广播综合音频平台阿基米德焕新出发》，https://mp.weixin.qq.com/s?__biz＝MTcxNDIzNjE0MQ＝＝&mid＝2650257927&idx＝1&sn＝ba521647d90576823404c1a3ddcee99d&chksm＝571266 047cb1dab44405e7e7a3ba78d051e07d41f41977e773ba53b90d6195f7f937bf14d229&scene＝27，2025年1月20日。

② 赖昕、王远舟：《网络新闻中交互性的三种形式》，《新媒体研究》2018年第14期，第14-15页。

4. 共赢性

媒介市场中同一媒介产品可以同时满足多个利益方的需求。媒介产品的购买方可能是收费媒介产品的视频观众、音频听众、订阅读者，抑或是其他支付下载费用的使用者，但也可能是承担媒介主要经济收益的广告主。虽然多个利益方参与媒介产品的营销，但最终他们迥异的需求可能都会得到满足。对大众传播媒介受众而言，媒介产品提供了娱乐、资讯、教育、沟通等功能；对广告主而言，媒介产品是广告刊登和传播的载体，是宣传企业品牌和产品形象的有效渠道；对媒介市场中的售卖者而言，交易需求就是直接盈利，或以其他形式间接盈利。

在一般市场中，交易是在买卖双方的"拉锯战"中得到一个平衡点，交易的成功是彼此技巧性地妥协。但是在媒介市场中，由于广告主和受众的需求体现为传播力的呈现，因此，媒介市场具备互利、共赢的可能性。爱奇艺与江苏卫视在2024年充分利用彼此资源，围绕综艺项目共创、内容创新排播、创新广告营销展开合作，携手探索综艺开发新思路，助推彼此从节目策划、创作、生产到播出、宣推、营销的全链条深度融合；双方在2024年4月23日爱奇艺 iJOY 悦享会现场进行了战略合作启动仪式并发布《青春合唱团》《音乐潮计划》《种地吧2》《十天之后回到现实》四个重点项目。①媒介推出的大型综艺节目，对媒介自身而言，是一个契合频道定位、提升频道影响力的机会。收视率较高的大型真人秀节目，不仅能够提升媒介产品的知晓度，而且可以提高媒介自身的美誉度。对于观众而言，能够欣赏精彩的表演，达到休闲娱乐的目的，并能够通过微博、微信等社会化媒体和所属趣缘群体分享观看感受。对于赞助商而言，不仅享有冠名权进行植入式广告，而且能够为企业带来显著的宣传效果，使得媒介市场的多重利益方实现共赢成为可能。

三、智能传播时代媒介市场的新变化

随着信息技术的迅猛发展，智能传播已经成为当今媒介市场的主流趋势。在这一背景下，媒介市场正经历前所未有的变革。

1. 媒介融合加速，产业边界模糊化

在智能传播时代，媒介融合成为推动媒介市场变革的重要力量。传统的媒体形态如报纸、广播、电视等正逐渐与新媒体形态如互联网、移动媒体等融合，形成了多元化的媒介生态。这种融合不仅体现在技术层面，更涉及内容、渠道、经营等多个层面。媒介

---

① 《爱奇艺与江苏卫视达成战略合作，共同探索综艺节目制播和营销新范式》，https://caijing.china-daily.com.cn/a/202404/24/WS66287dfda3109f7860ddabf4.html，2024年4月24日。

融合的趋势使得产业边界逐渐模糊化，传统媒体与新媒体之间的界限不再那么明显，媒体机构需要不断调整自身的业务模式和经营策略，以适应市场变化。

在技术层面，智能传播技术如大数据、云计算、人工智能等的应用，使得媒介内容生产、传播和接收更加智能化和个性化。媒介机构可以通过数据分析，精准把握用户需求，实现精准推送；同时，用户也可以根据自己的兴趣和需求，定制个性化的媒介内容。

在内容层面，媒介融合使得不同媒体形态的内容可以相互借鉴、融合创新。例如，报纸可以借鉴网络媒体的交互性和实时性，推出电子版或互动版；电视可以借鉴网络视频的短、平、快特点，制作短视频或直播节目。这种跨媒体的内容创新，丰富了媒介市场的产品形态，满足了用户多样化的需求。

在渠道层面，媒介融合打破了传统媒介渠道的局限性，使得内容可以通过多种渠道进行传播。传统媒体纷纷开设官方网站、社交媒体账号等，以扩大传播范围和影响力；同时，新媒体也积极与传统媒体合作，共享资源，实现互利共赢。

2. 用户中心化，个性化需求得到满足

在智能传播背景下，用户成为媒介市场的核心，媒介机构纷纷将用户需求放在首位，通过智能传播技术实现个性化内容推送和服务。

一方面，媒介机构通过大数据分析，了解用户的兴趣、偏好和行为习惯，从而为用户提供更加精准的内容推荐。例如：新闻类应用可以根据用户的阅读习惯和兴趣，推送定制化新闻资讯；视频平台可以根据用户的观看历史和喜好，推荐个性化的视频内容。

另一方面，媒介机构还通过智能化交互技术，提升用户体验和参与度。例如：通过智能语音助手进行语音交互，实现内容的搜索、播放和控制；通过虚拟现实和增强现实技术，为用户提供沉浸式的媒介体验。

这种用户中心化的趋势使得媒介市场更加关注用户需求和体验，推动媒介内容的个性化和差异化发展，同时为媒介机构提供了更多的商业机会和创新空间。

3. 跨界合作成为常态，产业链延伸拓展

在智能传播背景下，媒介市场的竞争不再局限于单一的媒体形态或行业内部，而是拓展到了更广泛的领域，跨界合作成为媒介机构拓展业务范围、提升竞争力的重要手段。

一方面，媒介机构与其他行业合作，共同开发新产品、新服务。例如：与电商合作推出购物直播节目，实现内容与消费的深度融合；与旅游机构合作推出旅游类内容产品，为用户提供全方位的旅游信息和服务。

另一方面，媒介机构之间加强了跨界合作，共同打造媒体生态圈。例如：主流媒体与新媒体合作，实现资源共享、优势互补；传统媒体与互联网企业合作，共同开发新媒体平台或产品。

这种跨界合作的趋势使得媒介市场的产业链得到延伸和拓展，形成了更加完整的产

业生态。媒介机构通过与其他行业和机构合作，实现资源共享、互利共赢，推动了整个媒介市场的繁荣发展。

4. 智能化监管成为必然趋势，维护市场秩序

随着媒介市场的快速发展和变革，智能化监管成为维护市场秩序、保障公平竞争的重要手段。智能化监管技术的应用也为媒介市场的监管提供了有力支持。例如：通过大数据分析和人工智能技术，实现对媒介内容的实时监测和预警；通过区块链技术，确保媒介内容的真实性和可追溯性。这种智能化监管的趋势使得媒介市场更加规范、有序，为媒介机构的健康发展提供了有力保障。

总之，智能传播背景下，媒介市场正经历前所未有的变革，媒介融合加速、用户中心化、跨界合作和智能化监管等新变化，为媒介市场带来了更多的发展机遇和挑战。媒介机构需要紧跟时代步伐，不断创新和变革以适应市场的变化和用户的需求，同时政府和社会各界也应加强对媒介市场的监管和支持，共同推动媒介市场的健康发展。

第二节　媒介目标市场分析

一、媒介市场细分

1956年，美国市场营销学家温德尔·史密斯首次提出"市场细分"（market segmentation）这一概念。这一概念的提出顺应了卖方市场向买方市场转向的新形势，可以说是市场营销的一次革命。

（一）媒介市场细分标准

根据媒介产业的具体情况，媒介市场常用细分标准有地理细分、人口细分、心理细分和行为细分（见表3-1）。

表3-1　媒介市场常用细分标准

	主要变量	划分标准
地理	地区	国内：华北、华东、华南、华中、西南、东北、西北 国际：亚太、东欧、西欧、北美

续表

	主要变量	划分标准
地理	城镇	直辖市、省会城市、大中城镇、单列市
	人口密度	都市、郊区、乡村
	气候	南方、北方
人口	年龄	0～3岁、3～6岁、6～12岁、12～17岁、17～35岁、35～50岁、50～64岁、64岁以上
	性别	男、女
	职业	工人、农民、教师、学生、工程技术人员、军人、公务员、家庭主妇、退休人员、个体经营者、待业人员等
	月收入	无收入、1000元以下、1000～2500元、2500～4000元、4000～5500元、5500～7000元、7000～10000元、10000～20000元、20000元以上
	家庭状况	青年单身、青年已婚无子女、满巢期（a）已婚子女6岁以下、满巢期（b）已婚子女6岁以上、满巢期（c）已自立的子女、空巢期无子女在身边的老年夫妻、孤独期单身老人独居
	教育	小学及以下、初中、高中、大学、研究生
	民族	汉、回、满、藏等
心理	生活方式	简朴型、时髦型、高雅型、社交型等
	个性特征	被动型、独立型、社交型、命令型、随意型
行为	购买时机	一般时机、特殊时机
	追求的利益	价格、质量、服务、声誉
	使用者状况	未使用者、潜在使用者、过去使用者、初次使用者、经常使用者
	使用率	经常使用、一般使用、偶尔使用
	忠诚度	无、一般、强烈、绝对
	待购态度	不知道、知道、有兴趣、有意向
	对媒介态度	热情、肯定、无所谓、否定

1. 地理细分

地理细分即按照媒介受众的地位环境、地理位置来细分市场。比如，在我国可以划分为华北、华东、华南、华中、西南、东北、西北地区；也可按照行政区域来进行细分。不同地区的受众，在经济状况、需求偏好、发展趋势等方面存在较大的差异。比如《楚天都市报》与《华西都市报》、东方卫视与北京卫视，以及不同地区的政务微博、微信公众号等。

2. 人口细分

人口细分是指根据人口学统计因素对媒介市场进行细分，比如《快乐老人报》《儿童画报》《中国青年报》是根据年龄进行细分的；《花花公子》《女友》《中国女性》等是根据性别进行细分的；大多数学术期刊根据学术专业进行细分，还有的根据民族等因素进行细分。

3. 心理细分

心理细分是通过生活方式和受众个性进行媒介市场细分。生活方式和受众个性特征的差异会影响媒介受众对媒介产品的兴趣，比如综艺节目中的问答类节目、游戏类节目、婚姻速配节目、选秀或真人秀节目、脱口秀节目、文艺晚会等。

4. 行为细分

行为细分是指根据受众对媒介产品的认知、态度、使用与反应等行为将媒介市场细分为不同的群体。诸多营销从业者认为行为因素是进行市场细分的有效出发点。

（二）媒介市场细分的条件

从媒介市场营销角度来看，无论是媒介产业市场还是媒介消费者市场，并非所有的细分媒介市场都有意义。在细分媒介市场时，必须科学分析、测定是否具备从事有效经营的条件，所选择的媒介细分市场必须具有一定的特征。

1. 可衡量性

可衡量性是指用来细分媒介市场的标准、变量及细分后的市场是可以识别和测量的，如受众规模、购买能力和需求量等应能够进行明显的区分。如果根据某种标准细分出的市场难以描述和界定，就失去了细分的意义，媒介也就难以根据其制定有针对性的策略。

2. 可进入性

可进入性是指媒介有能力进入并服务于所选定的细分市场，媒介细分市场应能够使媒介主体的资源得以充分利用，并能够满足这一受众群体市场的需求。

3. 可盈利性

可盈利性是指媒介所选择的细分市场具有一定的规模和市场潜力，有值得进入的价值和可挖掘的潜力，能够保证媒介获得理想的经济效益。

4. 稳定性

稳定性是指细分后的媒介市场在经营周期内具有相对稳定性，使得媒介能够有效开发市场，避免因市场动荡而带来负面影响。

（三）媒介市场细分的方法

1. 单一变量细分法

单一变量细分法，是指根据媒介市场营销调研结果，把影响媒介受众需求的主要因素作为细分变量，达到媒介市场细分的目的。这种细分法以媒介的运营实践经验和对受众的了解为基础，在宏观变量或微观变量中，为寻找能够有效区分受众群体，并使媒介的营销组合（产品、价格、传播销售渠道、促销策略）产生有效对应的变量而进行的细分。比如，儿童媒介市场需求的主要影响因素是年龄，此类媒介必须根据不同年龄段的儿童设计不同的内容。除此之外，性别、行业、教育背景等也常作为媒介市场细分变量而被媒介使用，如国内早期的SNS（社交网络服务网站）网站，开心网的主要用户群体是白领，校内网的用户群体是学生、51.com的用户群体是宅男宅女。

2. 多变量细分法

影响媒介受众需求的因素是多样的，同时一些因素相互交错在一起，共同对某种需求产生影响，比如年龄与性别、行业与收入等因素交织在一起，共同影响需求的增减变量。所以，需要用多变量细分法来弥补单一变量细分法的不足。多变量细分法以两种或两种以上影响需求较大的因素为细分变量，以达到更为准确地细分媒介市场的目的。比如，用性别（男、女）、收入（高、中、低）、年龄（青年、中年、老年）三个因素细分媒介市场，就可以得到18个（2×3×3）细分媒介市场。

3. 系列因素细分法

按影响市场需求的多种因素进行市场细分时，从主观上而言，为了更准确地细分某个整体市场，应考虑多选几个细分变量，并且将每个变量产生的不同特征尽量考虑周全。但是，这样会导致整个市场被细分为诸多媒介子市场。虽然媒介市场得到了细分，但确定媒介的目标市场会面临较大的困难。系列因素细分法就是为了避免这种情况而设计的细分方法。其基本思路为：从粗略到详尽，将整体市场分为几个层次，逐层细分，后一阶段的细分在前一阶段的细分市场中进行，最终确定细分目标市场。比如，某时尚类自媒体的目标受众将细分因素排列为年龄、性别、职业、家庭收入、教育、婚姻，然后逐步细分和选择：年龄（青年√、中年、老年）、性别（男、女√）、职业（政府机关或事业单位、公司√、个体经营者、家庭主妇、学生）、收入（高√、中、低）、教育（大学√、中学、大学）、婚姻（未婚√、已婚）。最终确定的细分市场可以描述为，较为年轻的单身女性白领，收入水平和受教育程度较高。

（四）媒介市场细分的步骤

媒介市场细分作为一个比较、分类和选择的过程，应按照一定的步骤来进行。

第一步，正确选择媒介市场范围。媒介根据自身的经营条件和经营能力确定进入市场的范围，确定媒介进入的行业领域、媒介产品形态以及媒介服务等。

第二步，列出媒介市场范围内所有潜在受众的需求情况。通过头脑风暴、调查等形式，从地理、人口、心理和行为等方面的变量出发，比较全面地描述媒介产品市场受众需求及变化。如在社会化媒体平台上，媒介更加注重受众反馈，尽可能回复评论，使双向传播的需求更好地实现。

第三步，分析潜在受众的不同需求，初步细分媒介市场。确定受众潜在需求后，不同受众强调的侧重点可能存在差异，媒介应对各种需求进行细分或归类，将有共同需求的归为一类，即成为一个细分市场。

第四步，经过筛选确定细分市场。剔除潜在受众的共同需求，保留差异性特征需求作为细分特征。共同需求固然重要，但不能作为市场细分的基础。根据潜在受众基本需求的差异性特征，对各细分市场进行必要的合并与分解后，将其划分为不同的群体或子市场，并赋予细分市场一定的名称。

第五步，进一步分析每个细分市场的不同需求与消费行为特征，深入考察和分析其原因，在此基础上决定是否可以对这些细分市场进行合并，或进一步细分。

第六步，评估子市场的市场规模与潜力，从而确定媒介的目标市场。

二、媒介目标市场

（一）目标市场覆盖模式

对媒介市场进行细分和评估后，可选择一个或若干个媒介细分市场，将其确定为媒介目标市场。媒介在选择目标市场时有五种可供参考的市场覆盖模式，如图3-1所示。

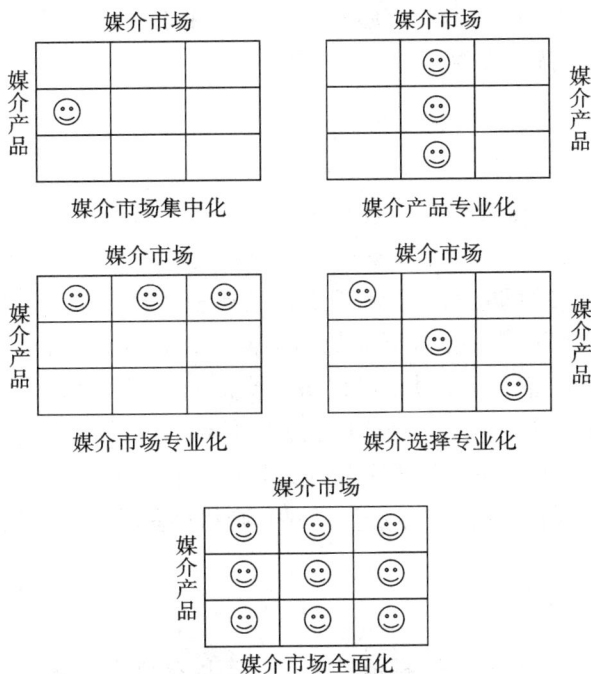

图3-1 五种媒介目标市场覆盖模式

1.媒介市场集中化

媒介市场集中化是一种最简单的目标市场覆盖模式。媒介在众多的细分市场中只选取其中一个细分市场，仅生产一类媒介产品，提供给单一的受众群体，进行集中营销和推广，集中资源和力量为之服务。比如，某杂志或自媒体只关注女性美妆。选择媒介市场集中化模式一般基于以下考虑：媒介具备在此细分领域从事专业化生产的优势条件；限于资源或资金，仅能经营一个媒介细分市场；此媒介细分市场中没有强势竞争者；准备以此为准备阶段或起点，获取成功后向更多的媒介细分市场拓展。媒介市场集中化模式使媒介深刻理解此细分市场的需求特征，采用特定的产品、价格、渠道和促销策略，从而获得强有力的市场地位和良好声誉，但同时存在较大的经营风险。

2. 媒介产品专业化

媒介产品专业化是指媒介集中生产一种媒介产品，供应给不同受众市场的策略。比如，某些天气、交通指南等专业资讯媒体，同时向不同职业、不同年龄、不同教育背景的受众提供相同的媒介内容。这种覆盖模式实际上是实施非市场细分化战略，即不分割整体市场。其优点在于媒介专注于某一种或某一类产品的生产，有利于形成和发展媒介生产中的优势，在此领域塑造出专业形象。其局限性是一旦出现其他品牌的替代品或受众偏好发生变化，媒介将面临生存和发展危机。

3. 媒介市场专业化

媒介市场专业化是指媒介专门经营满足某一受众群体需要的各种产品的策略。比如时尚杂志《Vogue》《瑞丽》《时尚芭莎》的目标受众是年轻时尚白领女性。在互联网时代，这些纸媒杂志不仅发行电子版、手机版，而且创办官方微博、微信公众号等多种社交媒体终端账户，以满足同一受众群体的不同需求；再如，腾讯公司围绕QQ，开发出QQ空间、QQ游戏、QQ音乐等多种产品以满足受众的多元化需求。此模式的优点在于媒介提供了一系列产品专门为同一受众群体服务，能够提升媒介声誉，而且多种产品经营在一定程度上分散了市场风险，增强了受众黏性。此模式存在的问题是，如果这一目标受众的媒介需求潜量和特点突然发生变化，媒介则将面临较大的风险。

4. 媒介选择专业化

媒介选择专业化是指媒介有选择地进入几个不同的细分市场，为不同受众群体提供有针对性的同类媒介产品策略，每一细分市场对媒介的目标实现和资源利用都有一定的吸引力，但各细分市场彼此之间很少有联系或没有联系。这种模式能够为媒介分散市场风险，即使某个细分市场盈利情况不稳定，仍可在其他细分市场实现盈利。也就是说，此模式属于无相关多元化发展，较难实现规模经济，并要求媒介主体具有较强的资源和实力。一些较大的互联网公司在选择专业化模式中已取得显著成绩，比如腾讯不仅开发QQ，而且将微信做强做大；再如，新浪不仅在门户网站方面做到专业化，而且将微博也做到行业领先。

5. 媒介市场全面化

媒介市场全面化是指媒介全方位进入各个细分市场，生产多种媒介产品以满足各种受众群体的需要。一般来说，只有实力雄厚的媒介才能采取这种市场覆盖模式，并收到良好效果。比如，美国的新闻集团是一个庞大的"传媒帝国"，其涉足几乎所有的媒体领域，核心业务涵盖电影、电视节目的制作和发行、无线电视和有线电视广播、报纸、杂志、书籍出版以及数字广播、加密和收视管理系统开发等。

（二）目标市场营销策略

1. 无差异性策略

无差异性策略是指媒介采用单一的营销策略开拓市场，即媒介着眼于受众需求的同质性，把整个媒介市场视为一个整体，对市场的各个部分同等看待，推出一种媒介产品，采用统一的价格，使用相同的传播销售渠道，采用相同的媒介产品宣传和推广方案，去占领总体媒介目标市场的策略（见图3-2）。媒介采用无差异性策略的原因有以下几个：第一，认为自身所经营的媒介产品对所有受众而言都是需要的，属于共同需求；第二，认为媒介受众之间虽然有所差异，但是差异程度较小；第三，用广阔的销售渠道和推销方式能够节约营销成本。

无差异性策略的优势体现在以下几点。一是这种策略能够降低媒介营销成本：大批量生产销售必然降低单位媒介产品成本；单一的营销组合，尤其是无差异的广告宣传，可以相对节省促销费用；不进行市场细分，能够相应减少媒介市场调研、媒介产品开发，以及制定多种媒介市场营销战略、战术方案等带来的成本开支。二是媒介产品的宣传和推广投入，不是分散应用于多种产品，而是集中于一种媒介产品，因此可以达到强化媒介品牌形象的作用。

无差异性策略的缺点体现在以下几点。一是难以有效满足媒介受众的多元化需求，隐藏流失媒介受众的风险。二是容易受到其他媒介竞争所带来的负面影响。三是如果较多数量的媒介都采用无差异性策略，媒介市场上的竞争会更加激烈，很难产生竞争者共赢的局面。较早时期，传统的大报、电影公司、早期的门户网站多采用这种策略，但是随着媒介市场竞争加剧，大多数媒介都避免采用此策略，仅在特定条件下有限使用。

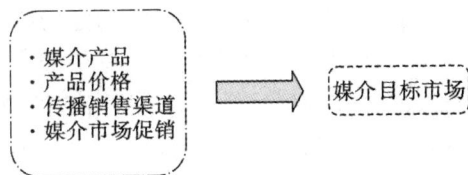

图3-2 无差异性策略

2. 差异性策略

差异性策略是把整个媒介市场细分为若干需求和愿望大致相同的细分市场。根据不同目标媒介市场的差异性，设计不同的媒介产品和市场营销组合策略，针对不同产品制定不同的价格，采用不同的传播销售渠道，应用多种广告宣传和推广，去满足不同受众的需求（见图3-3）。比如，传统媒体时代，《读者》杂志细分为城市版、乡村版，城市版以生活在城市地区、具有一定知识背景的读者为受众，乡村版以乡村地区的农民读者为主要读者对象，二者在杂志内容、风格、形式等方面均有所区别，但都得到了细分媒介目标市场受众的认可。再如，互联网从传统的流量1.0时代进化到由算法驱动的流量2.0新时代，用户被动触达的"人找信息"的搜索方式已经被"信息找人"的分发方式替代，大数据借由用户画像、内容分发等算法实现了信息的精准推送。[1]基于数据挖掘的"今日头条"通过计算机算法判断用户的阅读喜好、地理位置等信息，能够较为精准地推送各类信息。一个县城甚至一个村镇的新闻能够精准推送给此地区的用户，这种垂直传播是差异性策略的典型体现。

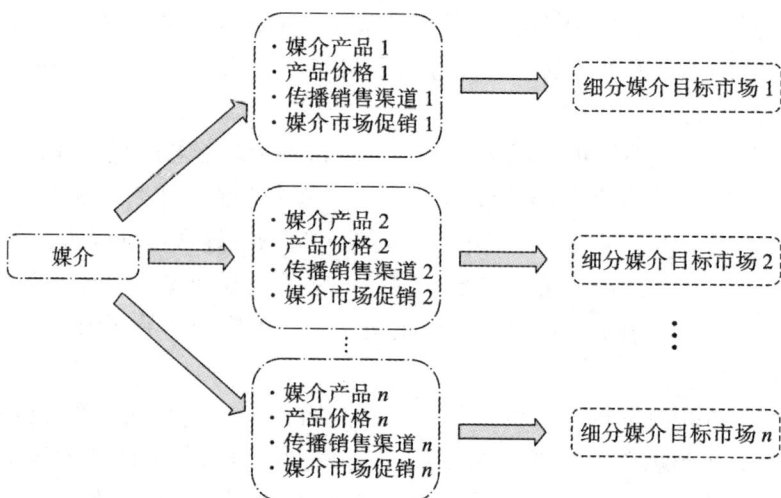

图3-3　差异性策略

　　差异性策略被较多的媒介采用，它的优点主要有以下几点：第一，在很大程度上降低了经营风险，某一细分媒介目标市场面临风险，不会威胁整个媒介；第二，能够使受众的不同需求得到满足，也使每个细分媒介目标市场的潜力得到最大限度的挖掘，从而有利于扩大媒介的市场占有率；第三，提高了媒介的竞争能力，特别有助于阻止其他竞争者利用市场空隙进入市场；第四，如果媒介能够在多个细分市场实现良好的经营效果，已打造出知名品牌，就能够在一定程度上提高受众对媒介其他系列产品的信任度，有利于媒介新产品迅速打开市场。

　　差异性策略同样存在局限性，其中最显著的问题是营销成本的增加：多品种生产使单位产品的生产成本相对上升；多样化的推广渠道必然使单位产品的传播成本费用增加；此外，还可能增加媒介市场调研和管理等方面的费用。所以，差异性策略的运用，应基

①　《媒介市场五大趋势》，https://www.sohu.com/a/253694122_355033，2018年9月13日。

于此策略所增加的利润能够超过增加的成本这一条件。受有限资源的制约，诸多中小型媒介、自媒体难以采用此策略，仅经济能力和技术力量较强、营销实力较强的媒介适宜采用差异性策略。

3. 集中性策略

集中性策略是指媒介对整个市场进行细分后，选择一个或少数几个细分市场作为目标市场，并制定一套营销方案，集中力量为之服务，争取在所确定的目标市场上占有较大的市场份额（见图3-4）。这是一种比较特殊的策略，前两种策略面对的都是整个市场，而集中性策略则是将一个或少数几个细分后的小市场作为目标市场，其出发点在于避免媒介有限资源的分散，放弃在较多的细分市场上都获得较低的市场份额，选择在较少的细分市场上获得较高的市场占有率。比如，传统媒体中的《儿童时代》《少儿画报》等杂志均将资源集中于儿童市场，而《中国青年报》则以青年群体为目标市场。部分专业性报刊、广播、电视、网站、自媒体都以一个或少数几个媒介市场为目标市场，以在市场竞争中占据优势。

这种策略适用于资源有限的中小媒介。其优点是媒介仅为一个或少数几个细分市场服务，能够对此市场有比较深入的了解，提供更好的服务，可以实现专业化生产和销售，在节省营销费用的同时，提高媒介产品和媒介自身的知名度，从而有助于媒介在局部市场的竞争环境中处于有利地位。当媒介实力增强，具有较好的拓展机会时，尤其适用于集中性策略，这也是新媒介和小媒介的取胜之道。此策略的不足之处在于经营风险较大，因为选择的市场面较窄，并且集中了媒介的大部分精力，如果市场消费的需求偏好突然改变，或者强大的竞争对手进入市场，或者预测偏差、营销方案不到位，将可能使媒介陷入困境难以回旋。

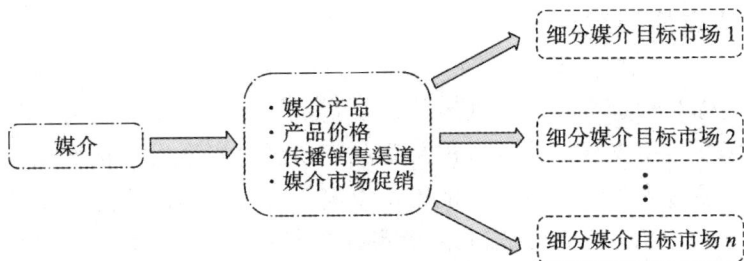

图3-4　集中性策略

三、媒介市场定位

媒介在选择细分市场，并确定目标市场策略后，就要在目标市场上进行媒介产品的市场定位。媒介市场定位是媒介全面营销战略的重要组成部分，它关系到媒介自身和媒介产品的市场地位，以及在受众心目中的形象。"定位"这个概念在1972年由艾尔·里斯和杰克·特劳特首次提出。定位理论最初被当做一种纯粹的传播策略，随着市场营销理论和实践的发展，定位理论对营销的影响逐渐超出传播技巧的范畴。所谓"媒介市场定位"，是指媒介针对竞争者现有产品在市场上所处的位置，根据受众群体对这种产品某一属性或特征的重视程度，设计和塑造特定的个性或形象，并通过一系列措施把这种个性或形象有效地传达给受众，从而确定该产品在市场上的位置。其实质是使一个媒介和其他媒介严格区分开来，并使受众群体明显感觉和认知到这种差异，达到影响受众心理、增强媒介和产品竞争力、有效提升媒介经济效益的目的。

（一）避强定位策略

避强定位策略是指媒介避免与实力最强或较强的其他媒介直接竞争，将自己的媒介产品定位于另一媒介市场区域，使自己的产品在某些特征或属性方面和强大的竞争者存在较为明显的区别。根据定位理论，整个市场不可能被单一的产品或品牌覆盖，市场一定存在有待发掘和填补的空间。这一策略的优点是能够使媒介较快地在市场上占据一席之地，并在受众群体中打造出鲜明的形象，其市场风险较小，成功率相对高，因此是多数媒介倾向于采用的策略。这种策略的缺点在于，需要媒介放弃当前市场上某个最优的市场位置，很可能处于较为劣势的市场位置。

比如中央广播电视总台春节联欢晚会，历经多年发展已经成为一个仪式化活动，甚至是重要的文化事件，每年的除夕之夜进行直播，是一个收视率难以超越的节目。近年来，地方卫视也纷纷举办春晚，但基本上都会选择避开除夕，比如2019年浙江卫视春晚以"领先"之名，在腊月二十九提前贺岁，湖南卫视和北京卫视则选择在大年初一举办卫视春晚。避强策略的定位可能是一档节目、一个产品，也可能是一个频道、一个媒介平台。

（二）迎头定位策略

迎头定位也称对峙定位或对抗性定位，是指媒介根据自身的实力，为占据期望的市场位置，与市场上占据支配地位的（即最强的竞争者）媒介发生正面竞争和对抗，试图使自己的媒介产品进入与竞争者相同的市场空间。这种策略的优点在于由于竞争过程较为瞩目，可能产生"轰动效应"，媒介品牌和媒介产品可以较快地被受众群体了解，易于达到建构市场形象的目的；缺点在于具有一定的风险性。尽管风险性显而易见，但不少媒介主体依然认为这种激进式策略有助于起到激励的作用，并且一旦成功就可能取得巨大的市场优势。

事实上，在媒介市场中采用迎头定位策略的案例并不少见，尤其当一种新媒介产品出现时，通常较短时间内即会出现一些定位相同的竞争者共同在同一市场上对抗。比如2007年中国大陆地区第一家提供微博服务的门户网站饭否上线，被称为"中国版Twitter"，2009年新浪微博（后改为微博）上线，2010年网易微博、腾讯微博、搜狐微博相继上线，以及后来的微头条、知乎想法等类似媒介产品不断出现。在早期，新浪作为在海外上市的网络媒体公司拥有强大的资源和实力，面对饭否，采取了迎头定位策略。其自2009年8月上线以来，一直保持爆发式增长态势，至2010年10月底，新浪微博注册用户数超过5000万人。而在2010年相继上线的网易微博、腾讯微博、搜狐微博在面对作为竞争者的新浪微博时，承担的风险和压力必然大于当初饭否对于新浪微博的威胁。也就是说，当蓝海转向红海，迎头定位策略的成本和风险会相应加大。2014年4月，新浪微博在纳斯达克上市，而其他微博类媒介产品或关闭或转型。

在传统媒体市场，电视台在电视剧市场也多采取迎头定位策略。电视剧仍然是各电视频道重要的生存和竞争武器。一方面，从播出时段和播出时长来看，电视剧吸引着集中的广告投放，19:30—22:00电视剧播出时段依然是广告含金量非常高的时段，担负着频道70%的收入来源。另一方面，一部好的电视剧无论在哪个平台播出，都能迅速吸引观众收看，能够迅速提高收视率。只不过收视平台不同，收视率提高的幅度有所不同。同时，电视剧对收视率的拉动方便快捷，效果立竿见影。推出一个品牌节目至少需要3个月，而一部优秀电视剧3～5天就能提高收视率。电视剧的收视还具有前后带动作用，无论剧前还是剧后的节目，电视剧都能迅速吸引或挽留相当大规模的受众。因此，电视剧资源依然是各大电视台的集中竞争舞台，各平台在电视剧的主题选择、制播关系、编排策略等方面展开激烈竞争，投入少则几亿元多则几十亿元的资本购买电视剧，力争从电视剧上获取更多的收视、市场份额，以稳固或提升平台的影响力和竞争力。[1]

（三）创新定位策略

创新定位策略是指媒介采用迂回的方式，避开与竞争者直接对抗，寻找和占领新的尚未被发现但有潜在市场需求的位置，填补媒介市场的空白，生产当时市场上没有的、具备某种特色的媒介产品。这种定位应具备的条件是，媒介具有生产较高质量产品的实力，创新性满足受众特定需求，使受众群体通过良好体验对媒介产品产生黏性和信任，同时实现盈利，或者在可控的时间范围内实现从不盈利到盈利的转变。

在传统媒体时代，由于传统媒体资源有限，创新定位策略虽是较为理想的选择，但当媒介市场从蓝海不可避免地转变为红海时，创新的空间也越来越小。时至社会化媒体时代，自媒体已如恒河沙数，基于细分市场越来越高的精细程度，媒介产品的创新定位已经被演绎得淋漓尽致。比如，财经类的微信公众号、微博等，有的根据不同视角定位于财经资讯、深度财经事件解读、商业故事、财经地理、财经历史、财经人物等；有的根据不同内容定位于房产、股票、基金、橡胶、区块链等。这些不断趋于精细化的创新定位，旨在探寻市场的空白，在一个小领域精耕细作，抑或在较为小众的细分领域挖掘长尾市场。比如，短视频平台上，以乡村生活为内容的短视频，有"华农兄弟"分享农村生活中的竹鼠养殖经验，有博主"李子柒"定位于古风美食传播，也有"湘西苗疆阿哥"分享湘西大山里的苗族原生态生活。

---

[1]　李萍：《从播出视角看国产电视剧如何破局》，《西部广播电视》2018年第15期，第76-78页。

（四）重新定位策略

重新定位也称二次定位或再定位，是指媒介在选定细分市场定位目标后，如果发生定位偏差或者虽然初始定位准确，但由于市场发生变化，比如遇到竞争者定位与自身定位相近，并强势侵占自身原有市场，或文化环境影响、技术变迁等导致受众媒介偏好发生变化，转移到竞争者一边时，就需要考虑重新定位。重新定位是一种以退为进的策略，旨在摆脱困境，实现更有效的定位，以重新获得增长与活力。其具体做法包括采取迎头定位或强势定位等策略。

比如，剧星传媒是传统媒体广告部团队创业所办的新型传媒公司，聚焦互联网广告领域，在创业及发展过程中，该公司定位从电视媒体广告公司转变为互联网视频广告公司，成长为以大视频为核心、以内容营销为特色，为客户提供全链路整合营销服务的传播集团。基于这一新的定位，剧星传媒持续深耕大视频营销领域，打造了品牌IP内容营销、效果营销、社交营销、直播电商、云图数据服务、创意制作六大业务板块，横跨以大剧综艺为主的内容整合营销、代言人营销、红人社交营销、短视频信息流、抖音快手等平台的电商运营等多个领域，以一站式全链路营销服务赋能品牌长期有效经营。作为众多客户首选的营销代理公司，剧星传媒与诸多主流媒体都建立了深度战略合作关系。剧星传媒在提供专业营销解决方案和优质服务的同时，还基于新定位积极探索AI时代下的营销新模式，打造全链路营销解决方案，力求助力企业实现品牌价值最大化。

媒介市场定位是设计媒介产品和形象的行为，以使媒介能够明确自己在目标市场中相对于竞争者的位置。在进行定位时，媒介应持谨慎的态度，通过反复比较和调查研究，找到合理、有效的突破口，避免出现定位混乱、过度、过宽或过窄等问题。一旦媒介明确了市场定位，就要通过统一的表现与沟通来维持和巩固，并对其加以监测，以随时适应目标受众和竞争者策略的改变。

第三节　媒介市场环境

一、宏观媒介市场环境分析

分析宏观媒介市场环境较为常用的方法是PEST分析模型，其中P是政治（politics），E是经济（economy），S是社会（society），T是技术（technology）。PEST分析模型在媒介价值创造过程中扮演着重要的角色。通常情况下，PEST分析以国家为单位进行。值得注意的是，即使是相同国家的不同地区，其宏观因素（如地区经济发展水平、政策支持、技术专利、民族习俗等）也可能存在差异。

（一）媒介政治法律环境分析

媒介政治法律环境是指对于媒介生产和发展具有实际或潜在影响的政治形势、状况和有关法律法规等。媒介的经营者和生产者都需要了解相关政治法律环境，并知道其对于媒介生产、营销和投资的影响。政治因素像有形之手，调节着媒介营销活动的方向，法律则为媒介经营规定行为准则，政治与法律相互联系，共同对媒介市场营销活动发挥影响和作用。

媒介政治环境是指媒介市场营销活动的外部政治形势。一个国家的政局稳定与否，会给媒介营销活动带来重大的影响。如果社会政治稳定，人民安居乐业，就会给媒介运营带来良好的环境；相反，如果社会政治动荡，秩序混乱，就会影响媒介经济发展和市场稳定。在市场营销，特别是在海外媒介市场运营中，一定要考虑目标国政局变动和社会稳定情况可能带来的影响。媒介政治环境分析包括国内政治环境分析和国际政治环境分析。其中，国内政治环境包括政治制度、政党和政党制度、政治性团体、党和国家的方针政策、重大政治事件等；国际政治环境包括国际政治局势、国际关系、目标国的政治环境等。

媒介法律环境的相关因素主要包括法律法规，尤其是和媒介相关的法律法规、政策条例，比如著作权法、广告法、公司法等，以及《出版管理条例》《期刊出版管理规定》《报纸出版管理规定》《广播电视管理条例》《互联网信息服务管理办法》《信息网络传播权保护条例》《电影管理条例》《音像制品管理条例》《信息安全等级保护管理办法》等；还包括相关国家司法执法机构，以及媒介经营者、生产者、传播者的法律意识。在涉及其他国家和地区的媒介运营业务时，媒介法律环境还包括国际法所规定的国际法律环境和目标国的法律环境。

以我国电视广播产品发展历程中的政治法律环境为例，1958年到1966年，电视是国家的喉舌，承担着宣传、教育、舆论引导等传统的严肃的社会职责，更多履行集体主义意识责任。1983年，第十一次全国广播电视工作会议中确立了"四级办广播电视"的方针，其中"四级"为中央、省、地、县。中央电视台作为国家电视台位居顶端，在传媒业界不仅确立了无形的话语权，而且形成了一套能够被模仿和衡量的传播理念、传播形式、传播内容和表达模式，在功能、内容、形式、风格等诸多层面形成了统一性。中央电视台在传播过程中拥有优先权（或特权），在一些重要事件或议题的报道直播中，地方媒体、境外媒体通常受到不同程度的限制。比如，《新闻联播》成为某些重要新闻片段公开发布的唯一途径，其他新闻媒体只能转播或编辑使用其节目片段等。[①] 正如阿雷恩·鲍尔德温和朗赫斯特所说的，新闻媒介并不位于国家权力之外，而是处于国家权力体系内部。2009年，SMG在《关于认真做好广播电视制播分离改革的意见》的指导下改制实

---

① 张爱凤：《视频新闻发展与文化权力结构的嬗变》，《浙江传媒学院学报》2016年第1期，第2-7页。

行"制播分离"，将宣传与创利两种职能进行"企宣分离"，也标志着我国媒介市场走向产业化运作新阶段。

（二）媒介经济环境分析

媒介经济环境是指媒介所面临的外部社会经济条件，主要是指影响媒介市场营销方式和规模的经济条件、经济特征等客观要素。经济环境是一种综合动态系统，包括国家的经济体制、经济结构、经济政策、经济发展水平以及未来的经济走势等要素。其中，经济体制是指一定的社会生产关系得以实现的形式，即生产关系的具体组织形式和经济管理制度，能够反映社会经济采取的资源配置方式；经济结构是指国民经济中不同经济成分、不同产业部门及社会再生产各方面在组成国民经济整体时相互的适应性、量的比例以及排列关联的情况；经济政策是指国家或政府为了达到宏观经济政策目标，为增进经济福祉而制定的解决经济问题的指导原则和措施；经济发展水平反映社会经济现象在不同时期的规模或水平。

媒介经济环境能够对媒介发展产生较为明显的影响。国内不同地区，如东部沿海地区和西部内陆地区的媒介发展存在较大差异。如《广州日报》2016年平均每期读者规模高达577万人，广告收入连续20余年居全国报纸媒体第一；在世界品牌实验室发布的"2015年中国500最具价值品牌"排行榜中，《广州日报》的品牌价值达到221.86亿元，仅次于《人民日报》，稳居中国报业品牌第二位。而西部地区一些省份全省公开发行的报纸广告年营业额与《广州日报》相比存在显著差距。[①]早在1999年，全国33家广告营业额过亿元的报纸，三分之二在东南沿海省市。可见，经济发展程度直接影响着媒介市场的繁荣与否。[②]

分析媒介经济环境中的国内生产总值、国民收入、个人收入、可支配收入等指标有助于了解国家整体经济发展状况，判断宏观经济形势和媒介环境的变化发展。其中，国民收入是指一个国家物质生产部门的劳动者在一定时期内所创造的价值总和，人均国民收入即国民收入总量除以总人口，能够基本反映一个国家或地区经济发展状况和速度；个人收入是指所有个人通过多种渠道所获得的收入，是通过工资、红利和租金及其他来源获得的总收入；可支配收入主要受消费者个人收入的影响，随着消费者收入的变化，消费者支出模式和消费结构会发生相应变化，用以考察消费支出和消费收入之间关系的著名定律即"恩格尔定律"，其指出随着收入的增加，食物支出在总支出中的比例下降。此外，消费者储蓄的增多，会使消费者现实的需求量减少，购买力下降，但储蓄作为个人收入则增加潜在需求量，而收入水平、通货膨胀、市场商品供给状况、消费偏好是影响消费者储蓄的主要因素。

---

① 《〈广州日报〉读者规模全国第一 全国报纸广告收入第一》，http://www.cssn.cn/xwcbx/xwcbx_rdjj/201601/t20160115_2828337.shtml，2016年1月15日。

② 郭韶明：《当代中国媒介市场的结构失衡》，《当代传播》2004年第5期，第29—30页。

（三）媒介社会文化环境分析

媒介社会文化环境涉及的内容广泛，主要包括人口因素、民族传统、价值观念、审美观念、宗教信仰以及风俗习惯等被社会公认的诸多行为规范。社会文化作为一种适合本民族、本地区、本阶层的是非观念，对受众群体的媒介消费行为产生较大影响，生活在同一社会文化范围内的受众个性具有相同的方面，其媒介消费行为具有习惯性和相对稳定性的重要特点。媒介的经营者和生产者需要分析、研究和了解社会文化环境，为不同社会文化环境中的受众群体提供不同的媒介内容，采取不同的传播和营销策略。具体而言，媒介社会文化环境主要包括以下几个方面。

1. 人口因素

人口因素能够衡量媒介市场潜力，对于媒介战略的制定具有重要影响。人口数量对于媒介生产和媒介消费规模产生直接影响；人口的地理分布是影响媒介是否进入一个地区的重要因素；人口性别比例和年龄结构在一定程度上影响媒体的社会需求结构，进而影响媒体的社会供给结构和媒体组织生产；家庭户数及其结构的变化与媒介产品的市场需求有密切关系，因而也可能影响媒介产品的生产规模等。

目前人口变化的主要状况是：第一，世界人口不断增长，据联合国估算，2025年全球人口将达约82亿，从1960年的30亿到2025年的82亿，仅用65年便实现翻倍增长，按当前预测这一数字将在2050年进一步升至96亿[①]；第二，许多国家由于人口出生率下降和平均寿命延长而趋于人口老龄化，我国老龄化趋势也日益明显，老年媒介市场持续扩大，老年受众群体的媒介消费能力逐渐提升；第三，婚姻家庭出现新趋势，媒介市场需求也发生相应变化，主要表现为家庭规模不断缩小、家庭数量不断增加、离婚率上升、单亲家庭增多、职业女性比例增加等；第四，城市化使城市人口需求和市场规模迅速增加，居住环境存在工业污染、交通拥堵、住房拥挤、汽车普及等现象。

2. 教育水平

教育水平是媒介受众的受教育程度，一个国家或地区受众的教育水平影响其社会生产力、生产关系和经济状况，是影响媒介市场营销的重要因素。教育水平能够对选择目标媒介市场、营销媒介产品、媒介市场调研等产生影响。不同教育水平的国家或地区，在媒介产品的风格、品质、服务需求等方面有所不同。比如，文化素质较高的国家或地区受众对于媒介产品的品质要求通常更高。

---

① 《世界银行发布全球人口变化趋势》，https://untec.shnu.edu.cn/ba/6b/c26039a834155/page.htm，2025年8月1日。

3. 价值观念

价值观念是人们对社会生活中各种事物的态度与看法，处于不同文化背景的人们所持有的价值观念差别较大，媒介受众对媒介产品的需求和购买行为受到价值观念的影响。对于拥有不同价值观念的受众，媒介营销和品牌塑造应采取不同的策略。对于较为追求新事物的媒介受众，可强调产品的创新；而对于较为传统保守的媒介受众，可将媒介产品与目标市场的文化传统相联系。

4. 风俗习惯

风俗习惯是人们受自己的生活内容、生活方式和自然环境影响，在一定的社会物质生活条件下于饮食、服饰、居住、信仰、节日、交往等方面，表现出独特的心理特征、道德伦理、行为方式和生活习惯。具有不同风俗习惯的受众，具有不同的媒介产品需求。了解目标地的风俗习惯，有利于组织媒介产品的生产和销售，避免触犯当地文化禁忌，并正确、主动地引导当地人进行媒介文化消费。

5. 审美观念

审美观念通常指人们对媒介产品形象的好坏、美丑的评判，不同的国家、民族和个人，往往有不同的审美标准。受众选择媒介产品的过程，也是一种审美行为，受到群体审美观念的影响。这种审美表面上体现为个人行为，实质上反映了一个时代、一个社会共同的审美观念和趋势。

（四）媒介科技环境分析

媒介科技环境是指媒介所处的社会环境中的科技发展状况，包括科技水平、科技力量、科技体制、科技政策等要素。科学技术是社会生产力中新的活跃的因素。作为媒介环境的一部分，媒介科技环境不仅直接影响媒介内部的生产与经营，而且与其他环境因素相互依赖、相互作用，与经济环境、文化环境关系密切。现代科技不仅影响着信息传播的途径，更推动了世界传媒业的日益壮大和发展。

从传统媒体时代到新媒体时代的跨越，离不开媒介技术的推动。以网络视频发展为例，网络视频直播在直接操作层面上降低了成本，使媒介在一定程度上能够做到低成本运营。在传统媒体和互联网早期，视频直播的内容和议题通常涉及重大新闻事件，直播过程需要转播车，以及监视器、视频切换台、录像机、微波发射机、调音台等价格昂贵的设备，直播的视频信号经卫星或微波发至电视台播出，制作播出成本高昂。网络现场直播对现场信号的采集要求较低，整体设备投入不高，不需要大量专业直播人员，传输过程均在网络上进行，成本是电视现场直播的几十至一百分之一。目前的大会直播系统采用服务器分布式部署和负载均衡技术，摆脱了视频会议的局限性，能轻松支持全球上万人同时收看会议直播，适合大规模、跨区域的网络直播活动。而电视现场直播从接洽到活动开始需要漫长的执行周期，从人员组织到设备架设，需要各类专业人员的协同合作，现场也需要专门的空间与供电支持。单机位短时间的网络现场直播完全可以由个人完成，现场不需要额外的电力支持、过大的工作空间，从接洽到勘察场地，再到投入直播，一般可以在48小时内完成。

网络直播技术不仅让网络媒体本身的直播行为降低了成本，也为普通受众的个体直播行为提供了便利。移动直播对于互联网技术层面的要求是网络带宽达标。互联网带宽提高、Wi-Fi热点普及、5G发展迅速，为Web3.0时代互联网商用提供了技术支撑。受众在手机、Pad等移动终端能够下载用于移动视频直播的App软件，接触和访问渠道简单快捷，而处于竞争中的App软件公司也在致力于打造更加友好的操作界面，以吸引用户。在移动终端的生产商和开发App软件的生产商共同努力下，用户的操作和实践更加有效率。过去几近垄断的媒体生产者所拥有的操作系统和技术都不再是稀缺资源。互联网基础设施在Web2.0时代开始吸收和融合用户的技术力量。近些年，抖音、快手、微视、趣拍、西瓜视频等众多可以免费下载和使用的短视频应用、直播App相继出现，不断发展的技术使得短视频呈爆发式增长态势。

随着科技的飞速发展，人工智能技术已成为当今时代发展的重要驱动力之一。它不仅在工业生产、医疗健康等领域发挥着重要作用，而且在信息传播领域带来了颠覆性变革。人工智能技术能够实现自动化内容生成和智能编辑，大大提高信息生产的效率和质量。通过自然语言处理、机器翻译等技术，人工智能可以自动生成新闻报道、天气预报、产品描述等内容，减少了人工编辑的工作量，同时智能编辑工具还可以对文本进行自动润色、优化排版，提高内容的可读性和吸引力。比如，新华社推出的"媒体大脑"利用人工智能技术，能够在短时间内生成大量新闻报道，包括文字、图片和视频等多种形式。这种自动化内容生成方式极大地提高了新闻生产的效率，使得新闻机构能够更快速地响应突发事件，满足公众的信息需求。人工智能技术的发展还催生了智能问答系统和虚拟助手等新型信息传播方式，这些系统能够理解用户的自然语言输入，并给出相应的回答或执行相关任务，无论是简单的查询问题还是复杂的业务咨询，智能问答系统都能够快速准确地给出回答，提高了用户获取信息的便捷性。例如，苹果的Siri和亚马逊的Alexa等虚拟助手已经成为人们日常生活中不可或缺的智能助手，它们不仅可以回答用户的问题，还可以控制智能家居设备、安排日程、播放音乐等，为用户提供更加智能化的生活方式。未来，随着技术的不断进步和应用场景的不断拓展，信息传播行为将会变得更加智能化、个性化和高效化。

二、微观媒介市场环境分析

微观媒介市场环境，是指与媒介的市场运作紧密相连、直接影响媒介营销过程和效率的各种力量和因素的综合，其主要包括媒介自身资源、内容生产者、媒介受众、媒介广告、媒介竞争者等。

（一）媒介自身资源

媒介自身资源立足于媒介组织的自身条件，不同的媒介组织拥有不同的资源。有些资源使媒介组织能够选择并实施创造价值的战略，形成竞争优势。媒介资源是指媒介组织的产品开发和生产、媒介经营、市场营销等所有环节的物质与非物质形态的投入。媒介资源根据性质可分为有形资源和无形资源，是媒介组织进行媒介经营与管理的基础。具体实践中，媒介资源本身通常难以直接产生竞争优势，而是需要媒介组织通过一定的组织能力，将所拥有的资源进行有机整合，创造和维持媒介自身的竞争优势。

媒介的有形资源体现为物质形态的资源，主要指能看见和量化的资产，包括办公场所、基础设施、机器设备等物质资源和技术资源，以及现金、债权、股权、融资渠道和手段等，这些都是媒介生存发展、参与竞争的硬件要素。媒介的无形资源是指根植于媒介组织的文化和历史，经时间积累而形成的不以物质形式存在，但对媒介组织运营情况产生重要影响的资源，包括媒介公信力、媒介人力资源、管理资源、组织文化资源等。媒介组织能力是整合并利用现有资源来实现目标的能力，如创新能力、管理能力、市场营销能力等。媒介资源需要通过媒介组织能力实现增值，媒介组织能力则需要通过媒介资源运用得以体现。对于多数媒介组织而言，较多的资源具有同质性、相似性，仅有少数是能带来竞争优势的独特资源。其中，媒介无形资源和组织能力的重要性日益突出，更有可能成为媒介获得竞争优势的重要因素。

（二）内容生产者

内容生产者是指能够为媒介提供内容的媒介内部或外部的组织或个人，可以分为内部的内容生产者、外部的内容生产者。其中，外部的内容生产者包括传统媒体时代的通讯社、通讯员、特约记者、撰稿人等，以及社会化媒体时代大量的普通人。传统媒介组织中，如报纸、电视、广播等媒体受制于有限的媒介资源，媒介内容得到较为精细、系统的规划，媒介组织对于一些媒介内容进行提前策划，对于一些实效性内容进行有条件的筛选，内容生产者对于媒介内容的提供比例由媒介组织进行规划和调整。多元化的媒介内容生产者能够丰富媒介产品的类型，并有效提升媒介产品的品质，比如报纸、杂志邀请特殊领域的知名专家开辟专栏，有助于增强媒介产品吸引力、提升媒介影响力。

在新媒体时代，媒介内容生产者从专业化开始走向大众化，每一个在微博和微信公众号中书写的人都能够成为社交自媒体内容生产者；每一个在抖音和快手发视频的博主也能够成为短视频自媒体的内容生产者；此外，豆瓣的豆友、知乎的知友、百度百科的作者和补充者都是互联网时代打破专业媒体界限的媒介内容生产者。值得注意的是，无论是传统媒体还是新媒体，媒介内容生产者都需要围绕明确的目标媒介市场，避免偏离媒介自身定位。此外，对于大多数自媒体而言，内容生产要实现盈利并不是一件容易的事情。随着智能传播时代的到来，个人化的内容生产将向智能化的内容生产转变，人机协同将成为媒体内容生产的新趋势，推进内容生产主体发生转变。在用户生成内容时代，媒体内容的制作主要依赖于个人的创意和经验，而智能时代的媒体内容制作同时依赖于个人创意与智能技术。人工智能技术能够以更快的速度、更高的效率生成媒体内容，大大提高创作效率，节省大量的人力、时间和资源，拓展内容生产的创意空间。利用机器学习、数据分析等技术，人工智能技术可以挖掘和分析海量数据，发现内容创新点和新的趋势，拓展内容创新的空间和可能性。[①]

　　此外，AIGC大模型的进一步发展与应用，能够为媒体内容生产提供百科式的支撑，这将显著提高媒体智能化内容生产能力，让媒体真正拥有"大脑"。首先，内容生产线索实现智能化。媒体在进行新闻报道等内容创作时需要从各种渠道搜集大量信息，自然语言模型可以用丰富的语言数据帮助媒体人快速、准确地检索相关信息，这些模型能够理解自然语言输入，识别关键词、事件等信息，并从大量文本数据中挖掘相关信息，快速提供给用户。其次，内容生成文本类型实现智能化。自然语言模型能够自动生成各种类型的文本内容，包括消息、评论、说明文等，这些内容可以作为基础性文本素材，供媒体进行二次加工、编辑和发布，从而提高生产效率和内容质量。最后，知识图谱实现智能化。自然语言模型能够将大量语言数据进行结构化分类，形成具有一定层次和结构的知识图谱，为媒体内容生产提供智能化支撑。知识图谱不仅有助于媒体人厘清文章框架、逻辑和思路，提高文章写作效率，也可以为媒体人提供更加细致、全面的信息，为其创作提供更多灵感和思路。

（三）媒介受众

　　媒介受众是媒介传播的接收者，包括报纸、杂志、书籍的读者，广播的听众，电影电视的观众，以及广大网络使用者。从宏观上看，受众是一个巨大的集合体；从微观上看，受众则是具有丰富的社会多样性的人。也就是说，媒介受众可能是某个个体，也可能是某个群体或社会组织。受众接收信息后，会根据自身的理解和判断，做出相应的反应。受众位于媒介市场产业链的终端，既是媒介产品服务的目标，也是广告者投放广告自我宣传的对象。媒介受众需求代表了媒介市场可供满足的已有的或潜在的盈利点，构成了受众消费媒介产品的动机。社会文化、个人经验、性格都可能对受众的媒介选择和消费行为产生影响，所以媒介营销需要考虑不同受众群体的差异性需求，进行精确推广和营销。

　　作为微观媒介环境的要素，媒介受众也在发生巨大的转变。一是细分化。媒介经济是影响力经济，为了实现有效传播，媒介目标受众从大众走向小众，甚至实现精确的算法推送。二是市场化。受众作为媒介产品的消费者，需要付出时间、注意力、精力和金

---

① 《智能媒体的发展趋势与变革》，https://www.sohu.com/a/669316662_121118712，2023年4月23日。

钱，还可能在接收信息后受其影响而改变自身的思想和行为，所以受众也要求所接收的信息能够与自己的付出成正比。三是主动性。由于媒介信息的丰富和传播渠道的增多，受众在面对海量信息时，需要作为把关者，主动选择信息来满足自身需求。受众主动性还体现为在接收信息的过程中，可以有不同的解读方式。新媒体时代的受众不仅能根据自己的需求选择和解读信息，还能主动发布信息、反馈和互动，从接收者转化为传播者。

（四）媒介广告

广告是媒介的传统收入来源。自20世纪70年代末电视广告恢复经营以来，我国广告业发展迅速。广告成为经济发展的晴雨表：当经济活跃、消费旺盛时，企业就有足够的资金和热情投放广告、扩大市场；当经济低迷、消费紧缩、市场不活跃时，广告的投放量相应下降。我国经济发展速度相当快，整体经济及广告行业规模仍有较大发展空间。2024年，我国各类媒介广告发布收入首次突破万亿元规模，达10310.7亿元，比上年增长18.2%；广告产业数字化进一步扩展，互联网广告发布收入8919.1亿元，比上年增长24.0%，占各类媒介广告发布收入的86.5%；以电视台为代表的传统媒体单位，互联网广告业务增长超过60%；广告产业与实体经济融合发展，广告助企、广告助农等活动广泛开展，15个省份广告业务收入超过100亿元，有力促进了品牌建设，拉动了市场消费。①

近年来，随着人工智能、大数据、云计算等技术的飞速发展，我们迎来了智能传播时代，信息传播方式发生了深刻变革，广告行业也受到了前所未有的影响。在智能传播时代，广告行业实现了从"广撒网"到精准投放的转变。传统的广告方式往往采用大规模投放方式，希望覆盖尽可能多的潜在受众，然而，这种方式不仅效率低下，而且成本高昂，而智能传播技术使得广告投放更加精准和个性化。例如，某电商平台利用人工智能技术对用户进行画像分析，根据用户的购买历史和浏览行为推荐相关产品广告，这种个性化推荐不仅提高了用户的购物体验，还促进了销售额的提升。

智能传播时代对广告创意和内容提出了更高的要求，传统的广告形式已经难以满足消费者的需求，广告商需要不断创新以吸引用户的注意力，人工智能技术为广告创意和内容创新提供了无限可能。通过机器学习和自然语言处理等技术，广告平台可以自动生成创意内容，并根据用户反馈不断优化，这种自动化内容生成方式大大提高了广告创意的产出效率和质量。此外，虚拟现实（VR）、增强现实（AR）等技术的应用也为广告行业带来了全新的体验，通过这些技术，广告商可以创造出更加真实、生动的广告场景，让用户身临其境地感受到产品的魅力。智能传播时代的广告效果评估更加科学、客观。传统的广告效果评估往往依赖于点击率、曝光量等简单的指标，难以真实反映广告的实

---

① 《我国广告产业收入首次突破1.5万亿元》，https://www.gov.cn/lianbo/bumen/202504/content_7018009.htm，2025年4月10日。

际效果，而智能传播技术可以通过大数据分析和人工智能技术，对广告效果进行全面、深入的评估。总之，智能传播时代的到来使得广告行业经历了前所未有的变革，从精准投放、个性化营销，到广告创意与内容创新，再到广告效果评估与优化，每一个环节都充满了机遇与挑战。

（五）媒介竞争者

媒介竞争者对媒介市场的影响主要取决于其竞争行为。麦尔斯和斯诺提出的竞争行为类型可以应用于媒介市场。

1. 竞争行为类型

（1）防御型竞争者

防御型竞争者即在媒介市场已占有先机和一定保有率的媒介组织。这类竞争者以维护自己的市场领地不被对手侵占为战略，对试图进入其领地的其他媒介组织反应强烈并进行有效防御。

（2）分析型竞争者

分析型竞争者即已占有一些市场，并对其他市场怀有野心的媒介组织。这类竞争者比防御型竞争者更有头脑，其不满足于固守某片"领地"，因为再宽广的市场总有容量边界。其通过对新市场的开发不断获得竞争优势，充分利用资源，既在新市场中打入原产品，也向既有市场推广新产品。

（3）勘探型竞争者

勘探型竞争者即没有根基、尝试在新兴市场"争夺地盘"的媒介组织，一般都是新成立的媒介组织。其面临的风险较大，急需外界资金投入。

（4）反应型竞争者

这类媒介组织没有防御战略，也没有发展自身竞争优势或新市场领域的愿景，只是产品市场领域受到侵占时才做出反应。

分析竞争行为类型实际上是在分析竞争者的市场战略。比如，防御型竞争者在市场领地受到侵占时会竭尽全力捍卫抵抗，资源缺乏的勘探型媒介组织尽量不要和它硬拼。分析型竞争者处于对新市场的动态评估中，如果遭遇防御型媒介战略，可能会转向其他领域，如反应型竞争者。但是由于后者不具有明晰正确的战略措施，容易做出诸如打折销售、回扣交易等非持续性市场策略，从而降低整个行业的市场价值。[①]

2. 媒介竞争者新特征

在智能传播时代，传统媒体与新媒体之间的界限逐渐模糊，两者开始相互融合，传

---

① 李卫民：《中国总经理实用全书》，北京工业大学出版社，2008年版。

统媒体如报纸、电视等通过数字化转型，积极拥抱新技术，推出移动应用、网络直播等新媒体形态以适应时代需求；而新媒体则借助大数据、人工智能等技术，不断提升内容质量和用户体验，与传统媒体形成互补。这种融合使得媒介竞争者的类型更加多元化，竞争也更加激烈。此外，自媒体和平台媒体迅速崛起，成为媒介竞争的重要力量：自媒体通过互联网平台发布个人创作的内容，吸引了大量粉丝和关注；而平台媒体则通过构建庞大的用户群体和内容生态，为自媒体提供展示和推广的空间。这些新媒体形态打破了传统媒体的话语权垄断，使得内容创作者有了更多的话语权和表达渠道。

跨界竞争者在智能传播时代也逐渐涌现，这些竞争者来自不同行业，但凭借强大的技术实力和创新能力，成功进入媒介市场并获得了一席之地。例如，科技公司通过开发智能语音助手、智能推荐系统等，为用户提供个性化信息服务和内容推荐，从而与传统媒体和新媒体展开竞争。由此，智能传播时代的媒介竞争者呈现诸多新特征。

（1）数据驱动与智能化决策

媒介竞争者的竞争策略越来越依赖于数据驱动和智能化决策。通过对用户行为数据、内容数据等进行深度挖掘和分析，媒介竞争者能够更准确地把握用户需求和市场趋势，制定更精准的营销策略和内容生产策略。同时，智能化决策系统也能够帮助媒介竞争者快速响应市场变化，提高决策效率和准确性。

（2）内容创新与个性化服务

在智能传播时代，媒介竞争者的核心竞争力在于内容创新和个性化服务。内容创新是吸引用户关注和留存的关键，媒介竞争者需要不断推出高质量、有深度的内容，以满足用户多样化的需求。个性化服务也是增强用户体验和用户黏性的重要手段，通过利用大数据和人工智能技术，媒介竞争者可以根据用户的兴趣和偏好，为其推荐个性化内容和服务，提高用户满意度和忠诚度。

（3）平台化运营与生态构建

智能传播时代的媒介竞争者越来越注重平台化运营和生态构建，通过构建开放、共享的平台，媒介竞争者能够吸引更多的内容创作者和用户加入，形成庞大的内容生态和用户生态。这种生态化的竞争模式不仅有利于媒介竞争者扩大市场份额、增强影响力，还能够提高整个行业的创新能力和竞争力。

3. 媒介竞争逻辑的变化

基于上述变化，媒介竞争逻辑也发生了多方面的变化。

（1）从单一竞争到多维竞争

媒介竞争逻辑发生了深刻变化，传统的单一竞争模式逐渐被多维竞争取代。媒介竞争者需要在内容、技术、用户等多个维度展开竞争，以获取更多的优势和市场份额。这种多维竞争模式使得媒介市场的竞争更加激烈和复杂。

（2）精准营销与效果导向

媒介竞争越来越注重精准营销与效果导向，媒介竞争者需要利用大数据和人工智能技术，对用户进行精准画像和定位，制定个性化的营销策略和推广方案，还需要关注营销效果的评估和反馈，不断优化营销策略、提高营销效果。

（3）合作共赢与生态协同

媒介竞争呈现出合作共赢与生态协同的趋势，媒介竞争者之间不再仅仅是竞争关系，更多的是合作关系，它们通过共享资源、互通有无、协同创新等，共同推动整个行业的发展和进步。这种合作共赢与生态协同的竞争模式有利于提升整个行业的竞争力和创新能力。

总之，智能传播时代的媒介竞争者有了新变化与新特征，媒介竞争逻辑也发生了变化。媒介竞争者需要不断适应时代需求和发展趋势，加强技术创新和内容创新，提升用户体验和服务质量，以在激烈的市场竞争中脱颖而出。

思考题

1. 如何理解媒介市场的概念和特性？

2. 如何分析媒介目标市场？

3. 如何分析媒介市场环境？

第四章

媒介产品营销

第一节　媒介产品营销概述

一、媒介产品的概念

（一）媒介产品的定义

媒介产品是指媒介生产者根据媒介市场情况所生产的能满足媒介消费者需求的产品和服务。广义的媒介产品包括媒介所生产的一切有形产品及产生的一切可以作为商品出售的无形的影响力。狭义的媒介产品是指纸媒的版面和内容，音视频媒体的时段和节目，互联网的网页、链接及内容。

在媒介产品营销过程中，媒介产品的核心是媒介产品对受众需求的满足，而不是媒介产品的实体。比如，人们购买纸媒不是为了得到经过印刷的纸张作为他用，而是从中得到信息，以满足文化心理需求。媒介产品的形式是媒介受众在市场上购买的媒介产品物质实体，包括产品外形、包装、特征和色彩等，这些虽不涉及产品的实质，但当产品的形式和内容协调一致时，就会给受众带来很大的满足感。媒介产品的延伸是指整体产品提供给消费者的附加价值，包括分发产品、安装和维修终端以及品质保证等售后服务项目，如有线电视台为观众安装接收设备、报社按时送报上门等。

（二）媒介产品的性质

报纸、广播、电视及以互联网为代表的新媒体为受众提供新闻信息服务、提供娱乐服务和诸多门类的知识，受众付出时间和注意力来阅读、观看、收听或浏览节目内容。首先，媒介产品是一种商品，具有使用价值和价值，其价值通过满足受众的需求来实现，这是媒介产品的自身（内部）要素；其次，媒介产品跟其他产品一样，要实现其价值，必须置于市场中，在市场规律的影响下进行流通，这是媒介产品的外部要素。

由此可以看出，媒介产品是信息内容和物质载体的统一体。作为商品，媒介产品和一般产品的根本区别在于其双重商品市场。媒介产品表面上是一种提供信息服务的具有物质载体属性的产品，而其本质上在两个独立的商品和市场领域进行售卖。第一个商品和市场领域是媒介产品的发行市场，这是有形的实体产品进行售卖的空间，其中有报纸、杂志、图书、广播电视节目以及电影拷贝和互联网的有偿信息，媒介产品通过作为消费者的受众购买来实现商品交换和流通。第二个商品和市场领域是广告市场，其所售卖的是媒介机构及媒介产品的社会影响力和消费者的注意力，也被称为影响力经济和注意力经济，由广告主通过购买纸媒的版面、广播电视的频道、频率或者互联网网页版面等方式来实现。

媒介产品的双重特性不仅带来了媒介市场的双重性，而且带来了媒介消费者支出的双重性和媒介生产者收入的双重性以及媒介产品消费者的双重性。媒介消费者支出的双重性，是指受众不仅需要支付一定的货币，而且需要支出时间。媒介生产者收入的双重性，是指媒介生产者不仅通过售卖媒介产品给受众获得收入，而且将受众的消费时间和产品的传播效能以广告的形式售卖给广告主以获取广告收入。媒介产品消费者的双重性，即媒介产品消费者不仅包括购买信息服务的受众，而且包括购买受众注意力的广告主。媒介产品的性质以及受其影响的媒介生产者和媒介消费者的性质，在一定程度上决定了媒介产品营销活动的行为依据。

二、媒介产品营销活动的发展历程

（一）西方媒介产品营销活动发展历程

西方媒介市场的萌芽可以追溯到16世纪。近代报刊的雏形威尼斯小报就是以市场为导向的一种媒介产品。一般认为现代媒介市场的形成始于19世纪30年代，以1833年美国《太阳报》的创办为开端。《太阳报》是西方报业从政治限制到开放竞争的过程中出现的，是政党报刊向商业报刊演变的产物。1835年，贝内特创办《纽约先驱报》，它除了像《太阳报》一样报道法庭新闻和平民新闻以外，还不断扩大报道领域，改进报道方式。后来广告商发现在《纽约先驱报》这样的大众化报纸上刊登广告，刊登一次的效果可赶上之前在多家报纸刊登广告的效果，经济性强。19世纪30年代，报商、受众和广告主在美国传媒业交织，开始引领媒介产品营销的世界潮流。

便士报的风潮很快波及欧洲。1836年，法国吉拉丹创办了《新闻报》，引入美国便士报的营销手段。这些媒介产品营销先驱的共同点是，面向市场和普通民众，通过生动的新闻产品、低廉的报价吸引受众，扩大发行量，与此同时，向广告商出售报纸版面用于刊登广告，从中获取广告费收入。这形成了最初的媒介市场。19世纪80年代（也有一说为90年代初），世界上第一个报业集团斯克里普斯报业集团在美国诞生，1920年世界第一座广播电台KDKA电台在美国诞生，1936年英国广播公司诞生，1995年国际互联网商业化过程完成并宣布开放。多种形态的媒介产品营销体系日臻完善，从世界范围来看，现今美国的媒介产品营销，无论是报纸、期刊、图书还是电影、广播电视以及互联网，其产品营销理念、规则和方法在现代企业制度环境中具有现代媒介产品营销的代表性和典型性。

随着互联网和移动互联网的普及，数字媒体营销逐渐成为主流。西方媒介产品开始利用网络平台（如社交媒体、搜索引擎、电子邮件等）进行营销。这一阶段的营销活动更注重互动性和个性化，通过数据分析精准定位目标受众，提高营销效果。然而，随着数字媒体的快速发展，信息过载和竞争激烈的问题也逐渐凸显。进入智能传播时代，西方媒介产品的营销实践开始经历从数字媒体营销向智能传播营销的转型。随着人工智能、大数据等技术的广泛应用，智能传播营销成为西方媒介产品营销的新趋势。这一阶段的营销活动以智能化、个性化为核心，通过算法推荐、语音交互等方式实现精准营销。例如，Netflix利用大数据和算法分析用户的观影习惯和喜好，为其推荐个性化的电影和电视剧，大大提高了用户满意度和留存率；《纽约时报》推出了"Daily 360"系列报道，利用虚拟现实技术为用户打造沉浸式新闻体验，吸引了大量用户关注和参与；Facebook（后改名Meta）与电影公司合作推出"Watch Together"功能，允许用户与好友一起在线观看电影并实时交流，从而实现了电影宣传和社交媒体营销的无缝对接。

（二）中国媒介产品营销活动发展历程

中国的媒介活动可以追溯到上古时期，北京市周口店的山顶洞人洞穴中曾使用海蚶壳，春秋战国时期曾使用传播媒介木铎，之后的数百年，历经汉代的邮驿制度，三国时期的布告和露布，唐代官报，宋代官办邸报和民间小报，一直到明代的邸钞，清朝的阁抄、科抄等，出现了媒介市场化的萌芽，但是并没有像西方市场一样迅速成长起来。最早进行市场化道路探索的清代民间报房《京报》，主要靠发行收入来维持，也是国内首次以盈利为目的的报业机构。

19世纪西方人在华办报成为中国近代报业的开端。1815年，英国传教士米怜在马六甲创办的《察世俗每月统记传》，揭开了近代中国新闻事业发展史的序幕。随后外报大量出现。《申报》的创办与飞速发展标志中国的中文商业报刊发展到了一个成熟的阶段，从

1872年美查创办到华人席子眉、席子佩兄弟接办，再到后来史量才主持，《申报》一直是典型的商业报纸，亦成为中国商业性报纸的成功典范。

1978年，财政部批准了人民日报社等8家新闻单位试行企业化管理的报告。1987年，国家科委首次将"新闻事业"和"广播电视事业"纳入"中国信息商品化产业"序列。1992年邓小平南方谈话之后，尤其是中共十三大确定社会主义市场经济体制以后，媒介产业化趋势日益明显。

媒介产品营销和媒介产业化的进程密切相关。无论是1979—1982年中国报业的第一次办报热潮和广播业电视业的建台热潮，还是20世纪80年代后期发生在广播电视业的系列建台热潮和1991—1993年发生在报业的扩版热潮，都伴随着媒介产品营销的推进。报社业务发生了从邮发合一到自办发行的变化，促进了报业的发展。21世纪，广播电视行业制播分离的试水一定程度上促进了媒介产品营销的成熟。大众传播媒介的集团化不断加强，标志着媒介产业化达到了新的高度。同时，外来资本开始进入中国媒介市场，促进中国媒介产业化发展。

数字化时代为我国媒介产品营销注入了新的活力。我国媒介产品营销活动的数字化实践体现在多个方面，比如充分利用互联网平台，进行多渠道整合营销。除了传统的电视、广播、报纸等渠道外，媒介产品还积极拓展社交媒体、短视频、直播等新兴渠道，形成线上线下相结合的多维度营销网络。例如，视频网站通过与其他社交媒体平台合作，实现视频内容的跨平台传播，提高品牌知名度，增强用户黏性。

进入智能媒体时代，我国媒介产品营销活动的智能化特征日益凸显，开始运用算法和机器学习等技术进行智能化精准推送，通过对用户行为数据的深度分析预测用户兴趣和需求，实现个性化内容的精准推送。例如，某音乐App利用智能推荐算法，根据用户的听歌历史和喜好为其推荐符合口味的歌曲和歌单，提升用户体验和留存率。媒介产品更注重与用户的互动和沟通，通过提供互动式营销体验增强用户黏性。例如，基于直播平台举办线上互动活动，如问答、抽奖等，吸引用户参与并分享，扩大品牌影响力和用户规模。同时，跨界合作成为媒介产品营销的重要策略，媒介产品通过与其他行业或品牌合作，实现资源共享和优势互补，共同打造更具影响力的营销活动。例如，电影制片方与知名电商平台合作，推出电影衍生品并开展联合营销活动，通过电影的热度和电商平台的流量优势实现双赢。

三、媒介产品营销研究理论

媒介产品营销作为现代市场营销的重要分支，其理论和实践不断发展和完善。我们可以通过不同的营销理论，加深对媒介产品营销的理解，创新媒介产品营销实践。目前具有代表性的营销理论有4P理论（产品product、价格price、渠道place、促销promotion）、4C理论（消费者consumer、成本cost、便利convenience、沟通communication）、4S理论（满意satisfaction、服务service、速度speed、诚意sincerity）、4R理论（relevance关联、reaction反应、relationship关系、reward回报）等多种，在此结合具有代表性的4P理论和4C理论、整合营销传播进行讲解。

1.4P理论和4C理论

早期媒介产品营销研究的理论依据是杰瑞·麦卡锡教授在其《营销学》（*Marketing*）（第一版出版于1960年左右）中提出的4P理论。早在他取得美国西北大学的博士学位时，其导师理查德·克鲁维已使用以"产品（product）、价格（price）、分销（distribution）、促销（promotion）"为核心的理论框架，而杰瑞把"分销"改成了"渠道"（place），由此形成4P理论。目前学界的媒介产品营销研究通常按照4P理论的框架来进行，一般模式为媒介产品研究、媒介定价研究、媒介分销渠道研究和媒介产品促销研究。

随着后工业经济的兴起和以消费者为中心的理念成为主流，美国营销专家劳特朋教授提出的4C理论逐渐成为营销研究中的重要理论依据，其以消费者需求为导向，重新设定了市场营销组合的四个基本要素，即消费者（consumer）、成本（cost）、便利（convenience）和沟通（communication）。其强调企业应把追求顾客满意放在第一位，其次是努力降低顾客的购买成本，然后要充分注意到顾客购买过程中的便利性，而不是从媒介自身的角度来决定销售渠道策略，最后还应以消费者为中心实施有效的营销沟通。

4P理论适合于传统工业时代，4C理论则更适合后工业时代的产品营销。影响力经济和媒介两次售卖原理贯穿媒介产品营销始终。从整个媒介生产运作过程看，影响力是其核心。影响力是消费者中大部分广告主购买的最终产品，也是一部分受众购买的产品。媒介产品的具体形态有两种：一种是媒介的物质实体本身；另一种是媒介物质产品的附加值，即受众的注意力和媒介本身的影响力。简言之，第一次售卖的是物质产品，第二次售卖的是注意力和影响力。

2.整合营销传播

"整合营销传播"（integrated marketing communications，简称IMC）这一概念最初于20世纪80年代末在美国被提出来，其强调通过整合各种传播渠道和手段，以统一的品牌信息和形象，向目标受众传递清晰、一致的价值主张，从而实现营销目标。随着市场竞争的加剧和消费者需求的多样化，整合营销传播在营销实践中的价值得到体现。整合营销传播的核心要素包括以下几个方面。

（1）品牌信息的统一性和一致性

整合营销传播要求企业在所有传播活动中使用统一的品牌信息和形象，确保消费者从不同渠道接触到的信息都是一致的，从而增强品牌的认知度和记忆度。

（2）传播渠道的整合

整合营销传播需要综合考虑各种传播渠道的特点和优势，包括广告、公关、促销、直销等，通过合理的组合和搭配，实现信息的最大化传播和覆盖。

（3）目标受众的精准定位

整合营销传播要求企业深入了解目标受众的需求、偏好和行为特点，以便制定有针对性的传播策略，提高信息的传播效果和转化率。

（4）传播效果的评估与优化

整合营销传播需要建立有效的评估机制，对传播效果进行定期监测和分析，根据反馈结果及时调整和优化传播策略，确保实现营销目标。

在实际应用中，整合营销传播可以通过以下几个步骤来实施：第一步，明确营销目标和品牌定位，确定要传递的核心信息和价值主张；第二步，通过对目标受众的需求、偏好和行为特点进行深入分析，以及了解传播环境的竞争态势和趋势变化，为传播策略的制定提供依据；第三步，根据分析结果制定具体的整合营销传播策略，包括选择合适的传播渠道、确定内容创意和表现形式、确定传播时机和频率等；第四步，按照策略要求开展各项传播活动，并通过数据监测和反馈机制，实时了解传播效果，及时发现问题并进行调整；第五步，在传播活动结束后，对整体传播效果进行评估，总结经验教训，为未来的整合营销传播活动提供借鉴和参考。

整合营销传播的优势在于能够提高营销传播的效率，通过整合各种传播渠道和手段更全面地覆盖目标受众，传递清晰、一致的品牌信息，增强品牌的认知度和影响力，同时有助于优化营销资源配置，降低营销成本，提高营销活动的投入产出比。然而，整合营销传播也面临一些挑战，不同传播渠道的特点和优势各异，如何选择合适的渠道进行组合和搭配是一个复杂的问题。整合营销传播需要企业具备跨部门的协作能力和资源整合能力，以确保各项传播活动顺利进行，而且随着技术的不断进步和消费者行为的变化，整合营销传播也需要不断创新，以适应新的市场环境。

随着数字化、智能化等技术的发展和应用，整合营销传播将呈现新的发展趋势。数字化和智能化将成为整合营销传播的重要手段，通过运用大数据、人工智能等技术手段可以更精准地定位目标受众，制定个性化的传播策略，提高传播效果。多渠道融合将成为整合营销传播的重要特征，随着移动互联网、社交媒体等新型传播渠道的兴起，不同渠道的融合将成为未来整合营销传播的重要方向。整合营销传播作为一种重要的营销传播理论，对于实现营销目标、提升品牌竞争力具有重要意义。随着市场环境和消费者需求的变化，媒介需要不断创新和完善整合营销传播策略，以适应新的市场挑战和机遇。

第二节　媒介产品营销的价值策略

4C 理论的第一个要素消费者（consumer）的核心是消费者的需求和欲求。媒介产品消费者的欲求是指有能力购买并愿意购买某媒介产品的欲望。媒介产品营销者既要知道媒介市场当前的欲求，也要了解其未来和潜在的欲求，并通过有效的价值策略、成本策略、沟通策略来促使潜在欲求转变为现实欲求。此外，媒介产品信息的不对称以及消费者可支配收入的有限性，使媒介产品营销重要性日益显著，因此受到传媒经营管理者的重视。

4C理论中的消费者是一个广义的概念，包括广告主和狭义的消费者（即受众）。媒介产品营销的第一步是自问能为消费者带来什么价值，如何满足消费者的需求以建立完善的产品满意系统。价值策略的本质是以消费者为中心。媒介产品是商品，而非艺术作品或工具，因此，如果仅按照媒介生产者的意愿去生产"理想"的商品，并尽力引导消费者形成某种消费观念和消费习惯，让消费者适应市场，结果往往事倍功半。

一、满足广告主的需求

（一）打造媒介品牌，使广告主的品牌和影响力受益

传统衡量媒介产品价值的指标包括发行量、收视率、到达率及收视点成本等，但如果单纯使用量化数据指标来确定媒介产品价值，则可能陷入"唯数据论"误区，而忽视了品牌影响力这一媒介竞争力的深层核心。

在我国，媒体的影响力与信息传播源的权威性具有天然联系，我国消费者一般更易相信媒体信息，尤其容易被知名度高的权威媒体影响自身的选择和取向。一方面，权威媒体与政治天然结合，其传播的信息具有极强的说服力；另一方面，在我国历史语境中成长的消费者对权威媒体有天然的依赖。知名度高的媒体构建了中国品牌快速成长的重要平台，其不仅能够为消费者提供购买商品的充分理由，而且品牌文化也要通过广告来实现，广告具有较强的说服力，能够对大众进行信息传播和提醒作用，因此通过知名权威媒体的传播，广告能够对消费者产生重要的影响。

媒体的影响力不仅包含发行量和收视率等量化指标，更重要的是媒体的品质、权威性及关注度。同样的广告作品，在不同的广告场合、不同的媒体平台上播放，取得的广告效果也不尽相同。媒介节目内容精彩，会增强广告的吸引力。不同的媒体具有不同的媒体形象。媒体形象包括节目形象、频道形象和整体形象。媒体形象对广告效果有很大的影响，如果媒体形象与广告品牌形象类似，则媒体对于该品牌具有较高的价值，会产生良好的广告效果。另外，处于权威地位的媒体，广告环境更好，对其受众有更大的影响力，会使媒体上出现的广告具有较强的说服力，即对于满足广告主的需求，权威的品牌能够产生背书效应。[①]

---

① 品牌为了增强其在市场上的承诺强度，通常会借用第三方的信誉，然后第三方以一种明示或暗示的方式来对原先品牌的消费承诺进行再一次确认和肯定。这种品牌营销策略，我们称之为"品牌背书"（brand endorsement）（唐文龙：《谁为品牌"背书"？》，《中华商标》2007年第8期，第27–28页）。

1. 中央电视台等强势媒体

中央电视台成为众多广告主投资广告时选择的重要对象，就是因为其在电视媒体中的权威地位，属于强势媒体。而选择强势媒体投放广告，会使品牌依托强势媒体，产生背书效应，这对于品牌权威性和美誉度的培育往往是其他媒体无法取代的。品牌借助强势媒体之力，形成品牌放大效应，从而提升自己的品牌形象。因此，中央电视台往往成为有经济承担能力的广告主的理想选择。从这一层面来看，中央电视台作为强势媒体的核心竞争力是影响力，这是其他梯队媒体品牌所无法模仿和超越的。权威媒体是品牌建设的"高地"，正所谓"一流的媒体卖影响力，二流的媒体卖收视率，三流的媒体卖价格"。中央电视台的广告往往能对消费者造成强大的心理冲击和暗示。这也就是我们常说的"光环效应"。媒体越强势，这种效应越明显。说实话，很多地方媒体也有很好的节目和主持人，但其很难产生像央视节目或主持人那样的影响力。不难想象，一个地方媒体的主持人和王小丫同时坐在你面前，你的感受是完全不一样的。这就是优质媒体赋予的神秘价值。[1]

2. 抖音等短视频平台

短视频平台如抖音，以其独特的内容形式、广泛的用户基础和强大的传播能力，成为智能媒体时代媒介品牌塑造的重要平台。对于广告主而言，借助抖音的媒体品牌影响力，不仅可以提升品牌的知名度和美誉度，还能有效扩大品牌的市场影响力、实现营销目标。抖音的媒体品牌塑造机制有以下特点。一是精准定位与独特内容。抖音通过精准的用户定位和独特的内容创作，塑造了独特的媒体品牌形象，抖音的用户群体广泛，覆盖各个年龄段和兴趣领域，使得广告主可以根据目标受众的特点，选择合适的广告形式和内容进行投放，同时抖音的内容形式丰富多样，包括音乐、舞蹈、美食、旅行等各个领域，为广告主提供了丰富的创意空间，使其品牌广告更具吸引力和传播力。二是强大的算法推荐与社交互动。抖音凭借其先进的算法推荐技术，能够准确地将广告内容推送给潜在目标受众，用户可以通过点赞、评论、分享等方式与广告内容进行互动，使得广告的传播效果更加显著。

由此，通过抖音平台能够起到提升品牌影响力的作用。一是提升品牌知名度与美誉度，通过抖音的媒体品牌塑造机制，广告主可以将品牌广告精准地推送给目标受众，提升品牌的知名度和曝光率，优质的广告内容和创意形式也能够增强受众对品牌的好感和认同度，提升品牌的美誉度。二是扩大品牌市场影响力，抖音的广泛用户基础和强大传播能力使得广告主可以通过抖音平台迅速扩大品牌的市场影响力，通过抖音的广告投放和互动营销活动，广告主可以吸引更多的潜在消费者关注和了解品牌，进而提升品牌的市场竞争力。三是实现精准营销与转化，抖音的算法推荐技术能够帮助广告主实现精准营销和转化，其社交互动功能也可以促进受众与品牌的互动和转化，进一步提升营销效果。

---

① 叶茂中：《强势媒体的品牌背书作用》，《广告导报》2005年第6期，第134-135页。

（二）细分媒介市场，精准满足广告主诉求

媒介市场细分，就是按照特定标准，把整个媒介市场细分为若干需求不同的分市场，其中任何一个分市场都是有相似需求的受众群体，都可以被选为目标市场。媒介应最大限度地满足受众的需求，结合自身资源占有的特点，实现报纸、杂志、电视、网站的分众化。媒介市场细分是媒介市场发展战略适用的前提，媒介要实施市场发展战略，首先必须对市场进行细分，选择其中一个或多个细分市场作为目标市场，有针对性地制定市场发展战略。媒介市场需求不是一成不变的，通过媒介市场细分，媒介在较小的目的性明确的细分市场上开展经营活动，增强媒介市场的针对性，市场信息反馈快，更容易掌握受众的特点与变化，这样有利于提高媒介的应变能力；另一方面，建立在市场细分基础上的媒介市场发展战略避免媒介在整体市场上分散使用力量，使媒介的人力、物力、财力、信息资源用在关键之处，能提高媒介的竞争力。

1. 以位置为王的户外媒体

户外媒体是指在建筑物的墙壁和商业区内的户外场地发布广告信息的媒介，主要载体包括特殊区域的走廊、楼道、墙壁、楼顶等空间位置的电子屏幕、路牌、霓虹灯和灯箱等。现今的户外媒体以电子屏幕为主，这也是21世纪广告业发展的趋势。这种设备外观新颖，面积大小可随意调整，不仅能播放音视频广告节目，而且四面可加装固定灯箱广告位。

2003年，分众传媒首创中国户外视频广告联播网络，并以精准的受众定位和传播效果得到了消费者和广告客户的肯定。2006年1月，分众传媒合并中国楼宇视频媒体第二大运营商聚众传媒（Target Media），覆盖全国100多个城市，以约98%的市场占有率进一步巩固了其在这一领域的领导地位。分众传媒深受投资者的青睐，其在全国各地投放液晶电视媒体网络，推动广告收入暴增，公司股价也随之稳定上涨。在商业楼宇等地点投放液晶电视广告的公司正在满足市场的实际需求，目标受众倾向于利润丰厚的高端客户群体。

相关研究表明，我国大城市拥挤的办公大楼内等待电梯的平均时间是两分钟，也就是说，人们有充裕的时间观看电梯外投放的电视广告。分众传媒在中国的平面液晶广告领域几乎占据统治地位。截至2019年，分众传媒所经营的媒体网已覆盖100余个城市、数以10万计的终端场所，日覆盖超过2亿的都市主流消费人群，成为中国都市主流传媒平台之一，效果被众多广告主认同肯定。①

风靡一时的触动传媒也是一家以位置为王成功寻求商机的媒体平台，其载体是安装在出租车副驾驶头枕后侧的一个触摸式彩色液晶屏。它提供信息、资讯，以独一无二的互动体验在广告主和消费者之间建立起亲密对话。同时，还能配合SMS（短信息服务）技术来收集包括电子邮件地址、电话号码等更多更深入的信息。

---

① 《分众传媒》，http://zazhi.admen.cn/html/news/2012/1029/6892.html，2012年10月29日。

2. 垂直型网站：聚焦特定领域

房天下作为房产搜索类垂直型网站，聚焦特定领域，以做深做透为目标。作为一个媒介平台，房天下业务以中国为核心，覆盖亚太地区，立足于房地产家居行业，成为具有代表性的房地产网络媒体和信息服务企业。

房天下和其他网络媒体的营利模式类似。其利润来源以广告为主，而广告主要来自房地产开发商以及房屋中介机构。随着业务的垂直拓展，其广告收入涉及家居装饰、社区服务等其他行业。这种垂直型网站具有聚焦特定领域、目标针对性强的突出优势。对于广告主而言，在特定领域做深做透的媒介平台无疑是良好的广告市场，这个平台上的媒介使用者基本在自己的目标受众范围之内。

3. 榜单经济

榜单和排名是使作为消费者的广告主满意的重要手段，同时会为媒介本身带来丰厚的利润，排行榜催生了榜单经济。《新周刊》是商家及投资人眼中不可忽略的"智囊"和"思想库"，其每年发布的"四大榜"——"中国年度新锐榜""生活方式创意榜""中国电视节目榜"和"中国城市魅力榜"，更成为时代生活、经济、文化、城市发展的风向标。权威性、媒体推广和商业化运作是排行榜模式的共同特征。每个排行榜都强调自己的权威性，而权威性能否实现商业价值则取决于推广和商业化运作的程度。

商业化运作排行榜的典型案例是《财富》的"世界500强排行榜"和《福布斯》杂志。1999年，我国（不含港澳台）已经出现"先富起来"的群体，但还没有富豪排行榜。29岁的英国青年胡润发现了这一契机，他整理了中国内地第一份企业家排行榜，并投稿给以编制全球富豪榜闻名的杂志《福布斯》。排行榜被刊登后，胡润和《福布斯》在中国备受关注。

榜单经济不仅有利于广告主以"上榜"提升形象，也是非常好的广告冠名机会。对于媒介来说，上榜费和广告冠名费都是可观的收入。利用排行榜的品牌来销售广告权是榜单经济中较为高端的做法。胡润做排行榜时，杂志广告全部被昂贵的旅游目的地、豪华汽车、高档手表、艺术品收藏、豪宅、游艇、高端葡萄酒和白酒等占用，这些品牌不一定都上榜，却能够为排行榜贡献巨额广告费。胡润还把新闻发布会充分利用起来，有偿提供冠名权。比如，胡润某年把百富榜的发布地选在深圳一家顶级高尔夫球场，并让其冠名当年的胡润百富榜新闻发布会；而在随后发布的零售榜和IT榜上，冠名权分别给了顶级豪华汽车品牌宾利和奥迪。这些不仅为胡润带来年均千万元冠名费，还为广告主提供了独特的广告空间。

4. 算法推送

以今日头条为例，作为一款基于数据挖掘的推荐引擎产品，其为用户推荐有价值的、个性化的信息，提供连接人与信息的新型服务，并增强用户黏性，以天生的资讯阅读场景带来高沉浸感，这让今日头条成为品牌与消费者接触的极佳选择。今日头条的优势在于大数据和优秀算法结合，为每个用户建立精准的"DNA库"，并基于此实现广告的精准投放。用户浏览某信息或商品后，今日头条就会推送相关商品信息。今日头条以技术为手段、以海量数据为依托，通过机器学习感知、理解、判断用户的行为特征，如根据用户在新闻客户端的滑动、搜索、查询、点击、收藏、评论、分享等动作，综合用户具体的环境特征与社交属性判断用户的兴趣爱好，为用户推荐个性化的新闻资讯，打造"千人千面"的阅读场景。通过算法，可以实现内容特征与用户兴趣特性的匹配。就产品本身而言，今日头条的个性化主要体现在以下几个方面。

一是个性化频道定制。用户可以订阅自己感兴趣的频道（如社会、娱乐、政治、热点等），同时通过提供位置信息享受本地化新闻服务。今日头条也和微信一样开辟了自媒体平台，用户可以关注自己感兴趣的自媒体账号。

二是个性化用户分析。今日头条若在新闻标题最左方标注一个蓝色的"荐"字，则表示这是根据用户的兴趣专门推荐的内容，用户浏览、收藏、转发、评论每一条新闻的行为都会被记录，用户的阅读习惯、阅读时间、阅读位置也会被分析，这些信息结合在一起形成"用户模型"。通过绑定社交媒体账号和大数据挖掘，今日头条还会根据用户使用产品的信息反馈（用户在今日头条上的"顶""踩""转发""收藏"等行为），不断进行算法演进，用户分析越精准，推荐的内容就越精确。

三是个性化推荐依据。个性化推荐不靠人，而是靠技术，其通过兼顾用户、环境和文章本身特征成为今日头条很好的一个技术壁垒。用户特征包括用户兴趣、职业、年龄、短期的点击行为等。环境特征即将推荐置于情景化模式，比如早上推科技新闻，周末或晚上推搞笑视频。文章本身特征包括主题词、标签、热度、媒体转载情况、文章时效性和相似文章推荐。所以，今日头条用户的使用动机是大数据下的精准个性化推荐。[1]

二、满足受众的需求

（一）持续的风格，赢得特定受众群体的青睐

摇摆的定位对于媒介的形象确立将产生负面影响，因为受众的接收思维可能会因此混乱。以湖南卫视为例，其坚定不移地定位于年轻、娱乐一族，持续影响受众。湖南卫视为中国电视运营树立了标杆。电视媒体只有找准自身风格，坚定不移地围绕定位不断丰富频道内容，形成自己的品位和内涵，才能长久发展。湖南卫视的"年轻、快乐、娱乐"定位让频道充满活力，其通过打造品牌栏目，举办快男、超女等有影响力的选秀活动，播出一批符合自身定位的独播剧、自制剧，逐渐在观众的心目中形成了清楚、明晰、

① 薛竞、马军杰、高敏等：《今日头条对运营商数字化运营的启示》，《中国电信业》2018年第9期，第76-80页。

稳固的年轻时尚的频道形象，成功抓住了观众的心，进而俘获了众多意在年轻消费群体的广告主的心。

当今社会，媒介的形式更加多样，特别是网络媒体对电视媒体造成了极大的冲击，很多年轻人越来越远离电视。我国电视的竞争已经从收视率的竞争发展到品牌的竞争、影响力的竞争。在内容为王的媒体时代，优质内容一直推动着媒体的发展。打造高品质的内容是电视媒体生存发展的法则，高品质节目内容在带动收视率和频道美誉度提升的同时，也带来了巨大的广告传播价值。对于湖南卫视来说，特色栏目、电视剧、主题活动是其发展的"三驾马车"。在自主创办栏目的建设上，湖南卫视适时调整栏目类型，结合市场和观众的需求，制作播出了《快乐大本营》《天天向上》《智勇大冲关》《我是歌手》等深受国内观众欢迎的节目。在电视剧方面，一些境外购买的青春偶像剧独家播出引起了国内电视荧屏和业内新一轮的收视热潮和资源争夺战，《以爱为营》《去有风的地方》等优质剧充分整合台内外资源的运营创新模式，以吸引更多年轻受众。在主题活动方面，青春偶像性质的选秀活动"超级女声""快乐男声"等可谓声名远扬，吸引了湖南卫视众多粉丝关注，甚至是亲身参与，提高了知名度。此外，《花儿与少年》《爸爸去哪儿》等一系列真人秀节目也产生了广泛的影响，增强了受众黏性。正是因为湖南卫视在年轻化的特色栏目、电视剧、主题活动方面表现卓越及其在青年中的强大品牌影响力，很多广告主将湖南卫视视为理想的营销平台。

（二）线上线下整合营销，使受众有归宿属感和社区感

在新媒体的冲击下，许多传统媒体意识到媒体不只是一份出版物或一个电视频道，还是一个能够实现线上线下整合的营销平台。因此，会务、会员活动成为诸多传统媒体营销的新方向。

1. 会务

会务是诸多媒体和消费者群体沟通的方式。每年一度的《财经》年会，是中国金融和经济界颇具权威性和前瞻性的盛会，自2004年创办以来，其吸引了大批政府高级官员、国际组织要员、企业领袖以及中外知名经济学家参加。《财经》年会通常精心选择议题和演讲嘉宾，以主旨演讲、专题讨论和现场问答的形式，分析时事热点，解读国家政策，探讨产业前景，打造了高质量的思想交流平台，在国内外经济界引起强烈反响和广泛关注，同时加强了与消费者群体的沟通和联系。

2. 会员

会员制度也是媒体和消费者沟通的方式。21世纪报系的21世纪俱乐部就做过这样的尝试。其依托21世纪报系覆盖全球的强大的财经新闻采编网络，整合报系旗下的《21世纪经济报道》、《21世纪商业评论》、《理财周报》、中央广播电视总台经济之声等品牌媒

体内容，第一时间为俱乐部会员提供全方位的专业财经资讯服务，同时整合高端社会资源，组织读者沙龙、行业百人会、神秘人计划、财富精英调研、美丽人生计划等多种会员交流与俱乐部品牌活动。事实上，在与会员沟通和密切接触时，媒体也能一箭双雕地获取一定程度的经济效益和社会效益。

（三）智能化营销，更加精准地满足受众需求

智能化营销能够更加精准地满足受众需求，实现个性化推送和精准营销，从而提升营销效果和用户满意度。通过收集和分析用户数据，企业能够精准定位目标受众，了解用户的兴趣爱好、消费习惯、行为模式等，进而根据这些信息制定具有针对性的营销策略。这种精准定位不仅能够提高广告的曝光率和点击率，还能够降低营销成本、提升营销效果。

智能化营销能够根据不同受众的喜好和需求推送个性化内容。这种个性化推送不仅能够提高用户的阅读体验和满意度，还能够增强用户黏性和活跃度，同时可以了解营销活动的实际效果，并据此进行优化和调整。这种实时优化和调整的能力使得智能化营销更具灵活性和适应性。比如，今日头条作为国内领先的智能化媒体平台，其个性化推荐算法能够根据用户的阅读习惯和兴趣偏好，为用户推荐个性化的新闻资讯。通过不断优化算法模型，今日头条实现了高度精准的个性化推送，使得用户能够轻松获取自己感兴趣的内容，不仅提高了用户的阅读体验，还为自身带来了大量活跃用户和广告收入。

第三节　媒介产品营销的消费成本

4C 理论中的成本（cost）以媒介产品营销的消费成本为核心内容，包括时间成本、精力成本和购买成本。

一、时间成本

如果消费者使用一个媒介产品能够获取自己所关注领域的全方位信息或能够实现自己所期待的全部效果，就不需要寻找其他媒体来补充，可以将时间花在使用媒介产品而非寻找过程上，相对而言就节约了时间成本。

一般而言，不同媒介对消费者时间成本的控制程度有所不同。比如，相对于一般媒介形态，都市报和门户网站对消费者的时间成本更加关注。

（一）纸媒

报纸、杂志等纸媒一般在具体的栏目和制作内容中体现对消费者时间成本的关注。报纸中的摘要、明显的概括式标题以及点评都有助于节省消费者的阅读和理解时间。一些杂志在目录页有内容提要或编者按，有助于消费者更快地获取信息。

（二）广播和电视

广播和电视对于消费者时间成本的关注一般体现在具体的节目形态中，比如资讯类节目可能将多种信息分类。读报节目也是对消费者时间成本的节省，读报的主持人将诸多新闻资讯做简要报道，并对其意义进行解读，有助于受众更快更深入地了解这些信息。

（三）互联网

互联网的使用突破了传统媒介的时间限制：传统广播电视不可以回放和自我选择重播，在选择信息时也有所限制，选择一个节目就有可能错过另一个不再重播的节目。但是互联网的网页能够像一本书一样来回翻阅，打破时间局限，能够让受众灵活、机动地安排使用媒介的时间，能够显著降低受众的时间成本。

（四）智能手机

当今社会，智能手机已成为人们获取信息与进行沟通的核心工具。通过移动网络，人们能够随时随地浏览新闻、观看视频、进行社交联络。这种便捷性极大地节省了时间成本：新闻资讯通过App和信息流精准推送，省去了寻找特定信息源（如购买报纸）的环节；视频、社交等内容更是打破了时空限制，无需在特定地点或时间接触传统的信息获取渠道。

二、精力成本

媒介消费者的精力成本体现在媒介产品使用中的语言理解以及是否得到乐趣或足够的信息。都市报或杂志可以将硬新闻、时政报道和经济报道在一定程度上进行软处理，将其写得言简意赅、通俗易懂，让受众能够轻松地阅读。在语言上，可以采用"以老百姓自己的语言讲述老百姓自己的故事"这一方式，使内容更加人性化、更具亲和力。对于一些会议性的硬新闻，都市报或门户网站应尽量做一些萃取，从中遴选出比较关键的信息加以报道。电视可以利用自身优势进行深度解读，以专业的阐释帮助受众全面、深刻地理解节目内容，节约受众的精力成本。

三、购买成本

购买成本是指消费者为购买媒介产品而支付的货币。

（一）纸媒、广播和电视

就纸媒而言，尤其是报纸，主流都市报通常需要数元，而全年订阅的费用则需数百元甚至更高，对于普通民众而言，这一笔数目并非无足轻重。零售报纸的降价空间很小，为了吸引订户，一些报刊对订阅期较长的订户采取打折优惠的措施。而一些杂志期刊的折扣优惠更为常见，通过各类在线平台订阅通常能获得不同程度的折扣。此外，纸媒还常向订阅者赠送消费优惠券、相册、挂历等礼品或推出订阅有奖活动，比如传统的集报花活动（集齐一定数量寄回报社可获得订阅优惠或其他奖品）。虽然纯粹的免费都市报模式在收缩，但部分纸媒仍将发行特定社区版或在特定场所（如高端写字楼、酒店）进行有限度的免费赠阅作为推广手段。

广播电视节目产品对于普通受众而言一直是免费的（互动电视除外），所以我国的免费节目远远多于收费节目，一般除了购买硬件终端设备，普通民众不需要支付更多的货币。

（二）互联网

克里斯·安德森在2009年出版的《免费：商业的未来》一书中指出，免费已成为数字化时代的核心商业模式。这一观点延续了其长尾理论的逻辑。他在长尾理论中阐述了如何理解免费的力量，并列举了广为人知的互联网商业模式——免费增值模式，即首先用免费服务吸引大批用户，然后说服其中的某些人升级为付费的"高级"用户，以享受更高的服务质量。他提出"免费加收费"模式遵循5%定律——5%的付费用户支撑其余95%的免费用户，典型案例包括迅雷会员、网络游戏增值服务等。免费策略具有多样性。例如，Google通过广告商（三方市场）盈利，但其在欧洲因反垄断政策向手机厂商收取应用授权费。其他的还有雅虎按页面浏览量付费的横幅广告、Amazon按交易付费的"会员广告"等，但这一切仅仅是个开始。接着兴起的是下一波广告模式：付费的内置搜索结果以及对某些特定人群的第三方付费。所有这些策略都建立在这个原理上：通过免费赠品可形成偏好显著的受众，为影响他们，广告客户愿意付费。[①]

另外，微支付是建立在免费基础上的被证明切实可行的一种收费方式。微支付是指在互联网上进行的一些小额资金支付。如用户搜索信息、下载一段音乐、下载一个视频片段、下载试用版软件等，所涉及的支付费用很小，往往只要几分钱或几角钱。微支付

---

① 曾娜：《欢迎来到免费时代》，《商务周刊》2008年第7期，第50-51、8页。

有着特殊的系统要求，在满足一定安全性的前提下，要求有尽量少的信息传输、较低的管理和存储需求，即速度和效率要求比较高。

腾讯公司的Q币是微支付的一种典型形式。作为一种虚拟货币，它能够用来支付QQ行号码、QQ会员服务等。它的兑价通常是1Q币等于人民币1元。Q币提供号码服务，具有对QQ号码进行密码保护、手机锁、会员靓号、好友分组上传和下载、会员密友等一系列功能。除此之外，在QQ秀中使用Q币可以购买服饰、场景等虚拟商品。在QQ游戏中，Q币可以兑换游戏币，还可以购买游戏中的道具以及交友中的虚拟礼品。每一个服务功能都只需少量QQ币。

随着移动互联网的发展，微支付的适用场景与需求特性发生了显著变化：传统网络微支付聚焦高频小额交易、依赖高效率和低成本的系统支撑；而移动微支付依托成熟的支付生态和用户习惯进一步要求多层级协同——商户要快速接入支付通道，用户要简化操作流程，支付服务商则要保障交易安全与通道效率的平衡。当下移动微支付支持银行卡、话费充值、点卡充值、支付宝、财付通、微信充值等多种模式，将现有支付习惯渠道集中到统一的平台内，为用户提供全面的选择空间，省去手机应用独自联系支付渠道的时间，这在提升产品上线效率的同时，为用户提供了省去诸多中间节的支付环境。如今的微支付，不仅代表小额资金，还是轻便、快捷、安全支付的代名词。[1]微支付越来越呈现多样化趋势，比如打赏、红包、付费订阅等都是较为常见的形式。

第四节　媒介产品营销中的便利策略

媒介产品营销中的便利（convenience）主要涉及媒介发行渠道的拓宽。对于不同载体的媒介而言，拓宽渠道的路径有所不同。

一、广播和电视的便利策略

便利策略中，广播和电视主要通过整合资源为受众提供更加便利的服务。报业集团早已实现跨区域整合。21世纪之初广电媒体也开启了整合之路。对广电媒体来说，卫视频道属于稀缺资源。广电跨区域整合能够让自身的节目制作能力得到充分释放，如湖南卫视与青海卫视合作，由区域频道变为全国性频道；再如，第一财经与宁夏卫视合作，进一步扩大受众客户群。

---

① 《手机微支付》，https://baike.baidu.com/item/%E6%89%8B%E6%9C%BA%E5%BE%AE%E6%94%AF%E4%BB%98/13381935?fr=aladdin，2019年9月28日。

2009 年，湖南卫视与青海卫视、上海文广与宁夏卫视签订合作协议。这是在国家广播电视总局牵线背景下的跨区域合作，共同成立第三方公司负责具体运营。2007 年，贵州卫视与甘肃卫视达成协议，双方共同出资成立新合资公司兰州智诚同辉文化传播有限公司，其负责全面代理甘肃卫视及甘肃文化影视频道广告运营。该公司之后又接手经营了甘肃广电总台全部六个电视频道。湖南卫视与上海文广都采取了相似的向外扩张模式，这两项卫视之间的合作进入更深层面，涉及频道管理、节目播出等具体内容，其核心原则是中央一直推动的制播分离。根据制播分离的原则，湖南卫视把除《快乐大本营》《天天向上》等王牌节目之外的模式提供给青海卫视，上海文广则主要将旗下的第一财经频道输入宁夏卫视。当然，出于现实经营的考虑，有的合作在协议到期之后，没有再继续下去。

无论在中国还是欧美，为公众提供更多便利的媒介更容易在激烈的市场竞争中胜出。美国"直播电视"公司（DirecTV）在便利性上就下足了功夫。硬件方面，该公司向用户提供 18 英尺碟形天线、机顶盒、互动和多功能遥控器，让用户可以：一边收看节目，一边检索频道、节目播出日期和时间；在节目播出前 48 小时可以提前观看节目片段；按照主题分类检索节目；按照自己的喜好排列频道；点播按次付费的电影；按照收视率限制频道；设置按次付费的限额。安装也比较简单。如果用户想自己安装，该公司可以提供成套配件。[①]具有吸引力的便捷和受众的青睐自然紧密相连。

二、以互联网、智能手机为代表的新媒体的便利策略

互联网技术变迁导致媒介形态日新月异，而互联网终端战略是现今互联网服务便利性的典型体现。传统门户新闻网站延续的还是内容为王的战略。而想要让受众更加便利地获取媒介产品，主流的思路有两条。一是以软件终端的形式进入用户电脑界面（如 QQ），提供互联网的基础应用，以免费形式获得批量用户之后，就可以源源不断地将相关媒介产品输送到用户面前。因为有巨大的用户量，既有广告投放价值，也有可能进一步向用户收费。二是以硬件终端的形式，特别是智能手机，"黏"住用户，如苹果手机、苹果 MP3 播放器 iPod、亚马逊电子书 kindle，凭借出众的设计和性能赢得一些忠诚的用户，反向向上游延伸，分别以 App store、itunes、电子书商店等形式向用户输出软件、音乐、电子书，从而实现直接向用户收费的目的。

App store 是苹果公司为第三方建立的一个方便又高效的软件销售平台，开创了一个让网络与手机相融合的新型经营模式。用户可以在付费以后下载自己喜欢的应用程序。App store 从 2008 年 7 月 11 日正式上线开始，仅 6 个月的时间就高达 5 亿次的下载量。App store 模式的意义在于为第三方软件的提供者提供了方便又高效的一个软件销售平台，使得第三方软件的提供者参与其中的积极性空前高涨，也适应了手机用户对个性化软件的

---

① 钟海帆：《走进美国广电传媒》，南方日报出版社，2003 年版。

需求。作为一个开放式的平台，App store这样一种商业行为为消费者和合作者带来了更加开放和便利的空间。

第五节　媒介和消费者的沟通

媒介和消费者的沟通有助于提升媒介的品牌形象，使媒介消费者形成对媒介产品的忠诚度。媒介沟通策略主要是通过媒介内容和媒介举办的诸多活动形成和消费者的沟通、互动，其以最终树立媒介独特的品牌形象、维持和提升消费者忠诚度为目标。

一、受众调查

媒介受众调查本身不是沟通，但它是媒介沟通策略的基础。媒介自身或者委托第三方调查机构进行受众调查，对调查结果的梳理和研究能够成为沟通策略的行为依据。市场经济下的传媒业较之以前已经发生巨大的变化，以往以传播者为导向的传播模式正在转移到受众本位，注意力越来越成为一种稀缺资源，受众的选择越来越多地影响到媒介的生存和发展。

学界一般认为，受众调查在我国的发端是1936年底到1937年初由顾执中先生主持的"上海报纸和上海读者调查"。在我国，媒介受众调查经过近百年的发展，调查的客观性、科学性和完整性都在实践中持续提升。现今的媒介受众调查一般包括：对消费者进行基本特征的调查（涉及人口统计学特征、媒介占有和消费情况、接触媒介的环境）；消费者媒介态度调查（包括消费者对媒介的态度、对媒介产品的态度、对广告的态度）；媒介消费者媒介观念的调查（包括目的和动机、需求和兴趣、选择或评价内容与形式的标准和依据、对媒介功能和作用的认知、对媒介的要求和期望）；消费者媒介接触行为调查（包括消费者的接受行为、传出行为和接触内容）。

二、编读往来

在媒介融合时代，编读往来不仅包括传统意义上纸媒的编辑和读者之间的沟通和交流，也包括广播、电视以及互联网的内容生产者和编辑与受众之间的沟通。编读往来是与消费者沟通的一个重要模式，大多数媒介都采用这一方式来与消费者进行有效的沟通。现今的传播通信手段使得编读往来和互动发生明显的变化，其形式包括读者来信、邮件和短信以及热线电话。

编读往来的沟通，可以体现在媒介内容层面，比如讲述类栏目可以通过受众自述的感情经历，给予其引导和慰藉。一些生活服务栏目与受众的生活息息相关，能够拉近和受众之间的距离。更进一步的沟通包括一些媒介设置专栏采用受众提供的线索，和受众形成有效的沟通，比如中央电视台的"家有妙招"栏目，广泛征集受众提供的资源，有助于提升其亲和、贴近民众生活的节目形象。

广义的编读往来具有反馈、沟通和互动成效，能够实现互联网、广电和通信系统的融合，其反馈也往往能够让媒介获得丰厚的商业利润。

三、网络互动

媒介和消费者的沟通方式包括互联网实时互动，这是在新媒体时代媒介需要接受的新方式，其包括媒介进驻 SNS 社交网站，媒介主体开博客、微博，以及微信公众号与网友实时互动等新兴的互联网时代的特有形式。这些实时互动对于媒介主体和消费者的沟通能够起到锦上添花甚至雪中送炭的作用。

（一）SNS社交网络：实时互动拉近与受众距离

SNS 社交网络的产生为各类用户之间的沟通与互动提供了新的方式与平台。与 SNS社交网络的合作，也成为传统媒体尝试新型报道模式、探索新型传播渠道的有效途径，同时为传统媒体带来新的互动方式。这种互动提高了媒介与受众的沟通效率，使得媒介能够直接听到目标消费群的声音，与其维持长久联系。虽然很多社交网络不是传统意义上的媒体公司，但不可否认的是"打开社交 App 看新闻"已经成为资讯时代的新风尚。皮尤调查显示，62% 美国民众的新闻获取方式都是社交平台。新闻媒体和社交平台既彼此依赖又相互竞争：社交平台需要传统媒体的优质内容以提供给海量用户，进而产生数字广告营收；新闻媒体则依靠社交平台最大限度地传播自产内容，并依靠已经建立起的收益模型获得收益。[①]

（二）微博客：包容、快捷和草根性形成更有效的沟通

微博客比传统的博客和播客更能体现互联网时代传播渠道的包容性和便捷性。微博客是一个技术门槛低的跨平台式平台，其优势之一是集成化和应用编程接口（即 API 接口）开放化，可以通过用户的移动设备、即时通信软件和外部 API 接口等向自己的微博客发布消息。典型的微博客有 Twitter、新浪微博（后改为微博）等。

微博客首先要能够群聊，其次是实现跨平台数据交互，其潜力不仅仅停留在文字、图片、视频范畴，而且隐含 SNS 交互特性。微博客的出现极大地提升了用户的使用体验

---

① 《图解：媒体们的社交媒体布局》，https://news.qq.com/original/dujiabianyi/shemeibuju.html，2017 年3 月 9 日。

和互动性，而当时3G、4G的普及在很大程度上催生了新的跨平台交互潮流，微博客的出现与3G时代不谋而合。随着5G的普及，移动互联网在更多维度深刻影响、改变了我们的生活。用户可以方便快捷地选择电脑网页、App终端，或随时随地使用手机等智能工具设备进入微博客空间。

微博客的草根性也让入驻微博的媒介和受众之间的沟通更加便捷。微博客具有向大众传达更多话语的空间，有限字符的灵活和迅捷让使用微博客的媒介能够在表达和呈现自我中和受众走得更近。微博客的快捷沟通还体现于其广阔而包容的传播渠道，桌面、浏览器和形形色色的移动终端等多元平台使微博客被草根群体接触并使用，践行"随时随地"的理念。

目前国外媒体和一些知名人士都在微博客上开通自己的账号，开放API的微博客和许多传统博客服务连接起来，再和自己本身的网站形成链接，以形成更大的影响力空间。

微博客作为一种媒介形式将与受众沟通的能量推动到新的历史阶段。美国哈德逊河飞机失事、丹佛飞机脱离跑道、流行乐坛天王迈克尔·杰克逊逝世，微博客Twitter皆进行了实时报道和传递。包括BBC和《纽约时报》在内的传统媒体机构均在微博客中发布重要新闻及其链接。

微博客能够提升传统媒体的品质，即时、广泛、深入地与受众互动。2010年青海玉树地震和上海世博新闻报道盛宴中，微博客成为灾难报道和世博报道引人瞩目的新生力量。微博客实现了新闻传播的深度互动，使得话题的延展性更强。传统媒介大多是自上而下的单向传播模式，内容的丰富性和广泛性都受到限制，而这正是以微博客为代表的社会化媒体的长处。通过"转发""评论""回复""关注"等互动设置，一条微博在短短几分钟内可以由一个人传播至千万人，传播更加直接，互动性更强。同时，转发和评论的次数也可以清晰地展现受众对消息的反馈，让媒体知道哪条新闻更具可读性、受众的关切和兴趣点在哪里。对于传统媒体来说，这样的即时反馈使新闻采编更有方向性和针对性，由此实现新闻传播的深度互动。这是一个良性循环，也从侧面印证了新闻深度互动的效果。

博主与"粉丝"之间的即时互动，更容易切中"要害"，话题本身的发散性与延展性也更强。这种即时互动不仅体现在对"粉丝"的问题或建议给予回复，还表现为网台互动，即电台节目直播的同时与微博的互动，两个即时传播平台相得益彰，将影响力发挥到极致。在微博客上，一个人既可以通过追踪的对象获取信息，也可以通过转发将信息扩散，更可以成为信息传播者。可见，微博客不仅能够迅速成为信息扩散和交流中心，还具备强大的社会组织能力，因此对信息流动、社会群体沟通等形成了深刻影响。

（三）微信公众号：基于人际传播特性和朋友圈的强社交属性，与受众建立紧密联系

微信是腾讯公司2011年1月推出的一款即时通信工具，其公众号不仅提供了平台方

与受众全方位互动的渠道，而且成为媒体创新传播的"试验场"。微信公众号的宗旨为"再小的个体，也有自己的品牌"，其深度挖掘用户价值，为用户提供优质内容，增强用户黏性，从而形成良好的生态循环。微信采用的是点对点的方式，只要信息发出就可以保证微信用户接收到，只要有用户浏览，就会有相应的浏览量统计数据，能够保证信息传播的精准度。媒体运营一个微信公众号，可以在微信公众号上编辑图片（静图与动图）、声音、视频和文字，并允许微信用户进行转发。用户转发微信公众号的文章，通常是由于对文章内容比较感兴趣，转发者就是潜在的媒体目标用户，其有可能在转发的同时关注该微信公众号，这样媒体即新增一个关注用户。当微信公众号再发文章时就可以保证新增的关注用户接收到信息，确保信息推送的精准性。互联网时代，人们接收的信息越来越碎片化，这种点对点的传播方式对于提升信息的传播效果具有积极意义。[1]由于微信公众号具有强大优势，包括《人民日报》《央视新闻》《新华社》《南方周末》等在内的诸多具有较大影响力的媒体纷纷开设微信公众号，积极探索适应移动互联时代信息传播特点的新模式。

由《人民日报》海外版相关团队运营的微信公众号"侠客岛"，获得大量粉丝追捧，并且在青年受众中开辟了新的舆论阵地，取得了较为理想的信息传播与舆论引导效果。"侠客岛"微信公众号于2014年2月18日正式上线，内容定位是"拆解时政迷局"，解读时政新闻。"侠客岛"采用的是自下而上的形式，由于其定位为半官方微信公众平台，报社对其没有专项资金支持，因此运营团队在可持续发展的运营模式上不断探索，目前已有两条比较明晰的发展路径：首先是与《人民日报》海外版旗下的海外网合作，"侠客岛"所推送的内容在海外网同期独家发布，由海外网向作者提供一定数量的稿费；其次是与腾讯公司签约，成为微信公众号中的"流量主"，在文章末尾链接微信"广告主"的广告，收益随文章阅读量而波动，实现流量变现。"侠客岛"的运营模式，一方面为品牌的打造、平台效益的凸显开通了更多渠道，另一方面为团队运营维护、实现可持续发展提供了直接动力。[2]

微信公众号不仅是媒体的转战平台，而且能够成为传统媒体较好的补充。受传播载体本身特质的限制，报纸、期刊、电视等都很难将一个选题的所有内容表达全面，补充延伸的内容可以在微信公众号中进行推送，这一方面增强了内容产品的影响力，另一方面延长了媒介影响力持续的时间。

（四）短视频：基于便捷性和碎片化阅读习惯创新传播路径

短视频的概念来源于全球新媒体实践。与传统长视频相比，其播放时长较短，通常以分、秒为单位，其中4～5分钟的视频内容居多。播发平台主要为网络PC端和移动端，

---

① 丛志军：《微信公众号如何助推传统媒体影响力升级？》，《科技传播》2018年第12期，第110-111页。

② 林琳：《人民日报社的"侠客岛"何以名动微信公众号"江湖"？》，《中国记者》2015年第2期，第44-45页。

内容覆盖多领域，包括新闻资讯、技能分享、幽默搞怪、时尚潮流、广告创意、公益教育等，具有移动化、碎片化和社交化的特点。[①]短视频作为内容的载体，具有生动直观、方便快捷、碎片化、信息量大等特点，为传统媒体借力新媒介技术、在激烈的传媒业竞争中寻求突破提供了全新的思路。随着移动互联网的快速发展，短视频不仅在很大程度上满足了受众方便地通过移动终端获取丰富信息的需求，而且满足了受众倾向于利用碎片时间接收信息的需求。

媒介可以积极为受众提供社交参与的平台和空间，让受众能够对短视频新闻内容进行评论、交流，实现实时互动，还可以在视频新闻产品中加入社交元素，如设置启发受众思考的问题，鼓励受众参与讨论等。这激发了受众交互、参与的体验，增强了受众黏性，扩大了传播影响力。同时，传统媒体还可以与社交平台合作，将短视频新闻分发到多元化的社交平台，通过联合发布、转发共享，弥合单一平台传播的不足，扩大影响力，形成联动效应。[②]已有诸多媒体在这方面进行了有益的尝试。早在2014年底，新华社就推出新闻视频产品"15秒"，率先叩开了传统媒体涉足新闻短视频的大门，并为传统媒体以新闻短视频进行转型突围开辟了道路。2017年新华社与新浪移动在短视频方面进行合作，新华社视频官方账号"新华视频"落户新浪看点媒体平台，新华社直播及短视频内容通过新浪看点媒体平台，在新浪新闻客户端、新浪网、微博等多端进行内容推荐和传播。

（五）推荐引擎：算法带来精准推送

基于内容的推荐是在新闻传播领域最早应用的算法，它是一种经典且重要的推荐思路。首先，通过提取新闻内容的属性特征，构建内容特征向量；其次，提取用户的阅读爱好，构建用户兴趣偏好特征向量；最后，计算两个向量的相似度，即比较新闻内容的特征向量与用户兴趣偏好向量，相似程度高的新闻就是值得被推荐给用户的新闻。[③]

近年来，人工智能技术在新闻传播领域的应用越来越普遍，基于算法的个性化新闻推送也广泛应用于各大媒体平台。算法在新闻传播领域的应用，打破了传统的新闻生产与传播模式，对新闻业产生了深刻影响。在互联网大发展的时代，算法作为大数据和人工智能的连接点，发挥着优化传媒生态、建构流量端口、增强用户黏性的重要作用。在技术和资本无处不在的社会中，算法体现的技术价值越来越高。新闻算法技术提供精细的信息分发，其实也是对信息的一种过滤和把关，更是算法平台本身具有的一种议程设置功能和新闻框架，再加上算法模式和社交模式的结合，更有利于受众之间互动和交流。

---

① 殷乐、高慧敏：《传统媒体新闻短视频发展现状与传播态势》，《当代传播》2018年第6期，第45–48、49、50页。

② 刘倩：《传统媒体短视频新闻发展探析》，《视听》2017年第10期，第13–14页。

③ 俱鹤飞：《新闻算法的进化与反思》，《青年记者》2019年第3期，第39–40页。

所以，新闻算法技术为新闻事件的加速传播和扩大传播范围提供了一种可能性。这还仅仅是算法为受众提供信息服务方面的作用。对于算法平台而言，广告和公关也是其业务的重要领域。拥有强大算法技术的公司可以根据市场需求，基于用户阅读习惯进行广告投放。①

在算法推荐类媒体中，今日头条无疑已经成为业界翘楚。2017年7月，今日头条与澎湃新闻签署视频战略合作伙伴协议，澎湃新闻旗下所有原创视频内容，包括新闻短视频与新闻直播，都将入驻头条号，通过今日头条的人工智能和算法技术进行精准分发。澎湃新闻与今日头条，一个是以专业新闻生产能力见长的时政与思想类新锐媒体，一个是拥有人工智能技术和强大分发能力的代表性短视频平台。今日头条具有海量用户与人工智能技术，在内容分发以及辅助创作方面能为澎湃新闻提供强有力的支持。澎湃新闻选择今日头条作为合作伙伴，无疑能够更精准地分发内容，抵达更多用户，从而持续产生影响力。在澎湃新闻与今日头条在新闻直播方面的尝试中，2017年初滞留印度的老兵回国的观看量为443万人次，伦敦公寓大火212万人观看。除去精准分发和流量支持，今日头条的人工智能技术还能为严肃新闻短视频的创作，如标题生成、封面选择等，提供支持。2017年6月26日，澎湃新闻在今日头条直播平台上对高铁复兴号首发的直播吸引了334万人观看。直播过程中，今日头条通过人工智能技术自动设置精彩看点标题（如"时速400公里""有Wi-Fi"），并自动匹配带有火车头元素的图片作为视频封面，增强了对用户的吸引力。②

2018年6月，由人民日报全国党媒信息公共平台与今日头条合作的"党媒推荐"频道，在人民日报70周年社庆日正式上线。今日头条将"党媒推荐"频道放在用户可自行选择的推荐频道首位，力推正能量内容传播。"党媒推荐"频道将依托人民日报全国党媒信息公共平台内容池与今日头条个性推荐智能分发机制，每日向用户更新约500条信息。2018年，人民日报全国党媒信息公共平台与今日头条联合发布若干主旋律内容征集和传播活动，如在汶川特大地震十周年之际，双方发起以"铭记劫难，致敬重生，以己之力，勇往直前"为主题的大型互动活动。

值得注意的是，由于算法推荐理念内部价值的不平衡和大数据本身的缺陷，数据安全性、内容泛娱乐化、信息茧房、新闻真实性偏差、算法黑箱和算法偏见等算法新闻伦理问题日益显现。③媒体算法技术应肩负提供具有较高价值信息的重任，而不是加剧信息茧房、数据安全等问题，这样媒体算法才有真正的未来。

---

① 赵双阁、史晓多：《新闻算法推荐机制的技术价值与权力边界》，《西南政法大学学报》2019年第1期，第124-132页。

② 《入驻今日头条，澎湃新闻视频拥抱人工智能时代》，http://media.people.com.cn/n1/2017/0721/c14677-29420832.html，2017年7月21日。

③ 张帜：《智媒时代对新闻生产中算法新闻伦理的思考》，《海南大学学报（人文社会科学版）》2019年第2期，第70-78页。

四、主题活动

媒介的主题活动指包括年会在内的种种主题活动，其可以聚集消费者，强化媒介和消费者的互动连接。主题活动一般以社会政治经济或民生为主题，体现媒介的社会责任和对社会弱势群体的关怀，彰显媒介的内涵和地位。

2010年湖南卫视直播的"2010金芒果粉丝节"就是以受众群为上宾的盛典，艺人和明星们围绕"粉丝"进行表演，成为一个湖南卫视"粉丝"的狂欢节。这一主题活动盛典是湖南卫视为答谢"粉丝"而推出的，现场通过观众投票，选出湖南卫视本年度最受欢迎的主持人，并且现场颁奖，同时现场邀请许多湖南卫视的忠实观众，营造了一个明星嘉宾为观众"粉丝"服务的互动氛围。这种主题活动的直接目的就是使湖南卫视和受众的沟通更加顺畅，赢得更多的忠实受众，提高受众的忠实程度。

2015年首届网易粉丝节是一场以"青春有态度"为主题的品牌盛会，网易全系列产品积极用各种各样的活动回馈用户，并得到以大学生尤其是以"95后"为主体的新生代网易用户的支持。主办方在为期2个月的体验报告征集、人气投票、作品评选过程中，共筛选出737篇有效作品，包括活动主站收集到的来自41个城市214所学校364位同学的详细产品体验报告，涵盖网易16款产品；在移动端微站上也收到了373封产品体验微建议，覆盖网易15款产品。网易粉丝节主办方公布了28位获奖大学生产品体验官及其作品，给予来自网易的重奖与面试实习机会。[①]

主题活动作为一种整合营销方式，注重满足客户需求，为客户提供全方位的服务。主题活动中的营销活动的出发点不是自身产品，而是为客户带来最大的价值。沟通本身就是一种特殊的传播方式，而主题活动体现了传播与营销的完美结合。[②]

2009年，南方报业传媒集团成为上海世博会的全球媒体合作伙伴，其组建了阵容强大的报道团，利用文字、图片等形式，整合旗下《南方日报》《南方周末》《南方都市报》《21世纪经济报道》等子报子刊的优势资源，通过报纸、期刊和出版社、网络三大平台的立体化组合，对中国2010年上海世博会的筹办、举办进行全方位、多角度、深层次报道，为社会各界提供更多的新闻产品。2010年3月，南方报业传媒集团发起主办以"世博契机与中国经济走势"为主题的2010世博经济论坛，依托2010上海世博会宏观背景，围绕"世博契机与中国经济转型""低碳经济——竞争未来""有效实践与宜居城市"三个议题展开相关讨论，以"经济趋势—发展路径—城市实践"为内在逻辑，探讨这些议题在相关领域带来的机遇与挑战。

2018年10月29日，中央广播电视总台国际在线发起"相约上海进博会"大型线上点赞活动。该活动在全球主要社交媒体平台推出，通过简单有趣的手势动作和积极响亮

---

① 网易粉丝节，https://baike.baidu.com/item/% E7%BD% 91%E6%98%93%E7%B2%89%E4%B8%9D
E8%8A%82/19224622?fr=aladdin，2019年10月12日。

② 范以锦：《南方报业战略：解密中国一流报业传媒集团》，南方日报出版社，2005年版。

的口号，号召国内外网友一起参与互动、分享话题，展现中外各界人士对首届中国国际进口博览会的期待与支持。活动共吸引了来自44个国家近200位国内外政商界人士、明星大咖及其他不同行业人士参与点赞视频录制，总访问量突破3亿，总互动量超过800万次。

主题活动在集体性活动中，围绕特定主题进行活动与交流。包括论坛、峰会、评奖、排行榜、对话等形式在内的有影响力的主题活动，是整合营销的组成部分，其不仅满足了广告主和受众对信息服务的更高要求，而且提升了作为发起方或主办方的媒介自身的社会影响力和公信力。

五、智能化沟通新方式

在智能传播时代，电视、视频网站、MCN等各种媒体机构与消费者的沟通方式发生了新的变化。随着技术的进步和消费者需求的多样化，媒体机构不断探索新的渠道和方式，以便更有效地与消费者建立联系、传递信息并创造价值。比如，电视媒体不再局限于传统的单向传播模式，而是通过智能化转型，加强与消费者的互动和沟通。很多电视台通过引入大数据分析技术，对观众的收视习惯、兴趣偏好进行深度挖掘，从而推出更符合观众需求的节目内容，同时积极开发互动功能，如观众投票、实时评论等，让观众能够通过网络化、移动化方式参与节目制作和播出过程，实现与媒体的双向沟通。此外，电视媒体还通过与视频网站、社交媒体等平台合作，拓宽传播渠道、扩大影响力。例如，电视台与视频网站合作推出网络独播节目，通过多平台联动吸引更多年轻观众，通过跨界合作为其与消费者建立更紧密的联系提供了可能。

视频网站作为智能传播时代的重要媒体机构，也可以通过个性化推荐算法实现与消费者的精准沟通。比如，利用大数据和人工智能技术对用户的观看历史、搜索记录等数据进行分析，为用户推荐符合其兴趣的视频内容，增强用户的观看体验。此外，还可以通过弹幕、评论等互动功能，鼓励用户发表观点和看法，形成独特的社区文化，增强用户的参与感和归属感，为媒体机构提供宝贵的用户反馈，以帮助其不断优化内容和服务。

MCN机构作为连接内容创作者和平台的桥梁，通过整合多种渠道资源为内容创作者提供更广阔的传播平台，同时为消费者提供更加多元化的内容选择。MCN机构通过签约众多优质内容创作者，通过自有平台、社交媒体、视频网站等多个渠道进行内容分发，不仅提高了内容的曝光率和影响力，还使得MCN机构能够更好地了解消费者的需求和喜好，基于与消费者的互动和沟通不断优化内容策略，提升内容质量，为消费者提供更优质的服务。

思考题

1.什么是媒介产品营销?

2.如何理解媒介产品营销的价值策略?

3.如何理解媒介产品营销的消费成本?

4.如何理解媒介产品营销的便利策略?

5.如何做好媒介和消费者的沟通?

第五章

媒介生产管理

媒介生产管理也称媒介生产控制，是对媒介生产系统的设置和运行管理工作的总称。宏观的媒介生产管理内容包括媒介生产组织、媒介生产计划和媒介生产控制等工作。微观的媒介生产管理内容包括：通过媒介生产组织工作，按照媒介目标的要求，设置具有经济性、可行性、物质技术条件和环境条件允许的媒介生产系统；通过生产计划，制定媒介生产系统优化运行的方案；通过媒介生产控制，及时有效地调节媒介生产过程的内外关系，使媒介生产系统的运行符合既定生产计划的要求，实现预期生产的品质和生产成本的目标。媒介生产管理的目的在于，以尽可能低的成本投入获取尽可能高的经济效益和社会效益。

第一节　媒介生产流程管理

一、报纸生产流程管理

（一）报纸的生产流程

报纸的生产流程管理是影响报纸核心竞争力的因素之一，通常以效率和功能优先为准则。报纸的生产流程涉及报纸的内容和形式生产，其中包括报纸采编和报纸设计，以及报纸印刷等载体实现过程，其本质和一般商品的生产过程相同，是生产者的劳动和生产资料的结合，其特殊性在于对媒介生产者的素质和生产资料的品质要求不同于一般商品。报纸的生产流程是报纸生产管理的依据，其整个流程可分为六个环节。

1. 报纸内容的初步准备和报道选题的确定

首先，报社执行主编和部门主编及记者协商决定当期报纸的总规划。在选题确定过程中，根据对受众需求的分析、对市场状况的调查，依据国家政策和报社方针，最终确定报道选题。在初步准备中，需要拟订报社各部门稿件、文章的初稿采编完成时间。报纸初稿完成的底线时间即记者给编辑审阅的时间，除此之外，还要考虑报纸的发行时间、采编方针及要求。

其次，报社部门主编根据报纸的整体时间规划安排子部门所负责版块的具体采编征稿工作，可以在例会中讨论选题，编辑记者针对选题提出自己的意见和建议，综合各方意见制订报道方案。

2. 记者采访写作及征稿

报纸内容生产中的采访是报纸内容的重要来源。采访能够丰富报纸的信息，深刻而全面的采访能够提升记者和报社的信誉，巩固自身的行业地位，有助于报纸发行销售量和传阅度的提高。采访的步骤一般包括联系采访对象，确定采访时间、地点及主题，进行采访，整理录音，撰写稿件。此外，征稿也是报社获取信息内容的途径之一，报社可以通过通讯社、自由撰稿人、编译者撰写或者编译获得稿件，受众也能通过投稿的方式参与生产者的劳动。

3. 筛选和组稿

这一阶段的工作也被称为编前处理。报社编辑系统对于接收到的所有稿件依据性质进行分类，向具体的财经、娱乐、社会、人文、体育等版面或栏目分流，版面栏目的负责编辑根据稿件的质量和媒体的特殊需求对稿件进行审查、筛选、组稿、校阅。一般在报纸排版前由执行主编主持召开编前会议，确保无重大失误。

4. 编排和审阅

编辑对于入选的稿件做进一步细致处理，包括标题制作、文字润饰、事实核对等。子部门编辑安排好自己部门的排版工作，然后在排好初版后及时将报纸送到执行主编手中进行终审，同时一般会安排自己部门相关人员进行版面文章的再润饰和校对，并及时汇总修改。如果执行主编发现重大问题，须立即组织召开编辑记者会议，尽快解决问题。美术总监负责报纸版式，在图文整合后定稿，并发排初样。

5. 审查付样

报社执行主编审查确定每个版面的大样以后，即可交印刷厂制版印刷。随着印刷技术的发展，激光照排、飞机运送报纸版面纸型、卫星传版、直接输出整页彩色版面等技术在报纸印刷中得到应用。报社能够在全国的分印点制版、印刷，报社所在地和所有分印点所在地同步发行。

6. 调查反馈

报纸一般在发行后需要跟进调查反馈，包括对作为受众的读者、渠道中的零售商、专家或者咨询公司进行调查和交流沟通，并科学严谨地对调查数据进行整理分析，梳理报纸存在的问题并及时制定改善方案和调整思路，以获取更大的生存空间。

（二）报纸印刷生产管理

2003 年报纸印刷标准《GB/T 17934.3—2003 印刷技术　网目调分色片、样张和印刷成品的加工过程控制 第 3 部分：新闻纸的冷固型油墨胶印》出台，实现了国家标准与 ISO 国际标准的统一。2005 年，ISO 发布新版报纸印刷标准 ISO12647-3：2005，相较于 1998 版国际标准做了较大幅度改动，以顺应报纸印刷技术的发展变化。2021 年我国颁布《GB/T 17934.3—2021 印刷技术　网目调分色版、样张和生产印刷品的加工过程控制 第 3 部分：新闻纸冷固型平版胶印》，这有助于报纸印刷适应数字化时代行业变化的新动态与要求，并且可以与国际接轨，提升我国印刷企业在国际上的竞争力。

报纸印刷生产管理的关键是标准化管理，标准能够确保生产质量控制和相关环节的统一。对于报纸印刷来说，标准的作用在于建立稳定的生产环境和质量评价体系，有助于报纸印刷建立统一的规范，让报纸印刷技术透明化，有利于控制印刷过程，使质量控制过程可以预测。印刷过程一般包括分色、加网、输出、制版、印刷等技术流程，以标准化的方式确定其质量标准和操作规范，有利于保证最终质量的可控性和一致性。例如，关于报纸印刷标准分色采用 GCR、总墨量 240%～260%、最暗调黑版不低于 85% 等标准规定，有利于建立统一的分色标准，从而保证印刷中色彩的稳定性，避免印前制作不规范导致印刷事故。

标准化管理对于报纸印刷生产各个环节具有重要意义。首先，对印刷厂来说，提高印刷质量是其生存和发展的根本要求。印刷品的生产需要经历多道工序，不仅需要制定各工序标准，还需要制定产品的最终质量标准。符合标准的印刷品必须与 CMYK 各色实地和这些实地相互叠印的复色对应，国家标准和国际标准以色度的形式规定了报纸印刷中各色的色度值偏差、允差；对阶调范围和网点增大误差的规定，则解决了网点质量的问题，保证了网点的准确再现。这些规定解决了评价报纸印刷色彩是否准确、网点质量是否好、套准是否准确等关键问题。其次，标准为质量纠纷提供了解决的依据，证明印刷生产达到国家或国际标准，等同于证明印刷生产符合要求，而印刷者无须承担责任，如果大面积超总墨量、反白或套印字体最小笔画小于套印精度标准或样张不符合标准要求，则印刷者需要为版面制作不符合要求负责。[①]

二、杂志生产流程管理

杂志是一种有固定刊名，以期、卷、号或年、月为序，定期或不定期连续出版的印刷读物。在传统媒介中，杂志占有重要的位置，能够有效、及时地为受众提供密集的文化信息。作为传统纸媒，杂志既承受着报纸和图书的竞争压力，也受到电子媒介和互联网等新媒体的冲击。杂志根据自己的生存境况和特点，从经营管理层面寻求新的生机，以适应市场的进化并获取生存和发展的空间。

（一）杂志的编辑流程

杂志虽然和报纸一样属于以纸张和油墨为载体的印刷媒介，但是因制作周期、产品形式等方面的特点，其生产流程与报纸存在一定程度的差异。杂志的编辑过程是由策划到制作的生产流程。

首先，总体策划。其主要内容是确定编辑风格。杂志编辑方针是杂志定位的具体体现，对于杂志的整体风貌和行文风格以及所生产的内容都有直接影响。编辑风格涉及以下四点：一是媒介形象的选择，其能够给包括受众和广告主在内的消费者以明晰的印象；二是杂志的发行宗旨，杂志内容的行文、笔触风格突出，宗旨的确立是编辑和记者航行的灯塔；三是目标受众选择，根据杂志的信息内容，确定自己的读者群；四是确定刊物性质，其涉及阅读对象的层次及需求。在编辑风格确定之后，就要据此策划选题，详细说明杂志编辑的程序和内容框架，并拟定进度表，掌握刊物编辑的进程和工作的完成程度，这涉及刊物内容、出版日期、印刷方式、装订方式、发行份数、纸张和版型等。

其次，分配杂志栏目以及内容。在策划总体内容后，要分配封面设计、子栏目、专题专栏所占的版面以及负责的编辑和记者，即落版。

再次，稿源搜集和整理。按照策划的原则进行稿件委托，通过约稿、征稿、座谈、专访、文摘、评论、书评、社论等搜集稿件。其中，原创类杂志一般有自己的专职记者，有的杂志采取采写编一体的形式。整理稿件主要是按照约稿时限集中稿件，并仔细审查稿件内容，选择稿件、予以润饰，对于不适合的稿件进行退稿或备份存档。

又次，编排版面。结合文字编辑和美术编辑的理念设计版面，按栏目和页数的分配进行字数审核和版面分配，润色标题或加入图片。

---

① 李保强：《报纸印刷标准化 不能雾里看花》，《印刷技术》2010年第3期，第22—25页。

最后，校对审查。这一阶段的任务是检查文句是否通顺、字体是否合适以及是否有错别字，通常会有至少三次的编辑校对。校对编辑登记校对日期、负责人签字后，将校对稿送上级编委审查。之后将完稿交付印刷厂，和印刷厂共同做完稿的检查和印刷的指示工作，确认无误后进行制版印刷。

（二）杂志印刷装帧管理

杂志的印刷生产工作包括采购印刷原材料、色彩管理、档案优化以及质量管理等。其中，采购印刷原材料涉及纸张、油墨等物料以及特殊制作项目向外采购；色彩管理主要就修图而言，需要对各刊物的照片进行评估、大小重置和调色等工序，以配合印刷；档案优化涉及针对现有档案进行优化，配合不同印刷机，针对所用的物料特性进行调节；质量管理需要与印厂沟通流程工序，收检成品，以确保印刷及加工程序按要求完成。杂志印刷的主要工序包括组版、出片、打样、晒版、印刷和装订。

装帧设计和印刷质量是受众对一份杂志视觉形象的第一体验，也是杂志质量的重要衡量标准之一，通常会直接影响作为消费者的广告主和受众对一份杂志是否符合自己标准的心理预期。杂志封面、版面设计、插画，以及字号、字体、目录、广告等都是杂志风格的组成部分。时尚杂志《瑞丽》给受众呈现的是其年轻和顺应潮流风格，封面人物漂亮而时尚，以吸引年轻群体阅读，进而吸引时尚产品、服饰、化妆产品生产者投入广告。中国《财经》杂志印刷光洁，版式设计和《财富》杂志相似，沉稳而严肃，以蓝、黑、红、黄等为基础色调。文化类杂志《书屋》封面是蓝色，封面正中一般是泛黄的缩小封面，整体感觉古朴素雅，给读者以清新之感。

三、广播电视生产流程管理

（一）广播电视节目制作流程

1. 广播节目制作流程

广播节目生产即音频节目制作，在设计策划的基础上利用声音处理设备和制作技巧对采集来的原始音频素材进行剪辑、整理及润色，使之成为有一定意义的、具有逻辑性的音频产品。广播节目是广播媒介生存和发展的立足之本，节目的管理在很大程度上影响着整个传播媒介的发展。广播媒介只有生产优秀的节目，才能成功建构自己的品牌地位并获得更多受众的青睐和高收听率，而收益的增加可以使更多投资注入内容生产。如此循环能够为广播媒介的经营发展创造良好的机遇和平台。

广播节目制作一般包括策划阶段、制作阶段和审核阶段。策划阶段主要设计受众愿意接受的节目产品，进行策划创意讨论，根据细分受众考虑节目类型、节目内容、节目特色和表现方式。每个特殊的受众群体都倾向于选择符合自己所属群体身份特征的节目内容和表达方式。比如，儿童类广播节目需要活泼轻快，具有一定的趣味性和教育意义，青年类广播节目一般倾向于时尚潮流，某些地区可能偏爱方言节目。制作阶段的工作包括文案编写、节目的风格表现、文字简练性和准确性的体现，以及对文案进行深加工等。审核阶段需要将广播产品归档、测试并推广，即节目制作统计归档、通过测试调整后向市场推广，同时进行节目后期调试。

2. 电视节目制作流程

电视节目制作是技术与艺术合一的过程，一般可以分为四个阶段，即前期策划准备阶段、录制拍摄阶段、编辑阶段以及审核检查阶段。

（1）前期策划准备阶段

这一阶段的主要工作是构思节目、研究主题以及确定目标受众群体。此外，还要草拟剧本或创作提纲，即初步计划及制作说明等。这一阶段涉及为获取原始图像素材和原始声音素材所进行的一系列工作，又称前期拍摄。具体来说，前期拍摄包括以下四个层面的内容。

一是构思总体内容和形式。制作人需要根据节目的总体构思确定节目的内容与形式，选择符合节目内容与形式要求的拍摄现场，组织现场拍摄，通过摄录获得所需要的图像和声音素材。在创作之初，创作者对节目的主题、内容、结构、形式有完整的构思，根据这个构思创作出初步的拍摄提纲，即脚本。制作人根据实际拍摄的结果和不断注入的新信息去修改之前的脚本。

二是撰写编辑提纲。首先，编辑提纲是编辑工作的重要环节，它是剪辑的基本依据。根据脚本的内容和素材情况，编辑提纲要对内容、结构、每部分内容的大致时间有较为精确的设计和表述。其次，细致周到的编辑提纲可以给剪辑工作带来方便，其不仅可以使结构完整、匀称，各部分内容比例得当，还可以保证选用有效的高质量镜头，更可以提高效率，保证节目时间精确无误。

三是熟悉拍摄素材。制作人对拍摄的原始图像和原始声音素材进行了解和鉴别，并对照脚本内容，在素材的基础上建立完整的意象性形象系统。这个过程有助于确认现有素材是否能够建立起脚本内容所需的形象，以及是否需要补拍或寻找相关图像资料。

四是协调相关参与者。节目的把关人通常从旁观者的角度对节目的主题，以及与时事政治的关系和与社会的关系等多方面去弥补节目缺陷。编导在进行剪辑之前要与撰稿者就节目的主题、风格和效果等主要方面达成一致，这样才能使节目的内容与形式统一和谐。解说词或串联词的撰写者通常成为编导的主要合作者。

（2）录制拍摄阶段

这一阶段主要包括演员排练、分镜头剧本、拍摄场地准备工作、技术设备准备工作、预排练工作和实录拍摄工作。录制拍摄是电视节目制作流程中的核心内容，是实现构思和策划的关键步骤。录制拍摄过程中，调度和指挥现场的编导在摄制工作者的配合协调下完成电视节目有关声音和画面采集的工作内容。

（3）编辑阶段

具体的编辑工作包括根据总体构思对所拍摄的内容进行编排，画面的剪辑，配音、配乐合成，特技及字幕合成等。对所拍摄的内容进行编排是将原始素材进行分类、整理和选择，在众多素材中选择合适的镜头，然后根据脚本提示的内容分别进行归类，使之成为完整的节目形态，同时将不同磁带上的镜头标示在编辑提纲上，以供剪接时寻找，同时按内容要求的顺序将镜头组合在一起，以表达创作者的思想和意图。编辑阶段的主要工作内容就是剪辑，后期编辑工作主要是围绕剪辑进行的。作为一个重要的创作环节，后期编辑是实现节目总体构思的关键。

（4）审核检查阶段

审核检查阶段的工作包括检查表述是否存在问题、内容是否客观真实、是否具有逻辑性和条理性、结构是否完整连贯、各种结构因素的比例是否合适以及是否能够产生相应的效果等。就声音而言，需要检查声音的质量是否符合技术标准，声音是否连贯、完整，声画同步是否准确等。检查画面的剪接是否有问题一般涉及剪接点的选择是否恰当、有无技术失误、运动是否流畅、场面过渡是否自然等。

（二）广播电视节目制作和播出管理

广播电视节目是特殊的精神产品，其必须在流通或传播过程中实现相应的社会效益与经济效益，所以对于广播电视节目质量进行管理，确保广播电视节目制作的流程控制，成为广播电视媒体推行品牌战略和进行有效管理的重要途径，也是广播电视产业化运作的重要指标和鲜明特征。

我们要按照制作的程序和规律来对节目进行有效的控制和管理，使节目无论是在录播，还是在直播状态下，都能达到一个相对恒定的质量水平：首先，每一步制作过程都应纳入流程控制范围，保证其规范有序，做到规范化管理；其次，要有应急保障机制来配套，能够灵活有效地处理特殊情况。如此，广播电视节目产品的稳定性才能得到保障。

四、互联网生产流程管理

（一）互联网媒介生产流程

1. 互联网媒介生产具体流程

（1）网站筹划和准备

互联网媒介生产者在这一阶段确定自己想要传达的主要信息，审慎考虑后把所有理念有机地组织起来，设计网站页面，对网站栏目进行分类，使其适用于特定用户，反复修订以求尽善尽美。网站筹划一般可以从总体设计和详细设计两个层面来理解。总体设计包括网站需要实现的功能、网站开发使用的软件和硬件环境、所需人才和时间、需要遵循的规则和标准、网站的栏目和板块规划、网站的功能和相应的程序设计、网站的链接结构、可能使用的数据库的概念设计、网站的交互性和用户友好设计等方面的总体规划。然后根据总体设计制定网站建设方案，具体包括受众特征分析、网站的目的和需要实现的目标、网站形象说明、网站的栏目板块和结构、网站内容的安排、相互链接关系、软硬件使用和技术分析说明、开发时间进度表、宣传推广方案、维护方案以及制作费用等。详细设计主要针对程序开发部分，但这个阶段并非实际编写程序，而是设计出程序的详细规格说明，包含程序界面、表单、需要的数据等必要的细节，程序员可以根据它们写出实际的程序代码。

（2）网站的设计制作

在进行详细设计的同时，网页设计师开始设计网站的整体形象和首页。整体形象设计包括标准字、logo（商标）、标准色彩、广告语等。首页设计既包括版面、色彩、图像、动态效果以及图标等风格设计，也包括banner（横幅）、菜单、标题、版权等模块设计。制作者在系统分析和总体设计的基础上，将设计任务分解，分配给设计制作组的成员进行设计和调试，不同成员之间既有分工也有协作。

（3）调试完善

互联网媒介制作是一个不断充实和完善的过程，通过不断发现问题、解决问题，予以修改和补充，使其结构趋向合理，内容更加丰富，形式更有感染力。网站模块初步完成后，上传到服务器，对网站进行全范围的测试，包括速度、兼容性、交互性、链接正确性、程序健壮性和超流量测试等，发现问题及时解决并记录下来。

（4）维护

互联网维护是一项艰巨的工作。当网站规模变得庞大时，会有不计其数的图片、网页文件等内容，而其中一个丢失或链接失败都可能引起网页错误。要保证整个网站的健康完整，就要科学地分类保存图片和文字，同时进行网站文件备份，除此之外，还要注意网站安全问题，可以设置有效的防火墙。一些网站会限制内容复制功能，但这可能影响用户体验。还有一些其他保护方法。比如，当用户复制网页文字时，系统自动在末尾加入网站来源。这些网站来源文字在页面中并不显示，但是复制粘贴到其他地方的时候就会自动出现。再如，为图片添加水印，通过网站后台设置，上传一张半透明的标识图片（如网站logo），系统会自动将它叠加到所有图片上。主流的网站工具都支持此功能。

2.移动新媒体生产流程

站在新闻生产流程的角度来看，移动新媒体的出现带动了新闻生产理念的变革。换言之，传统新闻生产的观念与逻辑已经无法适应新的媒体环境，新闻生产需要及时更新观念。

观察移动新媒体的不同类型，我们可以发现存在不同的新闻生产观念：社会化媒体致力于分享一切可以分享的事物；自媒体追求自然表达、自主创作、自我呈现以及行业自律，其核心是生产原创内容；政务媒体如政务微博、政务微信公众号等通过多元化方式，公开一切可以公开的信息；数据新闻是大数据时代的新闻形态，本质是计算一切可以计算的内容（或者说分析一切可量化的信息）。

新闻生产流程再造，是在本质上改变新闻生产的传统方式，适应新的发展要求。未来的新闻生产方式将以电子媒介为依托，在移动新媒体时代背景下，达成新闻生产新范式与新标准。我们对于新闻生产流程再造，需要站在全新的角度去感受与理解，但前提是解决以下几个方面的问题：其一，新闻生产内涵已经逐渐多媒体化，新闻信息的收集、整合过程能够在多媒体汇集的前提下完成；其二，收集到的新闻内容与新闻信息，需要经过"评估中心"先行处理，由其对素材进行具体判断；其三，有效解决与处理新闻发布的问题，即使同一主题的新闻产品也可以沿着不同的方向传播，并在新闻产品消费之后得到反馈。解决了上述问题，移动新媒体时代的再生产问题便能迎刃而解，并在新闻采集、新闻制作以及新闻营销三个方面开展全新的生产流程再造。

在未来的新闻生产流程中，从业者不仅需要运用较强的叙事技巧与简明的风格来完成写作，还需要熟练运用新的媒介技术，使用多媒体生产的模式。此外，从业者还应当能够综合运用文本语言和计算机语言，发挥网络的多维作用，整合视觉与图形技术等技术元素，最大限度地挖掘新闻生产的核心价值。[①]

（二）互联网内容生产管理

1. 精简原则

互联网网站的主页就像封面，其重要作用是吸引用户浏览网址中的内容。因此，主页的设计应以醒目为上，力求一目了然。堆砌过多不必要的细节，或画面过于复杂，都可能使受众无法集中注意力。在主页上清晰展示媒介的品牌形象、媒介的内容特征。主页内容应言简意赅、有条不紊。互联网主页给人的第一观感非常重要，只有精简而内容丰富，才有可能吸引受众继续阅读或持续关注。

2. 轻量化原则

互联网使用者一般用宽带网络连接万维网，页面加载需要一定的时间。网站制作时，主页上的图片尽量控制大小，避免使用过大文件，页面整体尽可能快速加载。图像越大、分辨率越高，加载时间就越长。

---

① 何萍：《理念变革、产品创新、流程再造——新媒体环境下的新闻生产分析》，《传媒》2016年第10期，第95-96页。

3. 图像原则

网页设计需注重吸引浏览者并保持其注意力。万维网的核心优势在于其多媒体呈现能力，这是提升用户吸引力的有效手段。页面应尽量做到画面醒目且风格统一，通过特色设计增强吸引力。图像要避免过度修饰——网页浏览是一个直观过程，恰当运用图像对用户视觉的吸引，可能在整体页面中起到画龙点睛的作用。

4. 主页提纲原则

网站主页的主要功能之一是作为导航工具，指引用户查阅存储在子网页或其他站点的信息，并尽量使浏览过程简单高效。基于清晰明确和速度的考虑，主页上的链接项目一般仅限于基本的关键词、信息概念或简单的提纲，而层层链接的子网页不宜过多，否则会导致用户因页面设置过于复杂而反感，所以网页要力求在广度和深度之间实现平衡。

5. 新鲜原则

互联网是时刻更新的媒介，信息的随时增添和变动打破了传统纸媒页面的滞后性，而具有即时性。网站页面要及时更新，如果页面一成不变，很快会淹没在数以十亿计的网页中。网站可以根据需要定期更新信息内容或图片，调整色彩与版式。趣味性元素如访问量统计可持续或自动更新。

6. 吸引用户浏览原则

用户浏览量过低会降低网页自身存在的意义和价值。吸引用户浏览是网页设计的重要原则。可以从以下几方面入手：主页应易于查找，网址避免复杂冗长；和其他相关网站合作，建立合理链接；将网址提交至浏览量高的导航网站及搜索引擎靠前的位置；子页面设置返回主页入口，方便用户操作。

7. 以用户体验为中心的交互原则

移动新媒体融合文字、图片、音视频等多媒体形式，将其简洁、轻便、灵活地组合成短、小、微的新闻产品，方便移动终端接收，也方便用户使用。"两微一端"（微博、微信及新闻客户端）就是典型的移动新媒体平台。交互性作为移动互联网的核心特征，从根本上解决了新闻生产者与用户即时交流的问题，使用户居于新闻生产流程的中心地位。[1]

---

[1] 何芳明、莫成：《构建以用户为中心的传统媒体新闻生产体系——基于移动互联网媒体的应用分析》，《湖南大众传媒职业技术学院学报》2018年第1期，第5-8页。

五、媒介融合生产管理

（一）全媒体生产流程

媒介融合一般指多种媒介呈现出多功能一体化的趋势，这种关于媒介融合的想象更多集中于将电视、报刊等传统媒介以及新媒体融合在一起的全媒体景观。"媒介融合"（media convergence）这一概念最早由伊契尔·索勒·普尔提出。他在《自由的科技》一书中提出了"传播形态融合"，认为数码电子科技的发展是历来泾渭分明的传播形态得以聚合的原因。其本意是各种媒介呈现出多功能一体化的趋势。

随着媒介的发展和技术的更新，媒介融合呈现出诸多全新的特质。媒介融合的核心思想是，随着技术的发展和一些藩篱的突破，电视、网络、移动技术不断进步，各类新闻媒体融合在一起。[1]近些年，不断有学者尝试对"融合新闻"或"融合媒介"进行界定。比如，美国南加州大学安纳伯格传播与新闻学院教授 Larry Pryor 认为，融合新闻发生在新闻编辑部中，新闻从业人员一起工作，为多种媒体的平台生产多样化的新闻产品，并以互动性的内容服务大众，通常是以一周7日、每日24小时的周期运行。[2]美国新闻学会媒介研究中心主任 Andrew Nachison 将"融合媒介"定义为：印刷的、音频的、视频的、互动性数字媒体组织之间的战略的、操作的、文化的联盟。[3]

媒介融合背景中较为科学和先进的全媒体生产流程，是波纹式生产流程。波纹信息资源管理理论由道琼斯公司的创始人提出，指媒体事件的发生就像一块石头投入水中，会产生很多波纹，波纹一道道散开，影响面逐渐扩大。当下很多报业集团在内容发布流程中都已经转变为"先端后报"，即新闻编辑好之后先在移动客户端发布，以增强时效性。波纹式生产流程的特征是"一对多"的传播，采用该生产模式的媒介的核心竞争力在于核心资讯的生产和多次多媒体的传播，并通过传播规模及数量降低核心资讯的边际生产成本，从而提高边际收益而获利。

道琼斯公司通过一次生产七次售卖，最大限度地降低边际生产成本，最大化地产出综合收益。在道琼斯公司，一个媒体事件发生后，首先进行报道的是道琼斯通讯社，为其消费者提供第一次服务；其次是华尔街日报新闻网站跟进；再次是道琼斯和GE合资的CNBC电视台参与报道；之后参与的是道琼斯广播；然后是颇负盛名的《华尔街日报》展开更详细的全面报道；再然后，"接力棒"就交到了 Smart Money 系列刊物手中，进行深度报道；最后，道琼斯和路透集团合资的 Factiva——历史悠久的商业资讯数据库，为

---

[1]　高钢、陈绚：《关于媒体融合的几点思索》，《国际新闻界》2006年第9期，第51-56页。

[2]　蔡雯：《从"超级记者"到"超级团队"——西方媒体"融合新闻"的实践和理论》，《中国记者》2007年第1期，第80-82页。

[3]　蔡雯：《从"超级记者"到"超级团队"——西方媒体"融合新闻"的实践和理论》，《中国记者》2007年第1期，第80-82页。

付费用户提供检索服务。由此可见，呈放射状的全媒体价值链运营模式一次开发、多次生成，再通过多次售卖，获取增值收益。

（二）全媒体生产管理

媒介生产组织需要对传统生产组织结构进行调整，使媒介初级产品能够适配不同载体的差异化需求。烟台日报传媒集团、佛山传媒集团、解放日报报业集团以及《新民晚报》《南方都市报》等传统媒体在全媒体生产再造过程中浴火重生，获得了新的活力。

以烟台日报传媒集团为例，2008年3月，其组建全媒体新闻中心。该中心由三部分组成：一是总编室，在中心内部起新闻指挥作用，在子媒体间起协调作用；二是采访部门，负责日常采访；三是数据信息部，负责稿件标引、背景资料搜集、针对大事件的前期资料整理以及视频音频素材的编辑整理。

通过机构、机制的调整以及全媒体数字复合出版系统的研发，烟台日报传媒集团从集团层面再造采编流程。全媒体新闻中心记者提供初级新闻产品。为了尽量避免内容同质化，全媒体新闻中心和各媒体之间的稿件分两条线：一是特约稿件，设定保护期，为特定媒体专供，保护期内其他媒体无法使用；二是待编稿件，除特约稿件外的所有稿件进入待编稿件库，纸质报、手机报、电子纸移动报、网站、公共视屏等媒体编辑部根据自身需要对稿件进行深加工，然后重新排列组合，生产出各种形态的终端新闻产品。最后，按照传播速度的快慢，通过多种媒介逐级发布、传播，以满足不同受众的多元信息诉求，同时与读者进行互动，搜集信息，开展数据库营销。通过内容的集约化制作，完成新闻信息的多级开发，改变媒体之间相互隔离、无法按内在传播规律运营的局面，更好地整合新闻、信息、客户等资源，提高集团的综合竞争力，使集团从"第一时间采写"向"第一时间发布、即时滚动播报"转变。[①]

全媒体媒介产品的生产者管理也有了新的标准。就记者而言，其获取原始资料的方式需要多样化。记者被要求一专多能，不仅能够熟练使用传统的相机、录音笔、电脑等设备，还能够适应和操作微博、卫星电话等媒介载体。记者的采访方式也要求多元化，对于文字、视频或音频，记者要能够在合适的时间以合适的视角做出合适的选择。此外，编辑管理需要将重心前置，从传统的记者主导制转向编辑中心制。在全媒体背景下，媒体事件的多元复杂性，使得内容生产（从现场采写到资料搜集整理）无法由记者独立完成。编辑需要提前策划干预，对初稿进行深度加工，打造差异化产品，其重要性也在这一过程中得以凸显。

---

① 　郑强：《从传统报业到全媒体的探索之路》，《中国传媒科技》2008年第10期，第38-40页。

六、媒介智能化生产管理

随着信息技术的飞速发展，媒介生产管理越来越智能化，各种先进的AIGC（人工智能、大数据、云计算、物联网、5G通信等技术的融合应用）技术被广泛应用于媒介生产过程，人机互动成为重要的内容生产方式。在这样的背景下，媒介生产管理呈现许多新的特点，也需要新的管理方式与之相适应。

1. 媒介生产管理的新特点

第一，数据驱动的精准决策。在智能传播时代，媒介生产管理高度依赖大数据和人工智能技术来实现精准决策。通过对海量用户数据的收集、分析和挖掘，媒体机构能够精准把握受众需求，预测市场趋势，从而制定出更加科学的生产计划和营销策略。数据驱动的决策方式也提高了媒介生产管理的效率和准确性。

第二，人机协同的高效生产。人机互动成为媒介生产的重要内容生产方式，媒体机构通过引入智能编辑系统、自动化生产工具等，实现人机协同的高效生产。人工智能可以辅助编辑人员完成内容筛选、分类、标签化等工作，减轻人工负担，提高生产效率，还可以根据受众喜好和反馈，自动调整内容策略，提升内容质量。

第三，跨界融合的创新发展。媒介生产管理的边界逐渐模糊，跨界融合成为创新发展的重要趋势，媒体机构通过与其他行业合作，共享资源和技术，实现优势互补，推动媒介生产的创新发展。例如，媒体机构可以与电商平台合作，推出定制化内容产品；也可以与教育机构合作，开展在线教育等。

第四，实时反馈的动态调整。媒介生产管理注重实时反馈和动态调整，通过实时监测受众反馈、市场变化等信息，媒体机构能够及时发现问题并进行调整。这种动态调整不仅提高了媒介生产管理的灵活性，也使其更加符合市场需求和受众喜好。

2. 媒介生产管理的新方式

第一，建立数据驱动的决策机制。为了适应智能传播的需求，媒体机构需要建立数据驱动的决策机制。这包括构建完善的数据收集和分析系统，收集各类用户数据和市场信息；培养数据分析人才，提高数据分析的准确性和有效性；将数据分析结果应用于生产计划和营销策略，实现精准决策。

第二，强化人机协同的生产流程。在人机协同的生产过程中，媒体机构需要优化生产流程，充分发挥人工智能和编辑人员的优势。一方面，通过引入智能编辑系统、自动化生产工具等，提高生产效率和质量；另一方面，加强编辑人员的培训和管理，提升他们的专业素养和创新能力，同时建立有效的沟通机制，确保人机之间的顺畅协作。

第三，拓展跨界融合的合作模式。跨界融合是媒介生产管理创新发展的重要途径。

媒体机构需要积极寻找合作伙伴，拓展合作领域和模式。例如：与电商平台合作开展定制化内容产品推广；与教育机构合作开展在线教育服务；与其他媒体机构合作实现资源共享和优势互补；等等。通过跨界融合，媒体机构可以拓展业务范围，提升品牌影响力。

第四，建立实时反馈的调整机制。实时反馈和动态调整是媒介生产管理的重要特征，媒体机构需要建立完善的反馈收集和分析系统，及时收集受众反馈和市场信息；建立快速响应机制，对反馈信息进行及时处理和调整；加强内部管理，确保生产计划的顺利实施和营销策略的有效执行，通过不断试错和优化，逐步完善媒介生产管理体系。

3. 媒介生产管理面临的挑战与对策

第一，技术更新换代的压力。在当今社会，技术更新换代的速度非常快，媒介生产管理需要不断跟进新技术的发展和应用。技术的更新换代带来了相应的挑战，如技术成本高昂、人才短缺等。为了应对这些挑战，媒体机构需要加大技术研发投入，培养专业人才，同时积极寻求与其他机构的合作与共赢。

第二，数据安全与隐私保护的挑战。媒介生产管理高度依赖数据驱动，然而数据的收集、存储和使用也面临着数据安全与隐私保护的挑战。为了保障数据安全和隐私权益，媒体机构需要加强数据安全管理，建立完善的数据保护机制；同时加强用户隐私保护意识教育，提高用户的隐私保护意识。

第三，内容质量与创新性的平衡。在媒介生产过程中，追求内容质量与创新性是一个重要的目标。由于技术的介入和受众需求的多样化，内容质量与创新性的平衡变得更加困难。为了解决这一问题，媒体机构需要注重内容创作的专业性和深度，同时积极引入新技术和创意元素，提升内容的新颖性和吸引力。

4. 媒介生产管理的发展趋势与展望

随着技术的不断进步和应用场景的持续拓展，媒介生产管理的发展前景将更加广阔。

第一，智能化程度进一步提升。随着人工智能技术的不断发展，媒介生产管理的智能化程度将进一步提升，更多的智能工具和系统将应用于媒介生产过程，实现更高效、更精准的生产管理。同时，人工智能将在内容创作、分发、推荐等方面发挥更大的作用，推动媒介生产的创新发展。

第二，个性化服务将成为重要方向。随着受众需求日益多样化、个性化，媒体机构需要更加注重个性化服务，通过精准定位和推荐，满足不同受众的需求。这要求媒介生产管理具备更强的个性化服务能力，能够根据受众喜好和反馈，灵活调整生产计划和营销策略。

第三，跨界融合将更加深入。随着数字经济的不断发展，各行业之间的融合将更加深入，媒介生产管理需要不断拓展跨界融合的合作领域和模式，与其他行业实现资源共享和优势互补，这将有助于媒体机构拓展业务范围、提升品牌影响力，实现可持续发展。

第四，绿色生产将成为重要考量因素。在环保意识日益增强的今天，绿色生产已经成为各行各业发展过程中的重要考量因素，媒介生产管理也需要注重环保和可持续发展，通过持续优化生产流程、降低能耗、减少废弃物等方式，实现绿色生产。这不仅有助于保护环境、节约资源，还有助于提升媒体机构的社会责任感和公众形象。

第二节　媒介生产成本管理

一、媒介生产成本

（一）媒介生产成本的概念

经济学中的成本是影响产品价格的基本因素。生产成本包括固定成本和变动成本。媒介生产成本是生产过程中各种资源利用情况的货币表示，是衡量媒介生产技术和管理水平的重要指标。

媒介生产成本具体指媒介生产者为生产媒介产品或提供劳动和服务而发生的各项生产费用，包括各项直接支出和制造费用。广义的直接支出包括以原材料、辅助材料、备品备件、燃料及动力等为主的直接材料，以生产人员的工资、补贴为主的直接工资，以及福利费用等其他直接支出。制造费用是指媒介生产印务过程中发生的各项费用，包括印务工作者管理人员工资，印刷设备折旧费、维修费，及办公费、差旅费等。

媒介生产成本和一般商品生产的区别在于媒介产品作为精神产品的特殊属性影响其直接成本的构成。狭义的媒介直接成本是从原材料信息源转化为媒介产品过程中所付出的各种费用及其他要素的总和，包括支付给线人的新闻线索费、以稿费和调查费为主的记者费用、编辑制作费用等。

（二）媒介生产成本的作用

在市场经济条件下，媒介生产成本是衡量媒介生产消耗的补偿尺度，媒介只有以媒介产品销售收入抵补产品生产经营过程中的各项支出，才能确定盈利水平，因此在媒介成本管理中，生产成本的控制是一项重要的工作。生产成本法是目前世界上普遍采用的一种成本计算方法。用生产成本法计算成本时，将生产经营过程中发生的直接材料费用、直接人工费用和间接制造费用计入生产成本，而管理费用、财务费用和销售费用不计入生产成本核算范畴，仅作为当期费用直接计入当期损益。

媒介生产成本是媒介为生产一定种类、一定数量的媒介产品而产生的直接材料费用、直接人工和间接制造费用的总和。媒介产品原材料消耗水平、设备利用的充分程度、媒介从业者劳动生产率的高低、媒介产品技术水平是否先进等，都会通过媒介生产成本反映出来。换言之，媒介生产成本是反映媒介生产经营效果的晴雨表。

（三）媒介生产成本的构成

根据前文所述，媒介生产成本主要由直接材料费用、直接人工费用和间接制造费用三大部分组成。

直接材料费用是指生产过程中的劳动对象通过加工成为半成品或成品，使用价值发生变化所产生的费用。例如，报纸的直接材料费用包括使用油墨、纸张、包装材料、燃料、胶卷等的费用。

直接人工费用是指生产过程中的人力资源费用，可用工资额和福利费等计算。例如，报纸的直接人工费用包括采编人员薪资、管理者薪资、普通工作者薪资以及奖金福利、差旅费等。再如，电视的直接人工费用涉及编导、监制、演员、摄像师、场记以及化妆师、录音师、道具师、后期处理人员的薪资等。

间接制造费用是指生产过程中使用厂房、机器、车辆和设备，以及机物料和辅料所产生的费用。这些费用一部分通过折旧方式计入成本，另一部分通过维修、定额费用、机物料耗用和辅料耗用等方式计入成本。报纸的间接制造费包括水电费、燃气费、暖气费、汽油费、柴油费，其设备折旧费用包括电子拍照系统、打印设备、电脑、录音设备、摄像设备等折旧费用。电视的间接制造费除了直接的设备购置与折旧（包括摄像设备、录音设备、转播车、升降机、灯光设备、道具、布景等器材设备的购置与折旧），还包括后期编辑处理（涉及剪辑、三维特技处理等）时的制作费用。

（四）媒介生产成本的影响因素

媒介生产成本的影响因素一般包括媒介生态、媒介产品产量、媒介产品性质、媒介生产技术、媒介管理水平等。

1. 媒介生态

媒介生态即媒介的生存环境，其涉及经济、政治、文化、行业竞争、社会等多个方面。媒介生态可以直接或间接地影响媒介生产的各个环节，从而影响媒介生产成本。

如果媒介所处地域的媒介生态较好，媒介在生产过程中协调各种关系所付出的成本就较低；反之，媒介在日常运作中的协调成本就较高。媒介生态的好坏甚至能影响一个地区传媒业的整体发展。媒介为适应媒介生态所付出的成本具体包括媒介产品采集成本、竞争应对成本、公关成本以及公信力维护成本等。

2. 媒介产品产量

媒介产品产量对媒介生产成本有以下两方面的影响。一是媒介产品产量的增减能够直接影响媒介单位产品的边际成本，进而影响生产总成本。尤其是在新媒体时代，技术密集型媒介产品初始生产成本较高，但大规模复制的边际成本可能接近于零，而扩大的媒介产品产量将通过摊薄单位成本影响最终的生产成本总额。二是传统媒介的高产量能通过分摊固定成本来降低生产总成本的均值。

3. 媒介产品性质

无论是报纸、杂志还是广播电视、互联网，其媒介产品的生产成本都会受载体特性差异的影响。在纸质媒体中，杂志多使用铜版纸，印刷精美，对色彩精度和纸张克重的要求较高，其单位生产成本一般高于普通报纸。纸质媒介的单位生产成本远高于数字媒介（如互联网产品）。对于电视媒介而言，因为要同时制作音视频内容，其内容制作设备成本通常高于广播媒介。

4. 媒介生产技术

媒介生产技术是直接影响媒介生产成本的因素之一。媒介生产技术水平的提高，能相应提高生产效率，缩短生产时间，降低生产成本。比如中国的印刷技术，西汉时期已经出现在丝织品上采用阴图纹的镂空版印花的孔版印刷术，隋末唐初出现雕版印刷，北宋时期毕昇发明了活字印刷术。在随后的发展中，印刷术历经凹版印刷、平版印刷等技术革新，每一次变革都显著提高了生产效率，从而降低了传播成本。

5. 媒介管理水平

媒介管理通过协调和整合媒介资源配置，实现以最少的媒介资源获取最大效益的目标。媒介管理水平越高，对原材料等媒介资源的利用率就越高，单位产品的资源消耗减少，生产成本相应降低；反之，媒介管理水平低会导致资源利用率低下，推高媒介生产成本。生产环节的成本控制通过对生产要素进行精细化管理，能够有效节省成本。

二、媒介生产成本管理

生产成本是所有生产者获取利润的基石。无论是初始的设计、过程中的生产、后期的销售还是跟踪的服务，都和成本息息相关。加强成本管理是建立媒介现代企业制度的必然要求。媒介生产成本管理，是指媒介根据一定时期预先确定的成本控制目标，由成本管理主体在其职责范围内，在媒介生产发生以前和发生过程中，对影响媒介生产成本的因素和条件采取一系列协调和辅助措施，以保证媒介生产成本管理目标实现。

科学地进行媒介生产成本管理，能在一定程度上促使媒介优化经营管理体系，全面提高媒介的运营水平，使媒介在错综复杂的市场竞争环境中巩固自身的地位并脱颖而出，同时能够规避媒介资源浪费。生产成本优势的取得对于企业的生存和发展至关重要，"成本领先"是企业基本竞争战略。对于竞争常态化、市场成熟化的传媒业而言，加强生产成本管理具有重要的意义。

媒介生产成本管理可以从物质成本管理、人力成本管理、媒介产品业务外包、合理编制媒介生产成本计划、内部成本核算管理、发展成本管理六个方面进行。

（一）物质成本管理

媒介生产的物质成本是媒介在生产过程中用于物质资源的支出，包括原材料消耗、固定资产折旧、基础设施运行等方面的费用。媒介产品虽然是精神产品，但在生产中不可避免地消耗大量物质资源。因此，对物质成本进行控制，是媒介成本控制的重要内容。

硬件资源的统筹在媒介经营管理过程中有着重要作用，需要思考硬件资源的投入与产出平衡，力求用最优的硬件资源组合方式实现媒体运营所需要的效果。例如，云制播方案初期需投入数百万元搭建平台，但四川台通过3年运营已实现成本回收，并因内容产能提升带来15%的营收增长。[1]在智能化改造中，AIops系统的部署成本虽高，但微软Azure的案例显示，3年内每1美元投入可产生4.7美元的能源节省收益[2]，这种"先投入后收益"的逻辑，要求媒介管理者具备战略定力。在传媒产业从"规模扩张"转向"效率深耕"的新阶段，硬件资源的节省已非单纯的成本控制手段，而是驱动商业模式创新、重塑行业竞争力的核心引擎。技术重构、资源共享与模式创新协同发力，已经成为很多媒体机构从"重资产负担"转向"轻资产敏捷运营"、在智能化浪潮中探索可持续发展模式的重要内容。

（二）人力成本管理

媒介人力成本是指媒介在一定时期内，在生产、经营和提供劳务活动的过程中，因使用劳动者而产生的所有直接费用与间接费用。传媒业属于智力密集型行业，人力成本一直是成本支出的重要组成部分。

2009年，在金融危机的影响下，美国报业一季度报纸广告销售下跌了30%，上百家报纸倒闭，直接导致裁减万余职位。即使是实力雄厚的国际传媒集团，也在全球范围内

---

[1] 《媒体云制播新范式：四川台规模应用TVU云调度 加速数字化转型》，https://finance.sina.cn/tech/2025-05-16/detail-inewtxux8505447.d.html?fromtech＝1，2024年5月16日。

[2] 《AIops在互联网数据中心服务器能耗预测与节能策略自动执行中的应用》，https://blog.csdn.net/2501_92430219/article/details/148654728，2025年6月14日。

分别裁员上千人。为了应对金融危机，美国新闻传媒在管理人力成本上相继采用了裁员、减薪、停薪、无薪休假、取消分红等措施；在采编环节缩紧"战线"，减少外地派驻记者。这些举措在一定程度上减少了人力成本的支出。

雅虎、eBay、谷歌等网络巨头在2008年金融危机中也纷纷宣布裁员减薪。2008年10月6日，eBay正式宣布裁员10%，即1500名员工，其中既包括1100名来自eBay拍卖部门的员工，也包括400名来自eBay支付子公司的员工。雅虎在2008年10月21日宣布，由于经济不景气，第三季度净利润骤降64%，将在全球范围内至少裁员10%，人数大约为1500人，预计每年可节省开支5亿美元。而雅虎2008年1月份就已经宣布裁员上千人。

从成本控制角度来看，裁员减薪是人力成本管理中直接且有效的方法，但其负面影响也很大，可能损害媒体机构的社会声誉，并削弱员工的组织认同感。媒体的核心对策是对人力成本进行更精细的管理，通过优化人才结构降低隐性成本，提高人均效能，裁员减薪只是被动应急选择。毕竟，企业可持续发展必须坚持以人为本，始终依赖员工的创造力与能动性。

（三）媒介产品业务外包

我国传媒业在改革进程中培育核心竞争力时需注意，过度集团化和多元化也可能引发负面效应。在系统分析媒介自身优劣势的基础上，整合媒介内部的优势职能和有竞争力的资源，将非核心且缺乏竞争优势的业务外包给专业机构，是媒介谋求发展的重要思路。

媒介可以依据自身实际情况选择一种或多种业务外包形式。媒介产品业务外包是供应链管理思想的重要组成部分，将其引入媒介生产管理中，有助于媒介提升核心竞争力。媒介产品业务外包的形式有市场调查业务外包、人力资源管理外包、财务管理外包、内容制作外包、广告业务外包、发行外包等。

1. 市场调查业务外包

在竞争比较激烈的区域，很多媒介通过调查公司做调查，并将调查数据作为辅助媒体进行战略决策、错位竞争的依据。这些调查公司的业务范围广泛，覆盖从电波媒体到平面媒体、从视听率调查到广告监测、从受众调查到消费形态分析、从满意度调查到数据库管理等多方面的内容。建立在科学客观数据基础上的媒介市场调研成为媒介了解受众、跟踪竞争对手、进入细分市场、进行差异化竞争的有效手段。广告主非常重视媒体的覆盖精度和受众构成，要求在目标区域开通高覆盖度的媒体渠道，并掌握报纸发行量与传阅率、电视节目收视率与观众画像，以达成高投资回报率（ROI）。为了最大化广告收益，媒体要深度解析自身频道定位，并在此基础上通过节目编排制作来提高收视率，满足广告主精准投放需求。媒介调查数据能够指导节目编排决策，实现与竞争者的差异化竞争。媒介自建调查机构往往难以获得广告主与业界的完全信任，将调查业务外包给独立第三方市场调查公司，可提升数据公信力。媒体业务外包使媒体成功"瘦身"，专注于核心业务运作，有助于形成核心竞争力，更好地应对新的挑战。[①]

2. 人力资源管理外包

媒介生产中的人力资源管理外包，是指媒介根据自身需要将非核心人力资源职能交由外部专业机构管理，从而专注于战略性人力资源开发，优化人力资本配置效率。

人力资源管理外包涉及部分非核心人力资源职能，包括薪酬福利调查、员工培训实施、基础人事流程优化、员工满意度调研等事务性工作。涉及企业战略决策的职能（如人力资源建设规划、考核评价制度创新、企业文化定位设计）及法律主体责任事项（如劳动仲裁）通常保留在内部管理范畴。人力资源管理外包有助于媒介减少行政事务性人力资源投入，使媒介能集中优势资源提高核心竞争力。同时，人力资源管理外包有助于媒介规范管理和完善制度，建立完善的人力资源管理体系，有利于吸引媒介精英人才加入。

3. 财务管理外包

当下媒介生产管理复杂度提升，媒介市场环境剧变，这对媒介财务管理提出了更高更专业的要求。媒介运营中，财务管理的地位日益凸显，职能分工持续细化。有些媒介可能因为财务管理执行疏漏而削弱竞争力。媒介财务管理外包是指媒介为了降低成本、提高效率、聚焦核心竞争力，将非核心财务职能委托专业机构处理。财务管理外包的形式包括薪酬核算外包、税务申报外包、财务报告编制外包、应收账款稽核外包以及差旅费用管理外包等。

4. 内容制作外包

内容制作外包在我国的雏形可以追溯到20世纪90年代的制播分离探索，电视剧是制播分离的早期实践领域。彼时，中央电视台等电视台努力尝试成立电视剧制作中心，试图实现电视台体制内的制播分离。制作与播出的专业化分工是电视业发展的趋势，也是市场经济成熟的标志。回溯我国电视业发展历史，我们不难发现，20世纪90年代以前普遍采用"制播合一"模式。这种模式的核心就是自产自销式运作。该模式下，节目的制作消耗大量人、财、物资源，而品牌推广、市场营销及资本运作发展滞后。随着市场经济的快速发展和媒介产业化进程的不断深入，这种模式的弊端日益凸显：首先，自产自销造成节目质量低下；其次，由于缺乏竞争，节目专业化程度低；最后，机构臃肿、人浮于事，效率低下。[②]2009年，原国家广电总局印发《关于认真做好广播电视制播分离

---

① 刘建强：《业务外包：媒体"瘦身"之道》，《青年记者》2006年第8期，第92-93页。

② 李小健：《从制播分离看电视传媒的市场走向》，《电视研究》2009年第4期，第21-22页。

改革的意见》，广播电视行业的内容制作外包进程加速。由于深度内容生产惯性及品牌公信力维系需求，中国纸媒内容制作外包尚处于谨慎探索阶段。互联网媒介的内容外包则日趋成熟，通过UGC（用户生成内容）、PGC（专业机构内容）及OGC（职业生产内容）等模式，实现海量信息多元化供给，覆盖社交、资讯、娱乐等垂直领域。

5. 广告业务外包

现在的广告公司越来越专业化，其全方位的服务和精良的制作能够弥补很多媒介的资源局限。媒介面对的广告商可能分散且业务繁杂，专业的广告代理可以节省媒介的人力资源和时间精力，同时帮助媒介分担广告主违约风险。

6. 发行外包

1949年的全国报纸经理会议和第一次全国邮政会议，以及1950年人民日报社与邮电部邮政总局签订了《关于报纸发行工作的协定》，标志着报纸发行的外包进入实施阶段，这在当时被称为"邮发合一"。[①]随着市场经济改革的深入，"邮发合一"逐渐不能适应报社的发展需要，自办发行的报社不断增加，更多的报社尝试将发行业务外包给其他社会组织，如新华书店、发行公司、物流公司等。在自办发行不经济的区域，依靠外包渠道发行，既可以节省发行成本、规避经营风险，又可以满足读者需求。近年来，中国第三方民营发行企业有效拓展了报刊市场，降低了纸媒发行的成本，以服务和效率赢得了市场认同。

（四）合理编制媒介生产成本计划

媒介生产成本管理的重要方法之一是合理编制生产成本计划。媒介生产成本计划是媒介生产经营总预算的组成部分，是指在媒介成本预测和决策的基础上，根据计划期的生产任务、降低成本的要求及其相关资料，通过规范的程序，以货币形式规定媒介在计划期内产品生产耗费水平、成本降低目标和实施路径。媒介生产成本计划属于媒介生产成本的事前管理范畴，通过对成本的计划与控制，分析媒介实际生产成本与计划成本之间的差异，指出有待加强控制和改进的领域，达到充分整合可利用资源、促进媒介发展的目的。

媒介生产成本计划可以分为两大类。一类是要素费用计划：按生产要素反映媒介生产损耗，可编制材料费用预算、人工费用预算；按成本项目反映媒介生产损耗可编制制造费用预算。另一类是品种法产品成本计划，反映计划期各种产品的预计成本水平，具体包括主要产品单位成本计划和全部产品成本计划。

媒介生产成本计划是考核企业及部门成本业绩的标准尺度。媒介生产成本计划的编制过程如下。

---

① 李时新：《我国报纸发行的外包》，《新闻记者》2007年第5期，第74-76页。

1. 确定编制准则

媒介生产成本计划是项目成本管理的核心，是技术经济性最优的降低成本的方案。媒介可以通过媒介生产成本计划将目标成本层层分解，落实到项目实施的各个环节，以调动全员积极性，有效地进行成本控制。编制生产成本计划的程序因具体媒介项目的规模、管理要求的不同而有一定区别：大中型项目一般采用分级编制的方式，即先由各部门提出部门成本计划，再由项目经理部汇总编制全项目的成本计划；小型项目可以采用集中编制的方式，即由项目经理部先编制各部门成本计划，再汇总编制全项目的成本计划。

2. 收集和整理资料

收集和整理资料是媒介生产成本计划的基础工作。要收集的资料主要包括：国家和上级部门有关编制成本计划的规定；项目经理部与企业签订的承包合同及企业下达的成本降低额、降低率和其他有关技术经济指标；有关成本预测、决策的资料；项目的施工图计划、施工计划；施工组织设计；项目使用的机械设备的生产能力及其利用情况；项目的材料消耗、物资供应、劳动工资及劳动效率等计划资料；计划期内的物资消耗定额、劳动工时定额、费用定额等资料；以往同类项目成本计划的实际执行情况及有关技术经济指标完成情况的分析资料；同行业同类项目的成本、定额、技术经济指标资料及增产节约的经验和有效措施；本企业的历史先进水平和当时的先进经验及采取的措施；国外同类项目的先进成本水平情况等资料。[①]

3. 分析上年度生产成本计划完成情况，确定生产和销售预算

在编制媒介生产成本计划时，首先要全面分析上年度实际生产成本与计划的差距，找出节目制作、发行等环节的超支原因。然后结合新一年内容排期和广告预期，科学预测需要投入的制作工时和销售渠道费用。接着将生产和销售预算按节目类型合理分配，为重点项目设置更高的成本限额，普通项目则严格控制支出。最后建立成本与收入联动的管理机制，确保制作投入根据广告回款情况动态调整。

4. 成本指标的试算平衡

在分析上期生产成本计划完成情况的基础上，结合计划期各种因素的变化和增产节约的措施，进行反复测算，确定计划期的目标成本。测算过程还要与相关计划指标协同平衡，如产品材料计划和物资供应计划、成本计划和资金计划的衔接匹配。

---

① 孙慧：《项目成本管理》，机械工业出版社，2010年版。

5. 编制生产成本计划

通过成本指标的试算平衡，结合媒介的经营要求就可以正式编制生产成本计划了。

（五）内部成本核算管理

在现代企业制度下，内部成本核算是媒介生产成本管理的重要方法。精准的内部成本核算能推动媒介现代企业制度的完善和市场化程度的提高。无论是报纸、杂志等纸质媒体，广播电视等传统媒体，还是互联网新媒体，合理地实施内部成本核算都是增效的关键举措。

（六）发展成本管理

"发展成本"这一概念由牛文元教授协同美国学者哈瑞斯于1996年提出。牛文元教授定义"区域发展成本"为：一个国家或地区为实现经济起飞及战略目标，在区域综合开发过程中所投入的基础性成本。

虽然发展成本不属于独立的成本类别，但它是成本体系的重要组成部分。媒介发展成本是指为达成特定经济效益和社会效益目标，媒介在选择既定的发展道路或实践期冀的发展模式、进行重大战略决策的过程中所付出的成本。

媒介为了实现战略发展，必须进行一系列投入。发展成本管理的价值显现在未来而非当下。当前媒介市场趋向数字化融合，传统媒体可能在缓慢下滑的过程中被淘汰，也可能通过寻找新的发展路径实现持续成长。

当前媒介融合以及向新媒体转型都可能会带来设备、人力成本的上升。但随着网络技术的发展和普及，若拒斥变革，滞后者将付出更高的成本，因为在媒介产品成熟期的饱和市场中，后来者的进入壁垒会更高。因此，媒介在考虑发展成本时，应具有历史观和全局观，这对于传统纸媒来说尤为重要。从长远来看，传媒业的生产效率必然和数字化的工作方式紧密相连，经营空间也随着数字化程度和媒介融合契合度的提高而拓展。

媒介成本管理是媒介的长期战略，战略性生产成本管理是成本管理的高级形态和成熟的发展路径，其关键是通过合理的发展决策，保证媒介的长期竞争力，以求收入持续增长。媒介发展成本管理本质上是一种战略规划，前瞻性决策本身就隐含成本节约，为长期生产成本管理奠定基础，这对于计划走向国际的中国传媒业来说具有重要的指导价值。

对媒介生产成本进行科学管理，具有一定的社会意义和现实意义。媒介生产成本管理通过减少物力、人力、时间等成本资源的消耗来实现经济效益最大化，归根结底就是通过挖掘内在的潜力避免浪费资源，这是一种科学的管理方法。

我国不少媒介近些年在成本控制上进行了一些有益尝试，如加强成本核算、开展网络业务等。在经济全球化的今天，我国媒介应居安思危，摆脱过去不计成本的粗放型发展模式，尽可能实现成本管理的精细化、常态化和科学化。

值得注意的是，媒介生产成本管理有一个不可逾越的底线，即不影响媒介核心竞争力，特别是新闻采编、内容生产等主营业务。无论何时，"内容为王"都是媒介的立足之本，在进行生产成本控制时，要避免对内容生产带来负面影响。

思考题

1. 什么是媒介生产管理？

2. 如何做好报纸生产流程管理？

3. 如何做好广播电视生产流程管理？

4. 如何做好互联网生产流程管理？

5. 如何理解媒介融合生产管理？

6. 如何加强媒介生产成本管理？

第六章

媒介财务管理

在媒介不断走向成熟的过程中，财务管理始终扮演着非常重要的角色。本章的内容分为三大部分，即媒介财务管理的概念与作用、媒介财务管理的实施、媒介财务状况的监测，从而揭示媒介在产业化过程中已经遇到或即将遇到的问题。其中，对于财务管理专业知识只做粗浅的介绍，力图在财务管理专业知识与媒介传播知识这两个不同的学科领域中找到契合点。

第一节　媒介财务管理的概念与作用

一、媒介财务管理的概念

世界上任何一个成功的企业都离不开良好的财务管理机制，我们甚至可以说，财务管理机制关系到整个企业的兴衰成败。

在媒介集团化产业化不断发展、日趋成熟的今天，财务管理已经成为传媒集团的重中之重。尤其是在传媒集团规模扩大之时，每天有大量涉及采编、广告、发行、投资等的现金流出或流入。如果缺乏完善的财务管理系统，企业是难以运行的，更遑论良性发展。传媒集团有良好的财务管理系统做支撑，方能对重组、并购、上市等资本运作进行前瞻性分析、周密计划和高效实施，而这也正是传媒集团走上良性发展道路的关键。当前我国传媒集团还不够成熟，只有建立现代企业制度特别是财务制度，才能跟上国际传媒集团发展步伐。

媒介财务管理是在媒介整体目标指引下，覆盖资产购置、融资和资本运作等的管理活动。财务管理的核心决策职能包括投资决策、融资决策和营运资本管理决策。

企业财务工作包括两部分：一是会计核算，二是财务管理。会计侧重于核算，财务侧重于管理，二者都以资金运动为工作对象。会计核算主要从资金运动的事后着手，财务管理则从资金运动的事前着眼。这两个部分既相对独立又不可分割，如果没有会计的核算以及对现金流的统计，财务管理就无从谈起。

二、媒介财务管理的作用

（一）媒介财务管理的具体作用

具体来说，媒介的财务管理具有以下作用。

1. 提供计划与决策

媒介的财务部门必须认真分析有关历史资料以及企业的经营状况、经营信息，制作相应的财务报表，对企业未来的财务指标做出估计和判断，制订财务计划，然后提供给财务部门主管分析，最后送达企业的决策层，作为决策层分析制定企业战略的重要依据。

这里需要特别指出，媒介的财务预测有别于一般企业，尤其是在广告销售的预测、节目销量的预测、资金流量的预测、节目制作成本的预测和利润预测等方面。媒介的财务计划以货币形式综合反映计划期内进行生产经营活动所需要的各项资金、预计的收入和经济效益。也就是说，财务计划要预测资金的来源和使用方式，提出资金使用的要求。财务计划关乎整个媒介的基本运作。

2. 控制作用

（1）现金流的控制

财务部门需动态监测风险投资、现金管理以及利率变动，确保资金管理合理有效，持续优化资金配置效能。

SMG总裁黎瑞刚在接受北京大学传播学博士李岚的专访时谈到了自己在美国GE公司访问时最大的印象，就是GE非常重视财务管理，尤其是资金的调度和现金流管理，让资金在整个集团里"用活"。黎瑞刚还认为企业的财务管理中很重要的一块就是保证企业有健康的现金流。[①]由此可见，现金流的控制在媒介财务管理中相当重要。

① 李岚：《国有广电传媒集团的产业链和品牌运营——上海文广新闻传媒集团总裁黎瑞刚访谈录》，《视听界》2004年第4期，第16-22页。

（2）监制子公司

媒介集团主要通过财务报表监控子公司。子公司总经理对于重大业务需要经集团总裁批准，但日常管理仍具自主权。媒介集团对子公司进行具体管理，财务报表是重要甚至可以说唯一的手段。此外，子公司在运营中产生的大量现金流由集团统筹调度，可在战略框架内跨领域配置资本。

（3）控制平衡财务收支

平衡财务收支是媒介财务管理的重要目标。其任务是及时根据实际情况，积极调度、合理组织资金，以满足运营的合理需要。平衡财务收支的方法包括：增加收入（主要是广告额以及节目销售额）；降低消耗、节约开支；按规定程序向社会融资、向银行贷款，或者上市。

3. 监督作用

媒介的财务监督具体来说，就是对资金的筹集、使用、消耗、回收、分配等活动进行监督。媒介财务管理的监督作用是非常重要的，我们将在后文对此进行专门论述。

4. 规划资本运作

企业的资本运作是企业管理的高级形式。以国内比较成功的SMG为例，SMG是我国产业门类众多、规模庞大的省级新型主流媒体及综合文化产业集团。这里简要介绍SMG是如何通过资本运作助力媒介经营的。[①]

在A股市场，2015年，SMG旗下的百视通与东方明珠携手成立东方明珠新媒体股份有限公司，合并之后的新公司是市值很大的文化传媒类上市公司，更是国内电视行业资本运作的先行者。与SMG相比，央视、湖南广电等同行并没有如此大的资本运作，央视旗下的上市公司中视传媒、湖南广电旗下的电广传媒和快乐购都只装入了母体业务的很小一部分，并且上市公司与大股东（央视、湖南广电）之间，都是相对独立的运营模式。

而SMG旗下的东方明珠新媒体股份有限公司，拥有SMG七成以上的营业收入，旗下十几个事业群，涵盖影视制作、版权采购、电视购物、广电信号传输、有线电视、互联网电视、移动广告、游戏主机、旅游地产等众多业务板块。换言之，除了电视节目制作和播出板块仍在上海广播电视台中，SMG旗下的大多数业务均已装入上市公司，并且SMG的未来目标是整体上市。高度资本化为SMG向互联网转型带来了更多机会，新上市公司通过定向增发募集了100亿元现金，对于传媒企业而言，版权采购、内容制作都需要大量的资金，100亿元的现金支持给SMG提供了更多空间。

---

① 《资本"连环阵"运作 东方明珠市值超千亿》，https://www.diankeji.com/shuju/22071.html，2015年6月29日。

上市公司的身份也让一系列资本运作更加得心应手，就在复牌前一晚，东方明珠新媒体股份有限公司宣布将出资22亿元战略投资上市公司兆驰股份，此外大股东SMG也将出资11亿元，青岛海尔出资3.7亿元战略入股兆驰股份，新上市公司还与兆驰股份达成战略合作协议。兆驰股份是国内一家电视机、电视盒子等产品的生产商，曾为包括乐视在内的多家品牌"代工"智能电视产品，之前也曾是百视通"小红盒子"的供应商。此次战略合作，兆驰股份将成为东方明珠旗下电视机硬件的制造商和营销商。与乐视、小米等公司不同的是，东方明珠找到了一个战略合作伙伴负责硬件的投入和推广，自身专注于互联网电视内容平台的运营。兆驰股份从一家制造企业，转身成为一家拥有互联网电视生态的公司，盈利模式也从卖电视机获得毛利，变为销售硬件获得用户，并且获得长久的用户付费分成收益。

此前上市公司在互联网电视方面的推广，主要是借助电信运营商、有线电视运营商的2B渠道来完成，而此次新东方明珠几乎没有花钱，就完成了2C端的商业布局。不仅如此，SMG累计33亿元的投资，还将随着兆驰股份市值的飙升实现投资增值。

（二）如何发挥媒介财务管理的作用

1. 明确财务管理工作在企业管理中的地位

财务管理的对象是资金，只要有资金运动就离不开财务管理。这里应当避免两个误区。一种认为财务管理就是资金管理，只要管住钱就可万事大吉，重资金轻核算。这是大大的错误，因为只有加强内部核算，才能真正做到节支降耗。另一种认为财务管理就是管财务的部门，把财务部门与其他管理部门割裂开来，财务管理的触角不能延伸到各项管理工作之中。其实从企业管理的目标、对象、内容、职能上来看，财务管理都是企业管理的核心，它如同心脏一样控制着企业的血液循环，也就是资金循环。一般来说，企业的财务部门主管对整个企业的运营流程最为熟悉，也最能管理好企业，所以很多企业的CEO都是CFO（首席财政官）出身。

2. 打造一支高素质的财会队伍

媒介的财务管理与过去计划经济体制下的财务管理模式完全不同，但和成熟市场经济体制下的财务管理也有一定的区别。媒介产业化正在如火如荼地进行，机遇与挑战并存，只有适应转变中的形势，才能提升财务管理水平。这就需要财务人员持续学习，精准把握法律、金融、税务及经济环境，制定匹配的管理制度。鉴于媒介作为党、政府和人民的喉舌的特殊属性，其运营模式与普通企业存在本质差异。媒介财务管理人员要与时俱进，发挥才智，统筹企业财务体系。敬业爱岗、熟悉法规、依法办事、客观公正、做好服务、保守机密，是每位从事媒介财务管理的人员所必须具备的职业道德素质。

第二节　媒介财务管理的实施

一、建立合理的财务管理架构

我们结合默多克的新闻集团和诸如GE这样的超大型企业的财务部门管理方式来看看媒介可以建立怎样的财务管理架构。

1. 资金主管

资金主管需要做出有关财务管理的决策，这涉及投资（资本预算、养老保险计划）、融资（与商业银行和投资银行的关系、与投资者的关系以及股利支付）和资产管理（现金安排、信用安排）。[1]

2. 税务经理

税务经理主要负责税务管理，如果一个传媒集团的财务部门不擅长税务管理，可能缴纳更多税金。如果财务人员以及税务主管深谙各个国家的税法，能够进行合理、合法的税务管理，纳税额占总收入的比例就会比同类传媒集团要低。[2]

3. 财务经理（或会计经理）

财务经理的首要职责是会计核算。他们还要组织起草财务报告，这些报告主要提供给国内的税务局、证券交易委员会，上市公司还需要提供给股东。[3]在默多克的新闻集团中，对财务经理这一职能进行了分工细化。默多克把会计分成三种：一种是向管理层提供财务报告和决策依据的管理会计师；一种是按照相关规则（如在美国需遵循美国通用会计准则）做财务报告给股东、证监会看的注册会计师；还有一种是既懂会计又懂IT，能够为集团财务ERP管理等提供服务和支持的系统会计师。[4]

一般的传媒集团都采用这样的财政部门"三权分立"形式。当然，在实际工作中，信息在不同部门之间的流动非常频繁，所以职责划分也不可能那么严格。这三个职能部

---

[1]　詹姆斯·C.范霍恩、小约翰·M.瓦霍维奇：《现代企业财务管理（第十一版）》，郭浩译，经济科学出版社，2002年版。

[2]　张志安、王建荣：《海外传媒集团的财务管理》，《新闻记者》2003年第7期，第50-52页。

[3]　詹姆斯·C.范霍恩、小约翰·M.瓦霍维奇：《现代企业财务管理（第十一版）》，郭浩译，经济科学出版社，2002年版。

[4]　张志安、王建荣：《海外传媒集团的财务管理》，《新闻记者》2003年第7期，第50-52页。

门的负责人都直接向公司的首席财务官汇报，而公司的首席财务官直接向首席执行官汇报，首席执行官则对公司董事会负责。这样的权责分明能够使公司的管理有条有理，董事会的决定也能真正落到实处。

二、财务预算

财务预算是利用预算对媒介企业内部各部门、各单位的各种财务及非财务资源进行分配、考核、控制，以便有效地组织和协调企业的经营活动，完成既定的目标。财务预算与业务预算、资本预算、筹资预算共同构成企业的全面预算。

财务预算对整个媒介集团具有重要的意义。精准、客观、全面的预算能使决策层明确企业的收支平衡、资金的流动情况，以及资本运作的质量，及时调整经营决策。财务预算大致应包括以下几点：现金流量预算、净现金流量、现金余额、预计损益表、预计资产负债表（其中包括对资产项目的预测以及对负债和股东权益的预测）。当然，既然是预算，就必然带有预测性和前瞻性。世界上所有成功的媒介集团都非常重视财务预算。以新闻集团为例，默多克十分注重集团的年度财务预算，新一年的集团财务预算一般年前就开始了，由全球子公司底层的员工开始，将下一年度收支预算由下到上一层层汇总报批，直到汇总到默多克手上，经其亲自审批，再逐层下达，一般要用半年时间才能完成整个集团的财务预算。

下面我们就来看看媒介的财务预算要符合什么样的要求以及如何具体实施。

1. 媒介的财务预算要符合客观实际、把握全局、预测未来

符合客观实际指的是财务预算要从客观实际出发，综合考虑内外因素，客观准确地编制预算，不能单纯为了"营造"好的业绩而弄虚作假，否则将导致严重的后果。

把握全局是指根据国家相关政策，做出前瞻性预测。制定预算时一定要考虑到政策的变化。我们的媒介是党、政府和人民的喉舌，发挥着传播新闻、社会教育、文化娱乐、信息服务等多种功能。这要求媒介相关管理人员对国家的政策变化有灵敏的嗅觉，把国家政策的变动灵活地运用于企业管理，财务预算的制定就是其中的关键环节。

预测未来是财务预算的根本属性，如果没有预测未来的能力，财务预算就没有存在的价值。这里所说的预测未来，并不是胡乱猜测，任何经济实体都有其运营规律，我们应懂得利用以往企业运营中得到的数据，挖掘其内在关联，对企业的未来走向做出合理科学的预测。

2. 预算的编制遵循一定的程序

在编制媒介财务预算时，一般应按照"上下结合、分级编制、逐级汇总"的程序进行。

（1）下达目标

董事会或总经理办公会根据企业发展战略和预算期经济形势的初步预测，在决策的基础上，一般在每年9月底之前提出下一年度企业财务预算目标，包括销售或营业目标、成本费用目标、利润目标、现金流量目标等，并确定财务预算编制规则，由财务预算委员会下达各预算执行单位。

（2）编制上报

各预算执行单位按照企业财务预算委员会下达的财务预算目标和规则，结合自身特点以及预测的执行条件，提出详细的财务预算方案，于10月底前上报财务管理部门。

（3）审查平衡

财务管理部门对各预算执行单位上报的财务预算方案进行审查、汇总，提出综合平衡建议。在这一过程中，财务预算委员会应当发挥协调作用，对发现的问题提出初步调整意见，并反馈给有关预算执行单位进行修正。

（4）审议批准

企业财务管理部门在有关预算执行单位修正调整方案后，编制企业财务预算方案，报财务预算委员会讨论。对于不符合企业发展战略或财务预算目标的事项，财务预算委员会应当责成有关预算执行单位进一步修订、调整。随后，企业财务管理部门正式编制企业年度财务预算草案，提交董事会或总经理办公会审议批准。

（5）下达执行

企业财务管理部门一般在次年3月底前，将董事会或总经理办公会审议批准的年度总预算分解成一系列指标体系，由财务预算委员会逐级下达各预算执行单位执行。在下达后15日内，将企业财务预算报送主管财政机关备案。

当然，这里需要说明的是，财务预算在执行的过程中，可能由于市场环境、经营条件、政策法规等发生重大变化，使财务预算的编制基础不成立，或者使财务预算执行结果产生重大偏差，此时就需要适当调整财务预算。财务预算是灵活的，应当与时俱进。

3. 必须采取实时监控措施，以保障预算顺利完成

财务预算一经批复下达，各预算执行单位就必须认真组织实施，将财务预算指标细化，层层分解，在横向和纵向落实到内部各部门、各单位、各环节、各岗位，形成全方位的财务预算执行责任体系。做到用制度安排岗位，按岗位确定人员，岗位责任明确、界限清楚，任何一个环节出现问题，都可以找到相应的责任人，否则编制的预算将形同虚设。

4. 财务预算的期末分析

企业应当建立财务预算分析制度，由财务预算委员会定期召开财务预算执行分析会议，全面掌握财务预算的执行情况，研究、落实解决财务预算执行中存在问题的政策措

施，纠正财务预算的执行偏差。企业分析预算执行情况需要综合财务、业务、市场、技术、政策、法律等方面的信息资料，根据不同情况分别采用比率分析、比较分析、因素分析、平衡分析等方法，从定量与定性两个层面充分反映预算执行单位的现状、发展趋势及潜力。因此，当预算数和实际完成数不同时，既要考虑客观因素的影响，也要考虑主观因素的影响，找出差异的原因，以利于以后预算的制定和企业经营策略的调整。

5. 必须有业绩考核和奖惩措施

企业财务预算执行考核是企业绩效评价的主要内容，应当结合年度内部经济责任制考核进行，与预算执行单位负责人的奖惩挂钩，并作为企业内部人力资源管理的参考。因此，建立完整的考核指标也是保障预算执行的重要举措。

经过详细周密的财务预算，媒介产业的经营者能对企业的运作情况了如指掌，及时应对抓住出现的各种机会，高效进行资本运营活动。

三、媒介产业 ERP

1. ERP概述

ERP（enterprise resource planning）是由美国著名计算机技术咨询和评估集团 Garter Group 提出的一整套企业管理系统体系标准。它建立在信息技术基础上，以提高企业资源效能为系统思想，为企业提供业务集成运行过程中的资源管理方案。它用一种新的管理模式来改造企业旧的管理模式，是一种先进的、行之有效的管理思想和方法。这种管理系统如今在许多大型企业中已经得到了良好的发展，虽然在媒介产业还没有得到普遍推广，但媒介管理ERP以及会计电算化的推广是必然趋势。如果不能跟上这个趋势，媒介的大规模产业化就是空谈。为什么默多克能够在每个星期四收到自己旗下数百家子公司的所有财务报表？这数百家子公司又是如何在每个星期甚至每天及时做出精确的财务报表的？这一切都是ERP系统的功劳。

针对媒介行业强调集团控制、严格预算管理、细化核算管理等业务特点，ERP为媒介行业提供了从计划预算编制到按预算控制频道/频率、栏目、节目、部门开支等成本管理、收益分析的整体解决方案。我们来看看国内ERP软件的"老大"用友软件是如何设计媒介行业的财务管理解决方案的，具体如图6-1所示。

预算管理是集团财务管理的核心，是实现集团经营目标的根本保证。集团的财务核算以预算为前提，依据控制状态进行不同程度的预算控制，帮助集团及其下属成员单位根据自身资源和发展潜力，制定科学合理的全面预算方案，在经营管理的各个环节进行全面控制，以实现既定目标。媒介集团预算管理流程如图6-2所示。

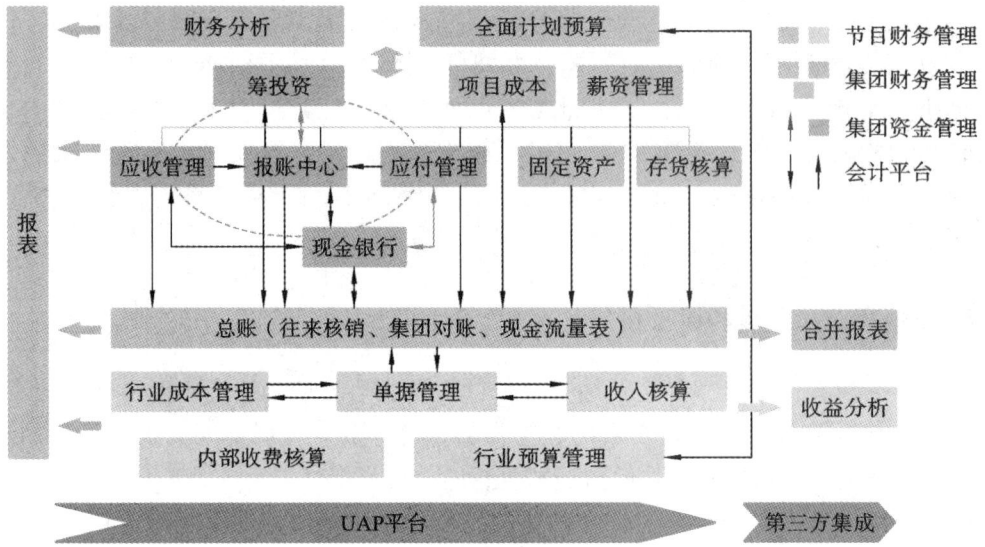

图6-1　媒介集团财务管理解决方案示意图

资料来源：用友软件

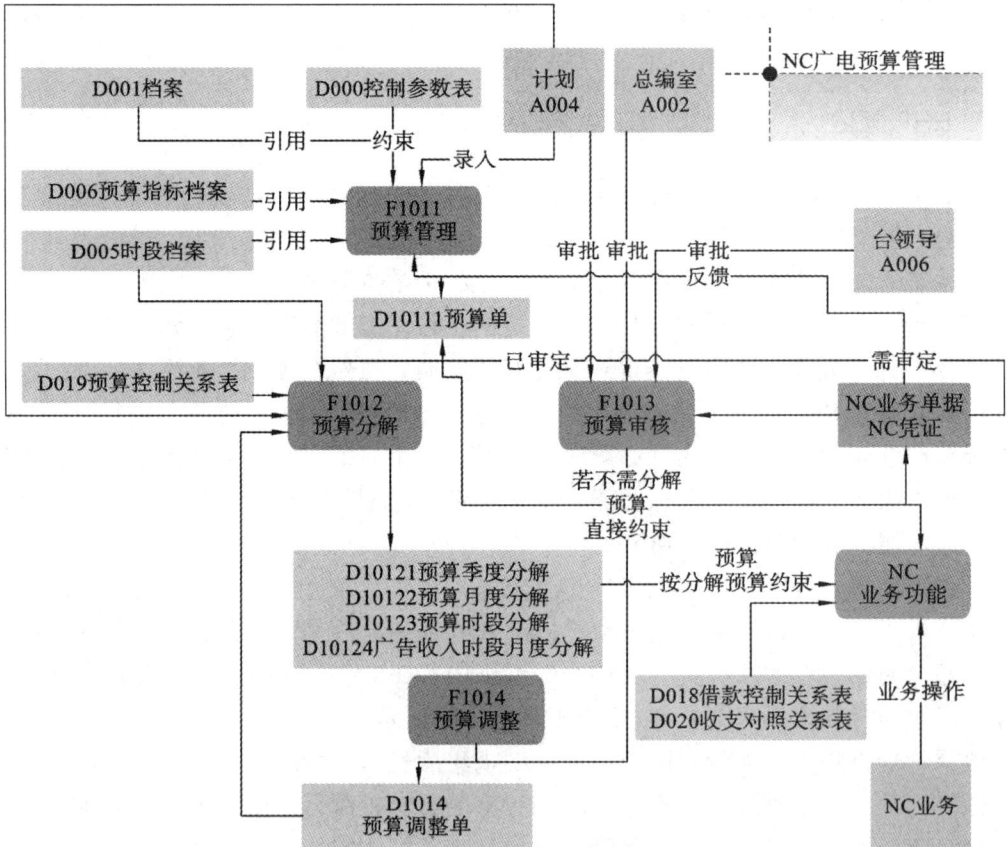

图6-2　媒介集团预算管理流程

资料来源：用友软件

2. 媒介 ERP 的价值

（1）规范集团财务管理体系

按照现代财务管理理念，将媒介集团财务管理过程中的基本业务和数据纳入计算机管理，为建立涵盖全集团（局）、应用系统统一、数据结构统一、业务流程统一、管理规范统一的财务管理体系提供技术支持，为基层业务人员提供适用的标准化、规范化的应用系统；为公司决策层提供详细完整的财务数据和完善的统计、决策分析手段。

（2）实现集团财务数据集中管理

ERP 以业务为核心，以经营管理为导向，实现核心数据集中管理、全局共享（管理权限在集团本部），既能满足由国家政策变化和内部改革引起的业务变化需求，又能满足各个部门财务业务处理的个性化服务要求。

（3）满足媒介行业预算管理、行业核算管理的专项要求

ERP 基于集团统一、全面和完善的预算管理体系，对审批流程进行严格预算，对业务过程进行专项控制与整体管理；为频道、频率、栏目、节目、部门、个人等责任中心提供实时、准确的专项核算；形成对专业预算管理数据、核算管理数据与财务管理数据多层次、多维度的查询与分析。

在电子商务和会计电算化日趋成熟的今天，媒介集团要想更上一层楼，就一定要应用现代化的电子商务软件和会计电算化软件，否则必将被时代淘汰。用友 ERP 解决方案只是众多媒介 ERP 系统中的一种，希望能为媒介集团走向更加专业的 ERP 道路提供一点启发和借鉴。

第三节　媒介财务状况的监测

媒介经营是一种受客观经济规律制约的经济管理活动，也是一种参与市场激烈竞争的企业行为。任何商业竞争都存在一定的风险。面对瞬息万变的市场，媒介可以通过加强财务监测降低经营风险。

一、媒介经营风险

1. 广告费拖欠

电视广告已经进入"读秒时代"，广告费以秒来计，且投放周期往往很长，比如央视每年举行广告投标，中标费用达上亿元之巨。面对这样的巨额费用，很多广告主会拖欠

广告费。而广告是媒介的主要收入来源，广告费的拖欠会严重影响其正常运作。目前广告主拖欠广告费的形式多样——有的拖欠广告费的数额大，有的拖欠广告费的时间长，有的拖欠广告费占企业实际收入的比例大，有的拖欠广告费的企业涉及面广——这些都是媒介经营面临的安全风险。

2. 盲目拓展多种投资领域

一些媒介企业未经客观、真实的市场调研就盲目拓展投资领域，有的利用投资合作项目牟取私利，有的以广告串换形式投资商业项目等。这些做法若运作不规范，都有可能引发经营安全风险。[①]

二、财务监测与预警概述

财务监测与预警，是指在微观财务指标的基础上建立预警模型，从宏观的角度综合反映企业整体财务状况和行业财务状况，并对各个运行指标进行观察、识别，判定企业经济运行的状态，并发出财务预警信号。

财务监测系统的功能主要有以下几种。一是监测，即跟踪企业经营过程，监控企业日常财务状况，在危及企业运行的财务关键因素出现时，预先发现警讯，从中找出偏差及偏差发生的原因，以尽快寻求对策。二是诊断，即根据监测结果，对企业的实际财务状况与行业或标准财务状况进行对比分析，找出企业财务运行恶化的原因以及企业运行中的问题。三是控制，即纠正企业运行中的偏差或过失，使企业回到正常的运转轨道上，挖掘一切可以使用的内外部资源，在发现财务危机时阻止其恶化，控制其影响范围。四是预防，即避免类似情况再次发生，详细记录危机的发生、处理和解决过程，增强企业的免疫力。

基于以上功能，媒介的财务监测系统必须有以下特点。一是高度敏感性。在财务危机初露端倪时，就能通过指标迅速、灵敏地反映财务运行的主要方面。二是强烈的预示性。这些指标必须具有先兆性，指标值的恶化能预示危机发生的可能性。三是可靠性。财务指标本身是如实的、不偏不倚的、可以验证的，这是确保预警系统定量分析具有实际应用价值的重要基础。四是重要性和代表性。指标反映的内容在经济活动中居于重要地位，且具有同类指标的波动特征。五是可操作性和及时性。选择的指标既要反映问题的主要方面又不可过于复杂，且能及时获取相对可靠的数据。六是平滑性。指标对不规则波动的敏感性较低。

① 朱定波：《报业广告市场化运作和规范化管理——泉州晚报社广告经营管理的探索与实践》，《中国报业》2004年第3期，第57-60页。

三、财务监测预警程序

1. 寻找财务预警的警源

警源即警情产生的根源。财务预警的警源包括外生警源和内生警源。外生警源是指由于外部经营环境变化而产生的警源。[①]例如，由于国家产业政策调整，企业被迫转产或做出重大经营政策调整，有可能直接或间接导致巨额亏损。此时，外生警源为政策调整。内生警源是指由于企业内部运行机制不协调而产生的警源。例如，企业投资失误，投入资金是从银行借入的，导致运营资金为负，企业难以用流动资产偿还即将到期的流动负债，很可能被迫折价变卖长期资产，以解燃眉之急。此时，投资失误即成为企业出现财务预警的内生警源。

2. 分析财务预警的警兆

警兆是指警素发生异常变化的先兆。在警源的作用下，当警素发生变化导致警情爆发之前，总有一些预兆。财务预警的警兆，是伴随着现金流量状况恶化而出现的一些财务先导性指标或迹象。分析财务预警的警兆，是财务预警系统的关键一环。[②]从警源到警兆有一个发展过程，一般为：警源孕育警情—警情发展扩大—警情爆发前的警兆出现。财务预警的目的就是在警情爆发前，分析警兆、控制警源、拟定排警对策。警兆又可细分为景气警兆和动向警兆。其中，景气警兆指警兆反映的是经济景气的程度和状况，是萌芽状态的警情或正在成长壮大的警情。此时，警情与警兆之间并未构成某种因果关系。动向警兆是与警情有因果关系、逻辑关系或时间先后顺序关系的先行变量指标。财务预警系统中，反映财务风险状况的一般属于景气警兆，而导致财务风险的经营风险状况属于动向警兆。财务出现风险的景气警兆有现金净流量为负、资不抵债、无法偿还到期债务、过度依赖短期借款筹资等。经营出现风险导致财务出现风险的动向警兆有主导产品不符合国家产业政策、失去主要市场、有负债、损失数额巨大、关键管理人员离职且无人替代等。

3. 监测并预报警度

警度即警情的级别程度。财务预警的警度一般设计为五种：无警、轻警、中警、重警、巨警。警度的确定，一般是根据警兆指标的数据大小，找出与警素的警限相对应的警限区域，警兆指标值落在哪个警限区域，则确定为相应级别的警度。例如，为了监测企业的债务情况，设置资产负债率为警兆指标。设置的警限区域可以为：资产负债率小

---

①　顾晓安：《公司财务预警系统的构建》，《财经论丛》2000年第4期，第65-71页。

②　顾晓安：《公司财务预警系统的构建》，《财经论丛》2000年第4期，第65-71页。

于10%为无警；10%～30%为轻警，30%～50%为中警，50%～70%为重警，70%以上为巨警。

4. 建立预警模型

预报警度有两种方法：一种是定性分析方法，如专家调查法、德尔菲法、经验分析法等；另一种是定量分析方法，包括指标形式和模型形式。模型形式一般是建立关于警素的普通模型，并做出预测，然后根据警限将其转化为警度。

5. 拟定排警对策

预警的目的就是在警情扩大之前，拟定排警对策，从而有效地寻找警源、分析警兆、测定警度，进而采取行之有效的排警对策。监测财务风险和危机的目的是有效地防范财务风险和危机。当实际警情出现或实际警度已测定时，人们的注意力将不再放在财务预警系统上，而是集中于财务排警对策研究。①

四、媒介财务监测预警方法

1. 财务预警系统管理的统计预警方法

统计预警的一般步骤为：设计警兆指标—设置警限和警度—测算预警临界值—确定警兆的警报—预报警度。财务运行是在特定的时空背景下进行的。从时间角度分析，财务运行存在周期性和季节性；从空间角度分析，财务运行存在行业背景和地域差别。根据统计预警方法来设计反映财务运行特征的操作步骤如下。

（1）设计财务运行的警兆指标

同步指标是指与财务运行保持同步的一类指标。先导指标是指先于同步指标发生变化的指标。滞后指标则是滞后于同步指标变化的指标。财务监测与预警的对象不是盈利情况，而是现金及其流动。从现金流量的角度，按"先导、同步、滞后"三个层面，构建潜伏期、发作期、恶化期三个阶段的财务预警的警兆指标体系。

（2）设置各种警度的警限

警兆指标值处于不同的警限，则对应不同的警度。

（3）测算预警临界值

预警临界值的测算步骤如下。

首先，判定测算的指标为何种类型的变量。财务指标有三种类型：第一种是"愈大愈好型"指标，如"经营活动现金净流量"；第二种是"愈小愈好型"指标，如负债总

---

① 张友棠：《财务预警系统管理研究》，中国人民大学出版社，2004年版。

额；第三种为"区间型"指标，如财务杠杆系数，在特定区间内为合理值，超出该区间（无论是高于还是低于），均可能引发警情信号。

其次，测算预警临界值。预警临界值，即经济现象是否出现警情的量化指标。预警临界值的测算不能拘泥于某一经验数据。行业不同、地区不同，预警临界值亦有所不同。

（4）确定警兆的警报和预报警度

在测算预警临界值的基础上，与实际值进行比较，根据警限设置情况预报警度。

2.财务预警系统管理的指数预警方法

指数，广义上讲就是相对数，狭义上讲就是社会经济现象在数量上总变动情况的动态相对数。指数一般分为个体指数和总指数。总指数又包括综合指数、算术平均数指数、调和平均数指数三种。总指数以综合指数为主。

财务预警指数系统由两大部分组成：一是个体指数；二是综合指数。财务预警指数的通用公式为：财务预警指数＝（财务监测实际指标值－财务预警临界值）÷财务预警临界值。若为"愈小愈好型"指标，则算式的子项中被减数与减数的位置颠倒。

财务预警指数体系按照不同的标准可以划分为不同的类型：在时间层面可划分为财务先导预警系统、财务同步预警系统、财务滞后预警系统；在空间层面可划分为经营风险的预警系统、投资风险的预警系统、筹资风险的预警系统；从资本劣化角度可划分为资本周转劣化值测度系统、资本扩张劣化值测度系统、资本结构劣化值测度系统。

在财务预警方法体系中，模型预警也是常用的一种方法。模型预警主要包括多指标综合监控模型预警方法、线性函数模型预警方法和其他模型预警方法。[①]

五、财务状况监测系统的构建

概括地说，财务状况监测系统应包括以下四个方面：风险管理的组织体系、财务风险预警系统、风险管理程序和风险管理策略。

1.风险管理的组织体系

（1）组织结构

根据集团管理体制和公司法人治理结构，风险管理组织机构应由以下三个层次组成。

一是董事会和风险管理委员会。董事会是集团的决策机构，负责制定集团的经营目标和经营政策，并对股东负责。为确保集团在资本运营中实行有效的风险管理，应设立风险管理委员会，委员会由董事长（或副董事长）、董事、审计委员会主任（或副主任）和监事会主席（或成员）组成，履行董事会的日常风险管理职能，并定期向董事会报告

① 张友棠：《财务预警系统管理研究》，中国人民大学出版社，2004年版。

风险管理情况。风险管理委员会的主要工作职责是：①确保集团有完善的内控机制，并对内控和风险管理状况进行评估；②识别集团所面临的风险，明确主要风险区；③审议风险管理策略。

二是风险管理部。风险管理部是以总经理为管理主体的风险管理层，是风险管理委员会下设的风险管理机构，一般由经营管理层和总经济师、总会计师组成。风险管理部的主要工作职责是：①制定集团的风险管理策略并报风险管理委员会审批；②贯彻集团的风险管理战略和政策；③进行风险评估，全面汇报集团的风险状况；④监督业务经营管理部门的操作流程，促使其严格遵循风险管理程序；⑤审查各业务部门的风险报告并评价其风险管理业绩。

三是业务部门。业务部门是风险的日常管理责任者，也是集团整个风险管理组织体系的重要组成部分。它既要执行风险管理部制定的战略和政策，又要协助并支持其工作，还要及时向其报告相关信息。总经理是业务部门的管理者，也是集团在具体经营管理操作中风险管理的最终责任人，在组织业务经营的同时领导集团的风险管理工作，并按分工将风险责任落实到人。

（2）风险管理工作体系

风险管理工作体系包括风险管理评估、风险管理决策、风险管理预警等。

风险管理评估是在对集团内部控制机制进行评价的基础上，运用风险评估方法对集团风险进行识别与评估。

风险管理决策包括以下几点：①制定防范各种风险的规则和指引，规范业务运作；②根据具体的风险特征和状况，研究制定集团风险管理的有效策略；③指导各管理、业务部门落实已制定的防范与处置风险的具体措施；④适时调整对各级管理人员、业务人员和下属分/子公司的授权，如客户的授信审批额度、市场交易成交限额及经营管理权限。

风险管理预警是运用指标及模型对集团的资本运营与报业经营活动、资金运用和财务收支运行动态进行监测，在警情扩大或风险发生前及时发出信号使其充分发挥"警报器"的作用。

2.财务风险预警系统

财务风险预警系统的财务指标体系应能多方位反映企业经营状态和管理水平，覆盖采编、广告市场以及内容生产与经营等环节，揭示重大风险区及可能存在的风险，以便促使集团领导和管理当局及时采取应对措施，防范风险，减少损失，从而达到预警的目的。

财务风险预警系统应由以下六个方面的财务指标构成：①反映支付能力（或偿债能力）的财务指标；②反映存货情况的财务指标；③反映获利能力的财务指标；④反映营运效率与管理能力的财务指标；⑤反映经营管理水平、人员素质状况、经营策略、企业信誉、服务满意度、研发能力等的非财务指标；⑥反映指标变动的外部因素的非财务指标（如宏观调控的税收政策、金融政策、产业政策、市场同业竞争、科技进步、新技术的出现等）。

以上财务风险预警指标应根据集团实际情况和面临的风险，制定财务指标的安全区间、一般风险区间和重大风险区间，以此确定财务预警信号。

实施风险预警系统，必须对预警指标进行事前、事中、事后的经常性监控，即建立预警分析、反映、决策、执行的运行机制，还要对集团的每一重要决策活动可能带来的财务变化进行预先分析测定，判断经营风险程度，为决策提供反馈信息，也要对日常监控中预警的风险，进行快速反应控制，达到预警、纠错、改善的目的。

财务风险管理预警包括预警防范和预警处理。预警防范侧重于事前发现警情和日常控制警情；预警处理则侧重依法处理警情，是事后处理系统。

3. 风险管理程序

风险管理是一个有机过程，通常包括识别和评估风险、分析风险成因、预防和控制风险、风险的损失处理、撰写风险报告等。风险报告是按一定的格式由管理业务系统向风险管理部（或由风险管理部向风险管理委员会）提交风险评估和风险监管情况的内部报告。

4. 风险管理策略

风险管理策略包括规避风险、控制风险、抵补风险、转移风险、分散风险等。

几乎任何企业都会面临财务风险，那么我们可如何防范风险，避免财务问题发生呢？严格挑选财务人员是首要环节。财务总监一般由总经理亲自把关，诚信的品质至关重要。当然，传媒集团都会建立一套比较完善的财务监督机制。例如，财务会签制度——重大决策经业务部门和财务部门论证、同意后，才由决策层来裁定；重大项目合同须多方签字，而不能仅由业务部门或总经理单独签字。此外，总公司会定期对子公司进行检查，如果子公司财务人员发现部门主管存在经济问题，可通过畅通的举报渠道进行越级报告。

传媒集团的财务工作还要接受严格的审计及社会监督，确保公正、透明。在这一方面，上市和不上市的传媒集团存在差异。没有上市的传媒集团，其财务报表主要接受股东大会的监督，股东如果对财务报表有异议，可以聘请审计人员进行调查、审核。上市传媒集团则要把经审计的财务报表（主要是季度报表和年度报表）报送证监会。当然，股东大会同样行使监督权。

第四节　媒介财务分析

媒介财务分析通常以财务报表形式来呈现。我们首先来看看如何通过财务报表对企业的财务状况进行分析。

一、财务报表

1. 财务报表的指标

财务报表既反映了企业的财务状况，也反映了企业整体经营状况。通过分析企业财务报表，能对企业的财务状况及整个经营状况有基本的了解。分析一家企业的财务报表可以掌握能够反映企业经营状况的一系列基本指标和变化情况，了解企业经营实力和业绩，并将其与其他公司进行比较，从而对其内在价值做出基本判断。

按照中国证监会的有关规定，上市公司应披露其中期财务报表（上半年的）和年度财务报表。这样，一般投资者可通过有关报刊查阅上市公司的中期和年度财务报表。中期财务报表较为简单，年度财务报表则较为详细，但上市公司的各种财务报表至少应包括两个基本报表，即资产负债表、利润及利润分配表。

资产负债表汇总了企业在某一时点的资产、负债和所有者权益（总资产＝总负债+所有者权益）。而利润及利润分配表是一张动态表，反映了企业在某一时期的经营成果，从公司的主营业务收入和增长率可以看出企业自身业务的规模和发展速度。理想的企业主营业务应呈阶梯式增长，这样的企业业务进展稳定、基础扎实。我们在分析企业的财务报表时不应独立分析，而应全面综合地分析。分析时，主要考虑以下三个指标。

一是反映获利能力的指标。这包括：资产收益率（资产收益率＝净利润÷总资产平均余额）；股本收益率（股本收益率＝税后利润－优先股股息÷普通股股本金额）；销售净利率（销售净利率＝税后利润÷主营业务收入）。

二是反映经营能力的指标。这包括：存货周转率（存货周转率＝销售成本÷存货平均余额）；应收账款周转率（应收账款周转率＝主营业务收入÷应收账款平均余额）；资产周转率（资产周转率＝主营业务收入÷总资产平均余额）。

三是反映偿债能力的指标。这包括：自有资产比率（自有资产比率＝净资产÷资产总额）；资产负债率（资产负债率＝负债总额÷资产总额）。

当然，除了这三个指标之外，还有反映资产流动比率、市场价值、每股净资产的指标。

2. 媒介产业财务报表的意义

一些大型传媒集团经过多年发展，财务管理已非常成熟。其财务报表是财务部门的主要成果，是总公司控制子公司及考核高级经理的有效手段，也是高层管理者了解企业运营情况的"仪表盘"。其财务报表按照不同的周期，分为周报、月报、季报和年报，是管理子公司的主要手段和基础。一些传媒集团的每周损益表用蓝色封面，因而其周报常称"蓝皮书"。一般来说，"蓝皮书"的主要内容包括：本周经营预测、下周经营预测、本月经营报告、全年经营预测（每月一次）、全年经营报告。[①]传媒大王默多克每周都要对其手下所有子公司的财务报表进行分析，以便随时掌控新闻集团及其子公司的经营状况。可以说，只要有财务报表在手，默多克就能对整个新闻集团的经营状况了若指掌。可见，财务报表在企业管理中发挥着重要作用。

3. 媒介财务报表的特点

（1）表格精美、讲究包装

财务表格的行高和列宽、语言定义、数字格式、计算方式等都有一定的标准。损益表的设计通常由会计师中的电脑高手承担，领导签字后，交由首席财务确认，甚至由总经理审定、批准后方可实施。审定后的"蓝皮书"是企业的高级机密，不能泄露，如果通过电子邮件发送必须加密保护。

（2）财务汇总精确快捷

要想在较短的时间内，把全世界子公司的损益表一级级地汇总起来，没有强大、准确的财务汇总系统是不可能实现的。因此，传媒集团的会计师通常必须掌握先进的财务核算技术，快速做出精确的财务报表。

（3）广告和发行为收入支柱

对于传媒集团而言，收入主要包括发行、广告和其他收入三大类。"蓝皮书"中重要的收入项目是广告和发行，其中，广告是主要收入来源。此外，不少大型报业集团也进行多种经营，如向其他传媒或个人出售内容版权，以此获得可观收入。

（4）统计数据考核基础

财务总监和首席财务官要对财务报表做深入、细致的分类和分析。仅知道本周发行收入很好是不够的，还要清楚每天的发行量、竞争对手表现等。报业巨头尤其关注各类广告的数量、尺寸，每广告单位的收益比，以及收款情况。此外，对新闻纸的分析需要全面而准确，对工资数量的分析也很重要。[②]

二、资金、现金流量分析

一个运营状况良好的媒介每天都会有大量的现金流和资金流，如何处理每天都在出现甚至每天都在增大的资金是媒介财务管理需要解决的一个问题。只有管理好资金流和现金流，才能实现媒介健康有序发展。要分析资金流和现金流，一个行之有效的方法是编制资金流量表和现金流量表。

---

① 张志安、王建荣：《海外传媒集团的财务管理》，《新闻记者》2003年第7期，第50-52页。
② 张志安、王建荣：《海外传媒集团的财务管理》，《新闻记者》2003年第7期，第50-52页。

1. 资金流量表

资金流量表又称资金来源运用表或财务状况变动表。它描述的是具有可比性的资产负债表（资产负债表等于资金存量）在不同时期的净变化。它对于财务经理或债权人来说是非常有价值的，因为其有助于评估企业资金使用情况以及资金筹措能力。[①]当然，资金流量表的意义并非局限于此。在媒介产业中，财务经理必须对企业过去、现在和未来的经营状况有一个宏观的了解，尤其要清楚资金的流动。因为在媒介产业中，资金的流动量有时是很大的，如果没有完善的资金流量计划，可能导致企业周转不灵。资金流量表的作用就在于让财务主管能够及时发现资金运用过程中的问题，并采取适当的措施来控制。

资金流量表对于企业的融资也能起到很好的评估作用。尤其是对于已经上市或者有上市计划的传媒企业而言，企业需要通过过去几年的主要资金来源，确定自身成长所需要的内外资金的比例，这样才能推断企业的总体资金要求和有关的股利支付比例，以调整企业在股市中的政策或上市政策。现在越来越多的媒介都在努力做大，争取挂牌上市以获取更多资金。因此，规范的资金流量表的制定对于传媒集团而言是必不可少的。

2. 现金流量表

现金流量分析主要体现在现金流量表上。现金流量表就是企业在某一时期内的现金收入和现金支出，目的是报告现金流入量和流出量。现金流一般可以分为三类，即经营活动现金流、投资活动现金流、筹资活动现金流。

现金流量表能够使经营者对企业涉及现金的经营、投资、筹资交易等经济活动有相当详细的综合性理解，有助于经营者评估企业当前和未来潜在的优劣势。某一时期企业内部产生经营活动现金流量的能力强，将被视为积极的信号。但即使一家企业能产生非常大的经营现金流量，也未必能保证经营成功。报表使用者需要知道经营现金用于必要投资、偿还债务、支付股利的比例各是多少，过多依赖外部资金来满足重复出现的资金需要也是一个危险的信号。

思考题

1. 如何发挥媒介财务管理的作用？

2. 媒介财务预算要符合什么样的要求？应如何具体实施？

---

① 　詹姆斯·C.范霍恩、小约翰·M.瓦霍维奇：《现代企业财务管理（第十一版）》，郭浩译，经济科学出版社，2002年版。

3.媒介企业应用的财务监测预警系统管理的基本程序是什么？

4.媒介财务风险预警指标体系由哪几个方面的财务指标构成？

5.媒介财务报表具有哪些不同于一般企业的特点？

6.如何运用财务报表对媒介企业的财务状况进行分析？

7.如何编制媒介企业的资金流量表和现金流量表？

第七章

媒介人力资源管理

人力资源管理是媒介管理的重要组成部分。人力资源的管理水平与管理效率关系到媒介的生存、发展和兴衰成败。因此，以正确的观念和理论来认识、指导媒介人力资源管理实践，不断提高管理水平和管理效率，成为媒介的基本职责和使命。

人是生产力中最活跃的因素，这决定了人才是所有资源中最重要的资源。目前，业内高层决策者和专家学者一致认为，21世纪的媒介竞争将集中体现为节目资源的竞争，而这种资源的竞争归根结底是人才的竞争。选择人才、发现人才、培养人才、使用人才，为人才成长创造条件，为人才发展提供空间，既是媒介领导者重要的工作内容，也是媒介发展的重要前提。

第一节　竞争优势与人力资源

"人力资源"这一概念的提出，体现了知识经济时代对认识人、发展人、管理人的新认知。以人为本，以人为据，成为人才管理的根本原则。人的价值、能力、尊严和潜力得到了前所未有的重视。人力资源成为一切资源中最积极的资源，其他资源都受到人力资源的影响和控制。只有人，才能真正使媒介运作产生根本性变化。在面临同样的市场机会时，只有人的优势才具有决定意义。科学开发人力资源，将合适的人安排在合适的岗位，成为媒介人力资源管理的重要环节。

一、竞争优势与人力资源的特点

竞争优势是媒介管理中的核心概念。要想在竞争激烈的市场中取得成功，媒介必须拥有别人没有的资源，这种资源就是媒介的竞争优势。

1.优势资源的四个条件

产品、品牌、专利权、市场定位、技术等都有可能成为优势资源。这些优势资源要想成为持久的竞争优势，必须具备以下四个条件：一是该资源本身有价值，能为企业创造价值；二是该资源是稀缺的，并非随处可得；三是该资源不易被模仿，即竞争对手很难在短时间内复制；四是该资源难以被替代，即其他企业难以用其他资源来取代这项具有竞争优势的资源。

如今，许多从事战略管理的企业领导人，都已接受并坚持竞争优势理念。他们在进行企业内部监督和制定发展规划时，会积极寻找有价值的、稀缺的、不易被模仿的、难以被替代的资源。鉴于资金、物业等要素很难形成竞争优势，企业的产品品质、特色、品牌等便成为竞争的焦点。

2.真正的竞争优势是人才

在媒介管理的竞争优势中，决定媒介兴衰成败的关键是人力资源，尤其是优秀的人力资源及其有效管理。媒介经营者要将适当的人安排在适当的位置，以适当的方式激励他们，使其价值得以提升，进而使媒介的整体价值获得飞跃式提升。没有人才，即使其他资源再多，也难以发挥作用和创造价值。任何资源的合理利用、分配以及调控，都必然要落到人身上，因而人的优势才是具有竞争力的持续的根本性优势。

3.媒介人才的优势特色

媒介要想充分发挥自己的人力资源优势，并对其进行有效管理，就要先了解媒介人才的优势特色。

媒介人才具有一般人力资源的特点。

（1）差异性

人的个性千差万别，作为自由主体的个人具有不同的思维方式、情绪反应、特殊偏好、人生目标以及特长。人不同于资金、设备、原料等资源，不能被任意调配、使用。领导者不能期望每个员工的个性都符合自己的期望，尊重员工的个性，就是尊重组织的发展。同时，个人的能力也有一定的差异，不同方面的能力是不平衡的。人力资源的合理利用，重点在于使某个人在某一方面的能力得到最大限度的发展，或是挖掘某个人在某一方面的潜力。

（2）自主性

人力资源都是具有自主意识和独立精神的个体，他们有权依据自己的专业、特长、能力、兴趣等，选择自己愿意从事且能够胜任的工作。挑选工作的合理要求如果被限制，既是对人力资源的不尊重，也是对可能会产生的转变现存工作状态的机会的放弃。领导者强行将员工安排在他不擅长的岗位上，也是一种人力浪费。

（3）发展性

发展性是人的基本特性。在适宜的工作环境和发展机会中，每个人都有发展潜力。领导者必须认识到，人具有可塑性，其发展需要依托一定的条件，而这需要领导者主动识别并为高潜力员工提供发展资源。

从总体上看，媒介人才与其他人才相比，还有一些自己的特点。

（1）专业教育

媒介人才大多接受过高等新闻与传播专业教育或相应的培训。受过专业教育的媒介人才在适应性上具有更大的优势，并能以最快的速度进入工作角色。

（2）信息传播

媒介人才的工作一般与信息传播有关。记者、编辑、导演、导播、播音、演员、编剧、社长，甚至发射台技术人员、印刷厂工人等，都与信息传播有密切的关系。信息传播是媒介工作的核心，所有的人力资源都直接或间接服务于这一工作。

（3）社会效用

传播业是思想交流的保护者，是信息传播的放大器。当代社会，没有哪个行业能像媒介工作者那样对社会产生如此巨大的影响力。

（4）富有魅力

美国的一项职业魅力调查显示：新闻记者的职业受羡慕程度在一万多个职业中排在前10。

（5）沟通能力

媒介作为大众传播机构，其人员具有相对良好的沟通能力。新闻记者在采访过程中要与人进行直接交流，播音员、主持人在面对话筒、镜头时也要与观众进行沟通。为了保证信息传播的效果，媒介人员必须确保其沟通是有效的。所以，媒介人员在沟通技巧、社交能力等方面比普通人更具优势，这是其专业特性所决定的。

二、竞争优势与人力资源的管理

人力资源的优势不仅表现在人才本身的素质和特色上，也表现在对人才的有效管理上。

1. 人才生命周期与管理策略

媒介产品有自身的生命周期。人才也有自己的生命周期，从引入、成长到成熟、衰退，这个阶段可称为人才生命周期。有效的人才管理，是领导者对人才生命周期的各个阶段都很关注，尽可能保持人才的竞争优势。

（1）引入阶段

新人进入企业后的两三年，为引入阶段。此时，经过训练或教育的新人对企业的一切事物从陌生到熟悉，并且在其负责的工作中摸索出一套模式，但表现一般不是很出色。

（2）成长阶段

在这一阶段，人才逐渐成长，其人际关系网络逐步建成，创造性进入活跃时期，对自己的传播业务已相当熟悉，表现相当不俗，符合领导者的期望。只要领导者管理得法，他们的才华就会得到充分施展。

（3）成熟阶段

进入这一阶段，人才有了足够的工作经历，积累了丰富的专业知识和技能，但面临发展与突破的瓶颈。此时，媒介领导者若能给予他们适当的训练、进修、调职或晋升、提拔机会，将有助于人才生命周期的活性循环。

（4）衰退阶段

人才进入这一阶段有快有慢，也有人不会经历这一阶段。人才一旦进入衰退期，往往缺乏职业敏感性和创新精神，缺乏工作积极性和主动性，心力和才力也明显不足。

针对人才生命周期问题，媒介相关负责人应制定相应的管理对策，以免限制人才或用人不当，造成人力资源浪费。

2. 媒介人才的管理原则

（1）能位对应原则

要让一个人的工作能力与其工作岗位相称相符。适合做编辑的人就让其当编辑，适合跑外勤的人就让其当记者，熟悉体育的就让其当体育记者。总之，要做到量才而用，人尽其才，让"英雄有用武之地"。

（2）优势互补原则

每个人都有不同的个性特征，不同的人才都有自身的长处。一个媒介如果只有同一种类型的人员，那么它注定是死气沉沉的。人力资源管理要注重媒介员工特质的互补效应，实现媒介人力资源的结构优化。现在不少媒介在招聘人才时都注意到了这个问题，招聘人员时不再局限于新闻学专业和文、史、哲专业，还包括法律、计算机、印刷、工程技术、自动化控制等专业。各种专业出身的人才加入"媒介大军"，大大加强了媒介队伍智能的互补、知识的互补及个性的互补，有利于形成媒介的竞争优势，提高媒介的工作效率。

（3）动态管理原则

人才的成长是一个缓慢的渐进式过程。尽管我们不排除有一部分人走上工作岗位后能迅速脱颖而出，但对于大多数人来说，他们的成长因受到各种因素的制约和影响，往往要经历一个过程。因此，人力资源的管理不可能"一岗定终身"，不能把人"管死"，而要用发展的眼光看待人才的成长。媒介要创造宽松的成才环境，允许人才合理流动，要在不同的岗位观察、考核每位员工的表现及其发展潜力，为其提供进修、培训等继续教育机会，以利于员工的知识更新。所有这一切，都能促使各类人才在动态管理中找到适合自身发展的道路。

（4）奖惩并举原则

赏罚分明是人事管理中卓有成效的一种手段。对工作成绩突出的员工给予奖励很重要，对违纪失职的员工给予惩罚同样重要。奖励可以鼓舞员工的斗志，激发他们的工作热情，避免出现懒散情绪，预防差错和事故的发生，具有鞭策作用。媒介组织的领导者一方面要关心、爱护员工，另一方面要对他们的工作、学习提出严格的要求。因此，建立一套可量化的、操作性强的激励机制和约束机制，是媒介人力资源管理的重要内容。只有具备严格、公正、公开、公平的赏罚环境，才能使人才保持旺盛的创造力和战斗力。

3. 媒介人力资源整合

媒介人力资源具有丰富性和全面性。人力资源整合成为媒介管理者在媒介发展中需要关注的问题。所谓"整合"，不是简单叠加，也不是机械重复，更不是粗暴弃用，而是通过对人力资源的重新分配、统筹和运用，使人力资源中有竞争优势的方面得到长足发展，产生"1+1＞2"的综合效应。在整合前，必须注意人力资源是否有整合的必要性，是否具备整合的条件，并非所有情况都适合整合。一般而言，人力资源整合要考虑以下方面。

（1）受教育情况

媒介员工的受教育情况不尽相同，接受的培训、进修机会也不一样。在同一家媒介，具有不同专业和学历的员工可以形成优势互补。在大众传播过程中，仅有新闻专业知识是不够的，优秀的媒介人才必须掌握多种信息资源、了解多种学科知识。不同的受教育情况可以使不同专业员工实现优势互补，更好地完成信息传播的任务。

（2）工作经历

人才不同的工作经历对于媒介发展而言，既是一种经验共享，也是一种人际资源。拥有不同工作经历的员工在一起工作，可以充分发挥原有工作优势，并充分利用之前的人际关系网。

（3）能力

能力的整合主要体现为合作的精神，媒介工作相当强调团体合作。没有哪个人能够独立负责大众传播的全过程。在能力的整合上，媒介领导者要注意整个传播流程的程序性和完整性，以此确定各个工作岗位上的人员。

（4）个性

人的个性是需要加以尊重和保护的，其在工作中会产生极大的作用。个性整合是保证媒介正常运作、减少摩擦和矛盾、加强整体协调性的一种重要的整合形式。

（5）动机

每个人选择某种工作都有一定的动机。动机直接影响员工的工作状态。媒介管理者应清醒地认识到员工的工作表现背后的动机，对不同的员工进行不同的引导和激励。这种整合更多地依赖于媒介管理者对媒介员工表现的敏感度和洞察力。

三、职业计划与职业发展

近些年，在一些组织的人力资源管理与开发中出现了一种新的职能和方法——职业计划。在"以人为本"作为基本理念的人力资源管理工作中，制定并施行职业计划，无论是对组织还是对员工，都是百利而无一害的，是一种典型的"双赢"方案。

1. 职业计划的概念

概括地说，职业计划包含两个方面的意思。

第一，组织中的绝大多数员工都有从自己现在和未来的工作中获得成长、发展的强烈愿望。为了实现这种愿望，他们制定了实现成长、发展和不断追求满意职业的计划。

第二，在广大员工不断成长、发展的强烈愿望推动下，人力资源部门为了了解员工个人成长和发展的方向及兴趣，不断增强他们的满意感，使其愿望能与组织的发展和需要统一协调，开发了一个新的职能——职业计划。从组织的角度来看，人力资源部门制订的协调员工个人成长与组织需求的计划就成为职业计划。员工个人期望在职业生涯中持续成长、发展的计划，成为个人职业计划。组织通常会对个人的职业计划提供指导，而员工也需参考组织意见制订个人职业计划。

2. 职业计划的类型及主要内容

职业计划的类型及主要内容会随着职业生涯发展进入不同阶段而有所不同。根据职业发展的不同阶段，职业计划可以分为职业探索阶段计划、立业与发展阶段计划、职业中期阶段计划和职业后期阶段计划。

职业计划的内容一般包括员工个人对自己的评估和组织对员工的评估。

（1）员工个人对自己的评估

员工个人对自己的能力、兴趣以及职业发展要求和目标进行分析和评估。每位员工，特别是刚进入工作岗位的员工，可以对自己提一些问题，并根据对这些问题的回答分析自己的能力、兴趣爱好，以制订符合自己的能力、兴趣爱好和人生发展需要的职业计划。

（2）组织对员工的评估

组织能否正确评估员工个人的能力和潜力，不仅直接影响员工的职业计划制订和实施，也会影响组织合理地开发、引用人才。其评估方法主要有以下两种。

一是在选聘员工的过程中收集相关信息资料。这些信息资料包括能力测试结果，员工自己填写的相关教育、工作经历，以及人才信息库中的有关资料。二是收集员工在当前工作岗位上的表现的信息资料，包括工作绩效评估资料，以及晋升、推荐或工资提级等方面的情况。

很多组织通过对员工的工作绩效评估这一传统方法来评估员工的能力和潜力。这种传统方法是建立在"从过去的表现看目前的表现，从过去和目前的表现预测未来的表现"这一传统观念基础上的。其实，这种方法并不科学，存在许多问题，甚至可能造成失误。首先，工作绩效评估可能并不能真正评估出个人的能力和潜力。在工作绩效评估中，往往会因评估人的偏爱或歧视以及评估体系的局限性而造成效度和信度降低。再次，即使通过工作绩效评估，发现某些员工在目前的工作岗位上干得不错，也无法确认他是否有能力和潜力去从事更高级或更复杂的工作，同样不能说明某些在目前工作岗位上干得不理想的员工不能胜任更高级或更复杂的工作。因此，这种传统的评估方法面临严峻的挑战。

一些组织逐渐采用更为科学的方法如心理测试和评价中心等，来测评员工的能力和潜力。其测评内容一般包括口头联络技能、口头表达能力、书面表现能力、工作激励能力、创造能力、领导能力、组织与计划能力、分析能力、判断能力和管理控制能力。西方一些国家的大企业设有自己的员工能力和潜力测评中心，配有经过特殊培训的测评人员。其通过员工自我评估以及测评中心的测评，能较确切地测评出员工的能力和潜力。这对于员工制定切实可行的职业计划具有重要的指导作用。

员工进入组织后，要想制订切实可行的个人职业计划，就必须获得组织内有关职业选择、职业变动和空缺的工作岗位等方面的信息。同样，从组织的角度来看，为使员工的个人职业计划切合实际、能够实现，就必须注意将员工职业发展的方向、职业发展途径，以及相关职业技能和知识等方面的要求及时地利用企业内部报刊、公告或口头传达等形式传递给广大员工，以便让对该职位感兴趣、认为该职位符合自己职业发展方向的员工进行公平的竞争。

3. 提供职业咨询

组织的人力资源部门以及各级管理人员需要密切关注员工职业需求和职业目标的可行性，为其提供全方位的辅导，使员工清晰地了解自己的职业计划目标。辅导人员要基于各方面的信息资料，对员工的技能和潜能做出准确评估，并在此基础上，对其职业计划目标及实现路径提供专业指导。

4. 职业开发路径

职业计划是人力资源管理的新职能。结合我国实际情况，企业在帮助员工制订职业计划时可以从以下几个方面入手。

一是鼓励员工对自己目前的工作绩效进行评价，特别是对自己工作中的表现进行评价。

二是各级管理人员及人力资源管理部门对员工的自我评价进行审核，依据工作职责中的相关内容对员工的绩效进行合理的评价。

三是在自我评价与组织评价的基础上，组织指导员工根据自己的实际情况和组织目前与未来发展的要求，制订职业计划。个人职业计划的实现，离不开个人的主观努力，但也有赖于组织公平而及时地提供各种信息和机会。另外，组织还要注重培养员工的基本职业素质，鼓励员工参加各种职业开发活动。

第二节　媒介人才的选择与任用

一、人才选用的循环与方式

1. 媒介人才选用与发展循环

在选择、任用和培养人才时，少数媒介仅着眼于短期效益，多数媒介则立足于长远规划，通过循环渐进的步骤构建人才发展的良性循环。

2. 媒介人才的选用方式

媒介选择、聘用员工的方式往往会因岗位和职能的不同而有所不同。当前，国内外比较常见的媒介人才选用方式主要有以下几种。

（1）社会招聘

社会招聘是指媒介根据工作需要向社会公开招收工作人员。具体做法是：媒介根据工作需要发布招聘启事，公布所需要人才的种类、条件和数量，并规定相应的物质待遇；然后，对报名应聘者进行考试或考核，择优录取，量才使用，并签订合同，明确规定双方的权利、义务以及合同期限。这种选用方式有利于发现和启用传播人才，有利于人才的竞争与发展，有利于"任人唯贤"和避免人才浪费。

（2）聘用兼职

聘用兼职是指媒介聘请社会上的传播和管理人才到本单位来从事有偿的智力劳动。媒介所聘请的兼职人员都有一技之长，有的甚至是某方面的专家，有一定的知名度和美誉度。聘用兼职人员可以挖掘现有传播与管理人才的潜力，也可以缓解媒介人才紧缺的状况，起到花费少、收效大的作用。由于兼职人员一身二任，既要保质保量完成本职工作，又要保质保量完成兼职工作，媒介可与其签订目标责任，而不是强求其坐班。

以上人才选用方式主要是针对尚未正式进入媒介机构的众多人才所提出来的类似于"守门人"的选用方式。对于媒介内部的人才选用，可采用以下方法。

（1）评议推荐

可以每年举办一次评议推荐活动，先个人述职，再民主评议，最后投票推荐，媒介领导以得票的多少决定每个人的领导职位和工作岗位。

（2）竞争上岗

将一些部门的岗位在内部公开招标，实行竞争上岗。招标是由上级主管部门领导与媒介领导组成评审委员会，全体中层以上干部旁听，分别听每个投标小组陈述工作设想，而后与会者就小组人员组成、现行政绩、工作方针、发行打算、组织管理、印象等进行评审、打分，选出中标小组。

二、如何发现与任用媒介人才

人才的发现，可以从两个方面探讨：一是在媒介内部识别人才，二是在媒介外部发现人才。在媒介内部选拔晋升人才，有几大好处：第一，可以满足被选拔人才的自我发展和得到尊重的需要，在心态上提升其对自我价值的认同和对媒介的忠诚度和归属感；第二，可以激励和鼓舞媒介内部其他员工的士气和战斗力，产生隐性竞争的内在动力；第三，可以节省在媒介外部选拔人才的费用、时间和精力。事实上，在某些情况下，不是媒介缺少人才，而是媒介管理者缺少发现人才的眼光。当然，在媒介外部发现人才也是相当必要的环节。

识别和发现人才可以通过以下途径来进行。

（1）在实践中识别和挖掘

媒介人才是在传播活动中成长起来的，也要通过传播活动去识别。媒介人才的德才学识可以在日常工作、学习、生活中反映出来，单纯依靠档案、鉴定、报告来选拔人才，往往是不全面的。这就要求媒介领导者在所需人才的岗位领域进行广泛考察，注意这类人近年来的实践表现，进而从中选出理想人才。

（2）构建搜寻人才的渠道

媒介领导者不仅自己要勤勉地寻找人才，还要通过广泛的人际关系去发现和搜寻人才。

（3）建立一个优秀候选人储备库

媒介领导者要在平常做有心人，注意将与媒介工作岗位有关的人才记录在案，并留意其发展动向。一旦需要或此人想跳槽，即可立即将其引进，放在适当的岗位上大胆使用。

总之，媒介领导人将时间花费在识别和发现优秀人才上，是很有远见的投资。

三、如何驾驭和留住媒介人才

对于驾驭和留住媒介人才，可以运用内部营销理念来加以认识。内部营销是一种把员工当成消费者的哲学，是取悦员工的哲学，其通过能够满足员工需求的工作安排来吸引、发展、刺激、保留能够胜任的员工。它强调员工及其需求，把员工当作与目标市场客户一般重要的服务对象，体现了人力资源管理中积极的协调作用，通过内部的沟通、信任、协调来促成媒介组织外部任务的达成。媒介管理者必须认识到，媒介人才的需求是值得重视的，这直接关系到能否使媒介对人才产生长久的吸引力。这种需求既包括员工在工作成就、社会认同、人际关系、自我实现等方面的要求，也包括员工对媒介本身的发展要求，以及管理者对媒介发展的要求。要使这些需求实现内在的和谐一致，就必须使媒介内部产生共同的利益追求。只有真正理解人才的需求，才能驾驭和留住人才。

四、岗位首席制

近年来，媒介组织设首席记者和编辑、首席播音员和节目主持人、首席节目/栏目制片人等岗位的现象颇为流行。这种岗位设置制度，我们将之统称为"岗位首席制"。然而，到目前为止，对岗位首席制本质、适用条件以及在媒介组织人力资源管理中的价值探讨很少。这里基于组织使命与个体价值实现，对岗位首席制的本质、现实意义、运用方式等略做探讨，旨在为媒介组织提高管理效能提供思路。

（一）首席制的本质与基本功能

首席记者的英文是"chief correspondent"。其中，"chief"含"主要的"之意。在组织中，它通常有"角色重要""地位举足轻重""责任重大"等含义。现今企业中流行的CEO（首席执行官）、CFO（首席财务官）、CTO（首席技术官）等，除了责任重大、角色重要之外，还有"地位显赫、德高望重"的含义。

1. 岗位首席制的本质

媒介组织的岗位首席制本质是什么呢？我们认为，媒介组织的岗位首席制是在组织的相关业务层面，根据媒介组织发展和竞争的需要，设置若干专业性的关键岗位，以期在未来的竞争格局中获得领先优势的一种制度安排。

2. 岗位首席制的特征

媒介组织的岗位首席制具有以下特征。

（1）具体性

它是一种独特的岗位，而不是荣誉称号。这种岗位的主要特征是数量少，以聘任制为基础，考核体系相对完整。

（2）关键性

在组织中的关键部门设置该岗位。通常设置于媒介组织中层位置上。

（3）竞争性

这些岗位具有竞争性。它是媒介组织中一些关键部门设置的少数富有竞争性的岗位。

（4）独特能力

竞争性的一个基点在于受聘人员具有独特能力。这种能力不同于一般性知识和能力，具有排他性和他人不可拷贝性，如工作思路和思维独特、风格迥异、个性和外表魅力。

（5）专业性

竞争性的另一个基点在于对专业性的考评。现阶段，就媒介的主要职能体系而言，新闻业务部门是重要基础之一，因此新闻业务部门的专业性自然成为首席制关注和施行的重点领域（包括记者、编辑等）。简单地说，新闻业务部门的能力是媒介组织核心竞争力的重要组成部分。然而，随着媒介组织和媒介产品功能与角色的演变，媒介组织的核心竞争力体系逐渐发生变化。因此，不同性质的媒介组织以及一个媒介组织的不同阶段，其首席岗位的设置会有所不同。

（6）激励保障性

这种对核心专业能力的激励方式，主要通过富有竞争力的薪酬体系和工作条件得以实现，旨在吸引并保留顶尖人才。

（7）战略性与未来导向

岗位首席制的设置与组织的长期发展战略紧密结合，对于提升媒介组织在关键业务领域的竞争力具有重要作用。同时，它聚焦于未来发展需求，是个体卓越能力与组织长远目标融合的结果。

3. 岗位首席制的功能

在媒介组织中设置的岗位首席制具有一些独特的功能。

首先，这一制度使岗位人员肩负起组织的使命，并在组织中发挥举足轻重的作用。就媒介而言，该岗位承载的功能蕴含着更重的责任担当。该岗位的人成为一种榜样、一种声音、一个观点，甚至是一面旗帜。

其次，由于媒介本身的传播功能，岗位首席者的行为在受众中形成了支持媒介组织的正面口碑，因此具有较大的影响力。在某种程度上，首席即报纸、电视频道的品牌。这或许是现在首席制现象盛行的主要原因。

再次，实现有效激励，弥补已有分配制度的不足。由于长期计划经济体制的影响和媒介组织角色的独特性，分配制度平均化在媒介行业中显得更为突出。这与媒介行业高变革性要求严重脱节。因此，首席制的出现是分配与激励制度变革的产物。实施和计划实施首席记者制的媒介组织，在介绍该制度时都会注重将之与"激发员工的创造性和积极性""坚持事业发展目标与个人需要目标相结合""坚持物质激励与精神激励相结合"相联系。

最后，稳定队伍。首席制既然与激励相结合，就意味着它包含了"成就认可"和"对历史贡献认可"的成分。其本身具有荣誉称号、肯定专业性成就、认可对组织和社会的影响力等内容，该岗位获得者作为组织成功的榜样人物，对组织中的成员产生正面影响。

总之，有效的媒介组织岗位首席制的实施，能为组织营造良好的人力资源竞争环境、优化人力资源配置、提高人力资源效率、提高组织效能与竞争力做出贡献。

（二）媒介组织岗位首席制的产生背景和实施现状

1. 产生背景

一方面，媒介组织的岗位首席制是随着20世纪90年代中期大量涌现都市类报纸，人才短缺以及竞争白热化而产生的，随后向其他类型媒介组织蔓延。另一方面，观念认识上的突破，为媒介组织的岗位首席制提供了思想基础。作为智力高投入产业，人才是关键，竞争主要是人才的竞争。与此同时，媒介组织的内部机制改革、组建集团、集中资源优势、实施"集团化战略"等举措成为媒介体制改革的工作中心。

外资企业推行人才"本土化"，高薪聘请优秀的主持人、记者、编辑，我们应当积极应对。国内的新闻出版单位要建立吸引人才、留住人才的机制，解放思想、与时俱进，并深化内部机制改革、劳动人事分配制度改革，争取实现更大突破。

2. 实施现状

媒介组织岗位首席制的基本操作实践是：根据部门大小设一至数岗，聘任合同期一般是1～5年，总薪酬是其他员工的数倍。通常是根据过去工作表现、竞聘陈述或者部门负责人综合考核推荐，经媒介组织的（编务）领导会议讨论通过。

比如，某省已经在省电台、省电视台设置了首席播音员和节目主持人。按照规定，首席播音员和节目主持人聘期为两年，聘任期间享受正高级专业技术职务相应待遇，每月发放特殊津贴，并可以在播报和主持节目时表明其首席播音员和节目主持人的身份。该省还逐步推行首席记者/编辑、首席节目/栏目制片人等各项改革。

再如，某省级都市类报纸设有首席记者和首席编辑。采用一年一聘制。首席记者的工作任务考评按月规定"大稿"发稿基数，"小稿"不做要求；奖金设置保底线，上不封顶；年度评价采用上级、同事和自评相结合的方式。

当前的岗位首席制实施既有负面影响也有正面影响。其负面影响表现为工作压力增加、同事关系紧张；正面影响是收入增加、有一定的品牌效应。对媒介而言，其核心优势并未因此而显著提高。

（三）媒介组织岗位首席制的实施要点

岗位首席制作为人力资源管理的一种制度安排，本身不具有正面或负面特质，关键在于如何运用和组织实施。我们认为岗位首席制的实施需要注意以下几点。

1. 基于目标规划

是否在组织中实施岗位首席制，首先要从组织的需要出发。组织发展的目标规划及阶段性规划是决定是否实施该项制度的基础，切不可人云亦云。另外，事先对首席岗位进行职位描述，使之具体明确，具有可操作性，以及实施过程中的信息反馈，也是必要的。

2. 构建良好的评价体系与约束机制

首席岗位不同于组织的其他岗位，其具有导向性和模范性。评价体系是否具有科学性和有效性，直接影响其实践效果。它不能简单地用个人层面的量化指标，如"几篇文章"或"几篇大文章"来评价该岗位受聘者，而应基于组织和部门层面的目标来构建评价体系。

3. 品牌体系的持续构建

不可否认的是，首席岗位承载着组织的品牌和正面效应作用，并由此构建媒介组织的竞争优势。然而，这是一个持续构建的过程。设置首席岗位时，要考虑不同阶段发展需要以及短期和长期的需求。

4. 岗位首席制不是目的，只是手段

岗位首席制在实施过程中要考虑专业岗位和非专业岗位的特征与差异，关注个体激励的同时，兼顾团队的作用和激励，以免出现"领导满意、同事不满和个人压力"的局面。岗位首席制的目标是优化组织运行与提升竞争力。首席岗位不能演变为终身制，避免福利化或僵硬化；更不能变成轮流制或名额平均化。岗位首席制要考虑员工职业生涯规划，构建协作团队，同时开展有效的员工培训和责任教育，使员工职业发展与组织发展协同。

5. 激励手段的运用

激励服务于组织的整体目标。要针对不同目标采用不同的激励方式。在实施岗位首席制时，尤其需要将物质激励（如薪酬、津贴）与精神激励（如荣誉、发展平台）有机结合，形成系统化的激励组合。毕竟岗位首席制并非万能钥匙，它只是组织激励体系的重要组成部分，需要与其他管理手段协同作用才能实现效能最大化。

第三节　媒介人力资源的培训与发展

媒介领导者不仅要善于选拔和使用人才，而且要重视培训和造就人才。培训与发展是人力资源管理中提升竞争优势的关键工作。科学的培训与发展不仅使媒介员工能够胜任目前的工作，更能使媒介人才有足够的知识与技能来面对将来的新任务；同时，培训与发展也体现了媒介对员工前途的重视和关心，这种投资能增强媒介的凝聚力和向心力。

一、培训与发展的意义

（一）培训与发展的含义

培训，就是根据媒介发展需要，对媒介员工进行有目的、有计划、有组织的培养和训练，以提高他们的知识水平、传播技能、政治素质和职业道德水准。发展，则是指媒介员工在接受培养、训练、教育与实践过程中实现成长、深化与提升的系统过程。通过这一过程，个人的知识由少到多，技术由粗到精，认识由浅入深，思想由单纯到成熟，工作由被动到主动。

随着信息化程度不断提高，新观念、新知识持续涌现，各类传播技术和手段也在不断更新迭代，媒介员工要想适应时代发展、社会进步和工作环境变化，就必须积极参与甚至主动争取各类培训与发展学习机会，从而为自己积累更多竞争优势。同时，媒介领导者也应建立健全媒介员工培训与发展计划，为媒介持续注入生机与活力。

（二）培训与发展的作用

1. 增强竞争优势

在日益激烈的媒介竞争中，真正决定媒介生存发展、兴衰成败的是人力资源的素质。一个媒介若没有一大批高素质的人力资源，是很难赢得竞争优势、立于不败之地的。重视培训与发展，不仅可以提高员工现有的工作能力，而且可以提高媒介产品质量和营销业绩，从而增加利润、获得竞争优势。

2. 提高员工素质

通过科学的培训与发展，媒介既能提升产品质量和营销业绩，也能提高员工素质。

重视并推行在职培训与发展，从表面看，在有限投入中直接受益的是员工，但真正受益者则是媒介。

3. 激励人才上进

培训与发展也是媒介对员工或优秀员工实施的一种奖励，因此应将培训与发展同员工的工作表现、晋级提干结合起来：只要员工有出色的表现和业绩，就应为其提供深造机会，并在晋升提拔等方面予以优先考虑。唯有如此才能鼓舞士气、激励上进。

4. 迎接未来挑战

媒介发展的未来既难以预计又充满风险，谁能预先为此做充分准备，谁就能在未来的竞争中占据有利位置。但是，一些媒介在制定战略规划时，忽视了人力资源的培训与发展，结果当环境发生变化出现良好机遇时，却没有合适的人去把握，从而失去了迅速发展的良机。所以，在制定员工培训与发展规划时，领导者要将其与媒介的发展目标紧密结合，使其成为实现媒介远期战略任务的一项有效投资。必要时还应请专家协助进行人力资源培训与发展工作，使其适应未来的变化和发展，避免人力资源能力滞后。

二、培训与发展的原则

根据我国的实际情况，媒介员工培训与发展的原则包括以下几点。

1. 培训发展与实际使用相结合

在媒介行业，员工的培训与发展是一项至关重要的工作。其中，培训发展与实际使用相结合的原则更是确保培训效果最大化的关键所在。这一原则强调员工的培训内容紧密贴合实际工作岗位需求，确保员工在接受培训后能够迅速将所学知识应用于实际工作，实现知识与技能的转化。

在实际操作中，这一原则要求培训机构或企业深入了解员工的工作职责、工作流程以及所面临的挑战，从而制定具有针对性的培训计划。培训内容不仅要包括基本的理论知识，更要注重实践操作技能。通过模拟实际工作场景、案例分析等方式，使员工在培训过程中感受到工作的真实氛围，提高解决实际问题的能力。同时，培训与发展还应与员工的职业发展路径相结合，应根据员工的个人特点和发展潜力，为其规划出清晰的职业发展蓝图，并在培训过程中不断引导员工朝着目标前进，这样员工在接受培训时就能更加明确自己的发展方向，增强学习的动力和针对性。

此外，培训成果的评估也是实现培训发展与实际使用相结合的重要环节，应建立完善的培训效果评估机制，定期对员工的培训成果进行检验和反馈。通过评估结果可以了解员工在培训中的收获和不足，进而调整培训计划，提高培训质量。所以，培训发展与实际使用相结合的原则是媒介员工培训与发展的基础，只有确保培训内容与实际工作紧密结合，才能实现员工个人能力的提升和企业整体绩效的提高。

2. 专业学习和个人发展相结合

在媒介员工培训与发展体系中，专业学习和个人发展相结合的原则同样有举足轻重的作用。这一原则旨在平衡员工在专业领域的技能提升与个人成长、职业规划之间的关系，确保员工在获得专业知识的同时，实现自我价值的提升和人生目标的达成。

专业学习是媒介员工不可或缺的一部分。随着媒介技术的不断更新和市场的快速变化，员工需要不断掌握新知识、新技能，以适应行业发展的需求，因此企业应当提供丰富的专业培训资源，帮助员工提升专业素养和业务能力。这些培训可以包括专业知识的讲解、技能的实操演练，以及行业前沿动态的分享等。然而，仅关注专业学习是不够的，员工个人的成长和发展同样重要，企业应当关注员工的个人兴趣和职业规划，为其提供多元化的发展机会。这包括：鼓励员工参与跨部门合作项目，帮助员工拓宽视野、积累经验；支持员工参加行业交流活动，帮助员工建立人脉、了解行业动态；提供晋升机会和职业发展指导，帮助员工实现职业目标。

在实际操作中，可以通过制定个性化的培训计划，将专业学习和个人发展相结合。例如，针对员工的个人特点和职业兴趣，设计专门的培训课程和项目，让员工在提升专业技能的同时，感受到个人成长的喜悦。此外，还可以建立导师制度，让经验丰富的老员工担任导师，指导新员工在专业学习和个人发展方面取得进步。通过坚持专业学习和个人发展相结合的原则，媒介可以培养一批既具有专业素养又具有个人魅力的优秀员工，不仅能为企业创造更多的价值，还能让工在职业生涯中不断进步、实现自我价值。

3. 全员培训和重点发展相结合

在媒介员工培训与发展策略中，全员培训和重点发展相结合的原则体现了全面性与针对性的统一。全员培训意味着所有员工都有接受培训的机会，不论其职位高低或经验丰富与否，都可以接受必要的职业技能培训，以适应行业的快速发展和变化。重点发展是指在全员培训基础上，针对关键岗位和核心人才进行更加深入和系统的培养，以发挥他们的专长、挖掘他们的潜力，为企业创造更大的价值。

全员培训是确保企业整体运营水平的重要方法。媒介行业作为一个高度依赖人才和创新的行业，员工的整体素质和能力直接关系到企业的竞争力和市场地位，因此定期为全体员工提供必要的培训，不仅可以提高他们的工作效率和质量，还能增强他们的归属感和忠诚度，为企业的稳定发展打下坚实的基础。

全员培训并不意味着所有员工的培训内容和方式都一模一样，应针对不同岗位和员工的实际需求，制订个性化的培训计划，以实现重点发展。对于关键岗位和核心人才，应当进行更加深入系统的培养，包括高级技能培训、管理能力提升、领导力培养等。这些重点发展对象往往是企业未来发展的中坚力量，他们的成长和进步将直接推动企业的整体发展。

在坚持全员培训和重点发展相结合原则时，需要建立一套科学有效的培训机制，包括确定培训目标、制订培训计划、选择培训方式、评估培训效果等多个环节，同时还需要打造一支专业的培训团队，负责培训的组织和实施工作，确保培训的质量和效果。通过坚持全员培训和重点发展相结合原则，媒介可以既保证全体员工的基本素质和能力提升，又能针对关键人才进行有针对性的深入培养，从而打造一支结构合理、能力突出的员工队伍，为持续发展提供有力的人才保障。

4. 在职培训与脱产学习相结合

在职培训与脱产学习相结合，是媒介员工培训与发展策略中不可或缺的一环。这一原则旨在平衡员工工作与学习的需求，既保证了员工能够在实际工作中不断提升技能，又为他们提供了深入学习和思考的机会，从而推动员工的全面发展。

在职培训强调在工作环境中进行学习和提升，这种培训方式具有实时性、针对性和实用性。企业可以在员工于实际工作中遇到问题时，立即进行相关培训，解决问题并提升员工技能，还可以根据员工的工作表现和需求，灵活调整培训内容和方式，确保培训效果最大化。通过在职培训，员工可以更好地将所学知识和技能应用于实际工作，实现工作与学习的无缝对接。

脱产学习为员工提供了一个更加系统、全面和深入的学习机会，员工可以暂时脱离工作岗位全身心地投入到学习中去，深入掌握新知识和新技能，拓宽视野和思维。这种学习方式有助于员工形成完整的知识体系，提升综合素质和创新能力。同时，脱产学习还可以让员工有机会与其他行业的专家进行交流互动，从而获取更多的行业信息和前沿动态。

在职培训与脱产学习相结合的原则要求企业在制订培训计划时，充分考虑员工的实际需求和发展阶段。对于新员工和基层员工，可以更多采用在职培训的方式，帮助他们快速适应工作环境和提升基本技能。而对于中高层管理人员和专业技术人员，则可以更多采用脱产学习的方式，为他们提供深入学习和思考的机会，推动他们的专业发展和创新能力提升。此外，还可以通过建立学习激励机制，鼓励员工积极参与在职培训和脱产学习，如可以为参加培训的员工提供一定的奖励或晋升机会，或者将培训成果作为员工绩效考核的重要依据，这样不仅可以激发员工的学习热情，还可以增强企业的整体学习氛围，提升员工的创新能力。

通过坚持在职培训与脱产学习相结合的原则，媒介可以构建一个多元化、立体化的培训体系，满足员工不同层次的学习和发展需求，从而推动企业实现可持续发展。

三、培训与发展的形式

根据我国的实际情况，媒介员工培训与发展有以下四种形式。

1. 新人训练

新人训练是媒介员工培训与发展的基石，它对于新员工的快速融入和成长至关重要，旨在帮助新员工了解公司的文化、规章制度、业务流程等，以便他们能够尽快适应工作环境，投入到工作中去。

新人训练通常包括公司介绍、岗位职责说明、工作流程演示等内容。通过公司介绍，新员工可以了解公司的历史、愿景、价值观等，从而对公司产生归属感和认同感。岗位职责说明则可以帮助新员工明确自己的工作职责和目标，为日后的工作提供指导。工作流程演示则可以让新员工了解公司的业务流程和操作规范，避免在工作中出现错误和疏漏。除了以上基本内容，新人训练还应注重实践性和互动性，通过模拟实际工作场景、案例分析等方式，让新员工在实际操作中学习和成长，同时培训过程中应鼓励新员工提问和分享，增强他们的参与感和自信心。

新人训练的效果直接关系到新员工的留存率和工作表现。因此，媒介应高度重视新人训练工作，制订科学合理的培训计划，确保新员工能够快速适应工作环境，为媒介的发展做出贡献。

2. 专业训练

专业训练是媒介员工培训与发展的核心内容，旨在提升员工在特定领域的专业技能和知识水平。对于媒介行业而言，专业训练不仅关乎员工个人的职业发展，更是媒介保持竞争优势的关键所在。

专业训练的内容丰富多样，涵盖从基础理论知识到高级技能应用的各个方面。例如，在新闻采编领域，专业训练可能包括新闻写作、采访技巧、编辑排版等方面的内容；在广告营销领域，专业训练则可能涉及市场调研、广告创意、媒体投放等专业知识。专业训练的形式灵活多样，包括线上课程、线下讲座、实践操作等。通过线上课程，员工可以随时随地学习新知识；线下讲座则能为员工提供与专家面对面交流的机会，解决他们在工作中的困惑；而实践操作则能够帮助员工将理论知识转化为实践能力，提升工作效率和质量。

专业训练的重要性不言而喻，它不仅能够提升员工的专业素养和能力水平，还能够增强员工对企业的忠诚度和归属感。通过专业训练，员工可以更好地适应行业变化和市场需求，为企业创造更多的价值。然而，专业训练并非一蹴而就的过程，需要持续投入大量的资源和精力，制订科学合理的培训计划，选择合适的培训方式和内容。媒介应高度重视专业训练工作，将其作为促进自身发展的重要战略，通过持续不断地开展专业训练，提升员工的专业素养和能力水平，为自身发展注入源源不断的动力。

3. 管理训练

管理训练是媒介员工培训与发展中不可或缺的一环，旨在提升员工的管理能力和领导水平，为媒介培养一批优秀的管理人才。在媒介行业，随着企业规模的不断扩大和业务范围的日益拓展，对具备管理能力的人才需求也愈发迫切。

管理训练的内容涵盖多个方面，包括团队管理、项目管理、决策分析、沟通协调等。通过团队管理训练，员工可以学习如何组建高效团队，激发积极性和创造力；项目管理训练能够帮助员工掌握项目规划、执行和监控的关键技能，确保项目按时按质完成；决策分析训练能够提升员工在复杂情境下做出正确决策的能力；沟通协调训练则有助于员工更好地与同事、上下级以及外部合作伙伴进行有效沟通。

管理训练的形式同样多样，包括案例分析、角色扮演、小组讨论等互动式学习方式，能够帮助员工在模拟场景中学习和实践管理技能，增强学习的实效性和趣味性。同时，可以邀请业内资深管理者或专业讲师为员工进行授课和分享经验，让员工从他们的成功案例中汲取管理智慧。

管理训练对于媒介的长远发展具有重要意义，通过提升员工的管理能力，媒介可以构建更加高效、稳定的组织结构，提升整体运营效率。优秀的管理人才还能为企业带来更多的创新思路和战略视野，推动媒介不断向前发展。媒介应加大对管理训练的投入力度，制订完善的培训计划，为员工提供充足的学习资源和成长空间。通过持续不断地开展管理训练，媒介可以打造一支具有专业素养和管理能力的人才队伍，为企业的未来发展奠定坚实的基础。

4. 领导人训练

领导人训练是媒介员工培训与发展的最高层次，旨在培养具有战略眼光、创新思维和卓越领导力的企业领导者。在媒介行业这个充满变革和竞争的市场环境中，优秀的领导者能够带领媒介迎接挑战、把握机遇，实现持续稳健发展。

领导人训练的内容既包括对行业趋势、市场竞争、企业战略等宏观层面的深入分析，也涵盖对领导力、决策力、影响力等微观层面核心能力的全面提升。通过训练，领导者能够深刻理解企业的使命和价值观，明确企业的发展目标和战略方向，并具备制定和执行战略的能力。领导人训练的形式通常更加高端和个性化，包括高级研讨会、领导力工作坊、企业内外交流学习等。这些形式不仅为领导者提供了深入学习和交流的平台，也让他们在实践中不断磨炼和提升自己的领导力。高级研讨会可以邀请行业内的专家学者或成功企业家分享他们的经验和见解，为领导者提供新的思路和启发；领导力工作坊可以通过模拟实际情境，让领导者在实践中学习和掌握领导技巧；企业内外交流学习则可以让领导者拓宽视野，了解其他企业的成功经验和做法，为自身企业的发展提供借鉴和参考。

在领导人训练的过程中，还应注重培养领导者的创新思维和团队协作能力。创新思维是企业持续发展的不竭动力，领导者需要具有敏锐的市场洞察力和前瞻性的战略思维，能够带领团队不断开拓创新，探索新的商业模式和发展路径。团队协作能力则是实现企业战略目标的重要保障，领导者需要善于激发团队成员的潜力和创造力，建立高效协作的团队文化，共同推动企业向前发展。

领导人训练对于媒介的长远发展具有深远影响。一个优秀的领导者能够引领媒介不断突破自我、追求卓越，实现媒介的愿景和使命。通过领导人训练，媒介可以培养出一批具备高度战略眼光和卓越领导力的领导者，为企业的未来发展提供强有力的支撑和保障。媒介应高度重视领导人训练工作，将其作为提升自身核心竞争力的关键举措，通过制订科学合理的训练计划、选择合适的训练方式和内容、投入足够的资源和精力，打造一支具有高度领导力的人才队伍，在激烈的市场竞争中立于不败之地。

新人训练、专业训练、管理训练和领导人训练共同构成了媒介员工培训与发展的完整体系。这四个层次相互衔接、层层递进，共同推动着媒介员工的成长和进步。通过这一体系的有效实施，媒介能够打造一支高素质、高能力的员工队伍，为媒介持续发展和创新提供坚实的人才保障。

四、持续性学习

从狭义上看，培训和发展指的是根据媒介员工的实践情况，让员工在特定阶段集中时间和精力进行短期的再学习，以更好地适应未来的工作以及开发自己的潜能。从广义上看，任何组织对员工的培训和发展都不应是一种短期行为，而应是一种持续的、终身的学习发展行为。很多管理学家认为，21世纪组织的优劣标准在于，能否在市场中保持生存的活力和动力以及发展的可能，而要使组织在市场的考验下持续生存并具有旺盛的生命力，就必须将组织建设成为学习型组织。学习型组织概念的提出，体现了管理思想中的一个重大转变，即从"用人干工作"转变为"用工作育人"。学习型组织强调学习对于组织发展的必要性。组织要适应瞬息万变的社会环境，必须不断学习。这种学习是不分阶段的，每时每刻都要进行。

对于媒介来说，培训和发展不是仅仅关乎被管理的员工，也不意味着仅有基层员工需要提高和学习。对于媒介管理者来说，持续性学习尤为重要。要保持持续性的学习氛围，强调知识共享是非常必要的。无论是在阶段性的培训和发展中，还是在日常的工作实践中，知识、信息、资料、人际关系、资源网络等的共享都是使员工获得被信任感，并被鼓励去学习的重要动力。所以，媒介人员的培训和发展不应是微观层面的行为，而是与媒介发展战略有密切关联的宏观层面的行为。在媒介内部建立起一种鼓励学习和发展的文化氛围，不仅是对媒介员工个人的要求，也是媒介自身发展的内在要求。

第四节　媒介人力资源的绩效考核

对媒介人员的工作绩效进行考核，是媒介领导者管理人才的出发点和重要环节。绩效考核的过程，是衡量与判断媒介员工思想和工作品质优劣的过程，也是体现媒介人事管理核心水平的过程。因此，科学把握媒介人员绩效考核的内容、原则和方法，对有效开展绩效考核工作具有重要意义。

一、绩效考核的意义与作用

（一）媒介人员绩效考核的含义

绩效考核是指对媒介人员的政治觉悟、工作成绩、工作态度、工作能力、学识、品行、性格及健康状况等进行综合考察和评价。

绩效考核的目的在于全面、客观地评定媒介人员是否胜任其工作，是否具备潜力，是否需要改进和调整，并以此决定对考核对象的任用和待遇。对于绩效突出的人员，要进行表彰奖励，符合条件的要提拔任用；对于不称职的、绩效不佳的人员，要进行批评教育，或降职、免职、调岗。

对媒介人员的考核，重点应放在他们为实现特定目标所展现的工作效率、工作能力及所取得的效果、效益上。也就是说，要看他们做了什么，而不是看他们说了什么；要看工作的结果，而不是看工作的过程。总之，就是要看绩效，看效果和效益。

（二）媒介人员绩效考核的意义

1. 考核是媒介人力资源管理的重要环节

在构成人力资源管理制度的诸多环节中，考核工作与考试、招聘、任用、选拔、奖惩、升降、任免、培训等工作一样，都是十分重要的环节。其目的是对员工的工作进行多方面的考察和评价。考核环节中，对每个员工的评价是否客观正确，直接影响到其他各项管理制度的实施，也影响到媒介内部人才队伍的建设。

2. 考核是总结经验教训的有效手段

对媒介人员的工作表现进行考核，其根本目的是帮助其总结经验教训，使其从感性认识上升到理性认识，进一步发扬优点、纠正缺点，在工作中不断提高思想和业务水平。

3.考核是发现和选用媒介人才的客观依据

通过严格考核，媒介领导者对员工各方面情况有了较为全面、客观的了解，从而也就为人尽其才找到了客观依据。

4.考核是调动媒介人才积极性的有效措施

考核能激励先进、鞭策后进，还可以使员工有紧迫感和危机感，从而促使其积极投入竞争。

二、媒介人员绩效考核的方针与原则

（一）绩效考核的十项方针

施尔曼认为，要增强考核的客观性和真实性，媒介领导者应注意遵循以下十项方针。

第一，考核应预留足够且持续的时间。

第二，考核应保持冷静与客观。

第三，考核应有助于改善考核对象的工作表现和行为。这就要求考核工作不仅找出员工的错误和缺点，而且要找出出现错误和缺点以及工作表现欠佳的原因，并提出切实可行的改进意见。

第四，鼓励表达意见。不要将媒介员工置于消极被动的被考核者位置上，而应允许他们陈述事实、解释原因、表达诉求。这有助于媒介领导者充分认识工作的难度，准确地找出原因。

第五，如实反馈考核结果。向媒介员工反馈考核结论，一定要诚实、客观、实事求是，既不要掩饰其不足，也不要高估其成绩。

第六，申明意见仅供参考，并非绝对标准。强调反馈意见具有参考性和不完整性，以便考核工作留有调整空间。

第七，不要以其他员工为例。反馈信息的重点在于该媒介员工的表现以及你对他的期望。即使其他员工的情况与他有相似之处，你也不能要求他必须取得优于其他员工的结果。

第八，避免强调难以克服的困难和缺失。有些困难既难以避免又难以克服，有的缺失属于固有特质，强调它们有害无益。

第九，确定讨论仅限于与工作有关的行为。未影响工作表现的一些个人行为不应成为考核和讨论的话题。

第十，具体举例，避免敷衍。与媒介员工交换意见应具体务实，注意运用一些具体的事例来说明问题。

（二）绩效考核的六大原则

1. 严肃认真

只有严肃认真，考核才能全面反映员工实际情况，做到用人得当、奖惩适度；否则，考核就会流于形式，并贻误工作，产生不良影响。

2. 客观公正

考核必须从实际出发，实事求是，客观公正地对考核对象做出恰如其分的评价。这就要求考核者避免主观性和片面性，不要用主观想象代替客观事实，或用感情代替政策。

3. 德才兼备

对于德与才的认识和考察不能失之偏颇，必须坚持两者兼备，既考核媒介员工的思想觉悟和道德品质，又考核其知识水平和业务能力。

4. 全面考核

这要求考核内容全面、形式多样，既考核媒介员工的思想品质、业务能力和一贯表现、现时状态等，又要采用多种方式，从多角度、多层面进行考核，同时需要突出考核重点。这样才能提高考核的可靠性和科学性，考核结果才能令人信服。

5. 注重绩效

媒介人员的绩效是其思想水平、理论功底、工作能力和传播效能的综合体现。注重绩效能够为客观评价、有效激励和人才发展提供坚实基础。

6. 民主科学

考核必须坚持民主化，充分听取群众意见，改变过去那种封闭式、神秘化的做法，增强考核工作的透明度。同时，还必须坚持科学化，确保考核标准具体、准确，考核方法多样、科学，考核工作经常化、制度化。

三、媒介人员绩效考核的方法

（一）考核的基本方法

考核方法是整个媒介人员绩效考核系统中的一个重要组成部分，是考核目的、考核内容得以实现的保障。考核方法是多种多样的，选用什么方法进行考核，要依据考核目的、对象的不同，以及考核要素、标准的不同而定。但是，不论采用何种方法，都必须尽可能做出客观、公正、全面、准确的评价。

管理学对于人员的评估考核有一种被称为"360度评估"的方法。360度评估方法不仅包括对个人能力的评估，还包括来自上司、下属、同事、团队、顾客以及其他适当途径的评估。它的核心理念是，从更大更全面的范围中综合考察一个人的业绩，实现全方位的评估。这种评估模式不一定适合各个媒介的实际情况，但也给了我们一定的启示，即对人的考察应当是全面的、基于多方反馈的，而非孤立和割裂的。

考核的基本方法主要是坚持"三个结合"：一是领导考核与群众评议相结合；二是经常考核与定期考核相结合；三是多种方法相结合。对于媒介领导，还可以结合本部门的工作总结、组织群众评议或民意测评、上级评估等进行考核。

（二）考核的具体方法

1. 民意测验法

由考核小组深入考核对象所在单位，向群众发放民意测验表，要求收到表格的人对表格中考核对象的思想品质、原则性、工作成绩、业务能力、威信、成果等分别进行评价，而后汇总整理，得出量化指标。

2. 考试考查法

由考核人员聘请专家拟定口试、笔试题目，让考核对象回答，以了解其基础理论、专业技术和文化知识的掌握程度。

3. 工作标准法

这是一种按照岗位责任制，预先确定媒介工作人员的各项具体任务和要求，将其分解为若干细目，而后以此作为考核标准的考核方法。

4. 分定考核法

这种考核方法先分类、分级、定时、定量确定考核指标，然后对考核对象逐项评分，依据得分多少来评定考核结果。

5. 情景模拟法

这种考核方法将考核对象置于一个模拟的工作情景（如新闻采写、文件处理）之中，要求其在规定时间内完成达到一定标准的任务，然后运用各种评价技术，测评其工作效率和应变能力，以确定其是否适合从事某项工作。

6. 成果鉴定法

这种考核方法将考核对象一段时间的劳动成果（如新闻作品、影视节目、编辑的报纸版面、书籍、广告作品、科研成果等）集中起来，让有关专家进行分析评判，从而对其理论水平、业务能力和创造能力做出直接而客观的鉴定。

（三）考核的基本程序

1. 个人述职

媒介员工根据岗位责任制和考评标准进行自我对照检查、自我分析、自我鉴定，既肯定成绩，也找出差距和不足。

2. 民主评议

在个人述职的基础上，考核人员可以组织员工当面评议，也可以召开座谈会、评议会或进行个人访谈。

3. 组织考评

由部门领导或专家小组对考核对象进行综合考评，并出具考核材料。

4. 综合汇总

考核小组汇总各方面的考评情况，与主管领导一起撰写考核评语，确定考核等级，提出任用奖惩意见。

5. 通知结果

考核人员应及时向考核对象书面通知考核结果，指出其工作中的成绩、不足和努力方向。考核对象在考核表上签署意见。如有异议，可向考核主管机构说明或申诉。

总之，媒介人员的考核是一项政策性和专业性都很强的工作。每位领导者必须亲自把关，认真对待，从而最大限度地发挥考核工作的正面效能和积极作用。

四、关于360度考核

360度考核（或称360度评估）在我国企业人力资源管理实践中，常被视为一个需谨慎对待的概念。许多企业声称该方法是从国外成功企业或500强企业那里引进的，是一种先进的和普遍使用的绩效考核方法，在中国一些企业使用后效果明显等。

然而，360度考核作为独立的、主要的绩效考核体系，在国外企业应用并不广泛，国内企业成功实施的案例也较少。我们对其效果的宣传可能存在误区，甚至落入了某些"成功经验"的陷阱。360度考核若运用不当，可能成为绩效管理领域的一个美丽陷阱。

第一，在许多国外成功企业的核心绩效管理体系中，360度考核通常不作为独立的、主要的考核方式，更谈不上作为主导体系的成功经验。部分推介360度考核的文章，存在人云亦云的成分。例如，有人称微软采用360度考核，但据公开资料及实践观察，微软的考核体系更侧重自上而下的评估。还有人讲360度考核是未来趋势，若众多世界级领先企业尚未将其作为核心方法，其作为未来趋势的说法也值得商榷。

第二，在360度考核中，参与评价的各方拥有评价他者的权力，却未必承担对考核结果的直接管理责任。考核权本质上应与管理责任挂钩。当评价权分散而责任归属不清时，这种缺乏责任约束的"共同权力"可能带来问题。360度考核的结果，若使得最终责任人模糊，易滋生不够审慎的评价，这是其潜在的问题。

第三，360度考核可能使部分管理者弱化其对下属绩效管理的直接责任。正确地考核与评价下属是管理者的重要职责。下属干得如何，直接主管理应最清楚。若主管过度依赖他人评价而未能对下属绩效做出独立、准确的评价，是管理角色的缺失。完全将下属评价交由他人主导，可能是一种管理责任的推卸。

第四，绩效考核本身是企业管理的工具，而非目的。360度考核在特定情境下或许比自上而下考核显得更客观公正。但客观公正本身不是根本目的，核心目的是实现绩效的持续提升，促进企业效益。使用任何管理工具都需要考虑成本。当企业投入大量时间于复杂的360度考核时，需谨记再先进的考核方法本身都不创造价值，操作不当反而可能影响效率。因为绩效最终是干出来的，考核的价值在于有效引导和促进实干。

第五，360度考核是否必然比直线考核更客观公正？一方面，考核主体多元化，理论上能提供更多事实视角，可能有助于客观公正。另一方面，在缺乏信任与健康文化的环境中，也可能引发负面效应，如利用评价泄私愤、图报复。若企业缺乏优秀的文化支撑，此风险很难避免。当企业实行末位淘汰或强制分布时，360度考核更易被不当利用，因为通过评价打压他人可能被视为自保手段。现实中，360度考核确实可能沦为制造矛盾的工具。

第六，需要澄清的是，"360度反馈"在国外企业是存在的，但它与国内常说的"360度考核"有本质区别。前者主要作为发展性反馈工具应用于反馈环节，而非独立的考核体系；后者则被部分企业误用作考核方法本身。可以说，更符合国外实践的是一种"361度"模式：1度是自上而下、主管负责制的绩效考核，再加360度的辅助反馈用于发展目的。国内部分企业实行的以360度为主导的考核，存在对概念的混淆或误用。

第五节　21世纪媒介人力资源管理的发展

媒介的人力资源管理职能具有时代意义。在过去很长一段时间里，人力资源并没有被当作组织资源中有价值的一项资源得到充分重视。甚至在很多媒介中，并没有专门的人力资源管理部门；即使有，其承担的也主要是人事行政管理职能。在媒介产业日益市场化的今天，人的因素开始被纳入价值体系加以考察。而如何对人力资源进行管理、调控，使其成为组织增值盈利的生产力，则是众多管理者面临的新课题。

在组织传播学的发展过程中，人力资源学派不可忽视。人力资源学派理论家认为组织里的个人具有值得重视的感知能力，也肯定个人劳动是达成组织目标的重要因素。处于激烈市场竞争中的媒介，需要大量接受过良好的专业教育、掌握新技术知识的新型员工。如何选人、用人、造就人，如何使人的因素成为媒介财富，如何真正理解和认识人，有待于媒介管理者在实践中不断探索。

一、经济全球化背景下的媒介人力资源

在21世纪，媒介人力资源管理面临全新的外部环境——经济全球化和信息社会的到来。随着经济全球化时代的来临，全球经济一体化进程逐渐加快，整个世界在生产、分配、交换、消费等各个环节的联系不断加深，国际分工日益细化。经济全球化带来的直接变化在于，一个地区或一个国家的经济发展越来越多地影响和受制于另一个地区或国家。

全球媒介产业也在经济全球化浪潮下起起伏伏，在激烈的市场竞争中努力寻求自己的定位。伴随着中国加入WTO，中国的改革开放向纵深发展，各媒介所面对的是更为广阔的世界市场。媒介纷纷走产业化、集团化的经营道路，正是其为应对更大的市场风险、迎接更多的竞争对手挑战而采取的策略。

在经济全球化的同时，信息革命席卷全球。信息产业成为全球经济发展的重要引擎，知识经济成为当今经济发展的主导形态。媒介产业作为信息产业的重要组成部分，必然要担负起促进经济增长和发展的重要责任。在世界范围内，知识成为推动经济增长和发展的重要资源。而作为知识载体的人，也就理所当然地成为媒介核心价值的关键所在。媒介的人力资源管理，也可以看作对媒介智力资源的利用、整合和管理。媒介产业在市场规则中必然要以获利为其生存的前提，而人力资本也就成为其创造利润的源泉。因此，在这样的社会背景下，媒介人力资源管理应被纳入整个媒介的战略管理框架，将人才的培养和发展作为媒介的重要战略。

二、媒介人力资源管理的发展趋势

媒介的人力资源管理受到外部战略环境和内部条件的双重影响，其发展趋势有以下几个。

（一）媒介人力资源部门将成为举足轻重的部门

在经济全球化的大趋势下，媒介所具有的竞争优势源于掌握业务知识和技术的媒介人员。人力资源能否为媒介获取利润做出贡献，取决于其能否得到合理的利用和开发，取决于能否使人力资本与经济增长之间建立有效的动态价值联系。而媒介的人力资源管理部门则是承担这一职能的部门。鉴于其所承担的职能对于媒介发展意义重大，该部门在整个媒介结构中的地位将相应提高。媒介人力资源管理部门必将日益成为媒介中举足轻重的部门。

（二）媒介人力资源管理将更具适应性和自由度

我国的媒介市场化程度不断加深，媒介要生存必须接受市场的检验。其产业结构、人事制度、管理模式、薪资待遇等都将发生变化。以市场为导向的现实要求，促使媒介人力资源管理更具适应性和自由度，能够根据市场的变化不断调整、适应。组织的层级结构趋于扁平，中层管理人员日益减少，更强调团队合作精神。因此，媒介管理人员需赋予媒介员工更多的自主权，以发挥员工个人潜能，使个人在团队中做出更大贡献。

（三）媒介人力资源管理将更侧重对员工创造力的培养

创造力是一种重要的特质，其突破性的结果可以带来巨大的生产力。人力资源管理水平越高，就越侧重对员工创造能力、创新思维的培养和鼓励。虽然创造力难以量化衡量，但它提供的能量是巨大的。创造力既是一种新的思维方式，也是一种突破常规的解决问题的方法。未来的媒介人才应是极具创造力和开拓性的人才，这类人才的培养和发展需要媒介管理者长期的观察和分析。从对个人的浅层评估中摆脱出来，过渡到创造力的评估和潜能发掘，是对未来媒介管理者的必然要求。

（四）媒介人力资源管理中激励因素将大于保健因素

这并非指媒介人员将不再重视保健因素，而是指媒介管理者将更注重激发员工的积极性和归属感，增强其工作动力和活力，充分发挥其优势和特长，使其在工作中感受到自我价值的实现。保健因素是确保员工没有不满情绪的基础，激励因素可使员工更加快乐地工作，这种快乐的情绪在竞争日益激烈的知识经济时代显得尤其重要。在未来的媒介工作中，员工的压力会随竞争的加剧而日益增加，媒介管理者将更加注重对员工心态、情绪的疏导，使其精神饱满地投入到快节奏的工作中。

三、媒介人才将向专业化、职业化方向演变

我国媒介系统的人事改革不仅滞后于企业改革，也落后于机关和高校改革。这种滞后性值得我们深思。首先，我们必须认识到，媒介工作者是专业人员，因此媒介对人才的要求理应严格：媒介工作者必须经过传播和媒介教育的系统训练，或通过专业考试，拥有专业知识和技能，方有从事媒介工作的资格，并获得相应社会地位；媒介工作者必须具备专业理念、专业精神、职业素养和职业道德，否则就不能从事专业化、职业化的新闻与传播活动。其次，要看到媒介人才竞争日趋白热化的态势。西方媒介集团的联合和重组常从改革人事制度入手，精简人员，优化队伍，选贤任能。在媒介资源的循环链（人才资源—信息资源—受众资源—发行与广告收入资源—人才资源）中，人才资源是首要资源，它驱动后面的资源，并最终形成良性或恶性循环。因此，说到底，未来的媒介竞争就是人才竞争，而人才竞争本质上是资源竞争。在这种情况下，过去那种任人唯亲、用人不当的机制将被任人唯贤、科学用人的模式取代；过去那种对媒介人才的单一、呆板的评价方法将被更科学、更合理的评价体系取代。同时，我国应逐步建立媒介职业经理人制度。未来的媒介职业经理人应兼具政治素养、传播能力与经营才能。他们要将国家和人民的利益放在首位，恪守法律法规，担当公共责任，履行社会职能；既是精通新闻与传播业务的专家，又是懂经营、擅管理的职业经理人。

媒介还应推行媒介工作者执业资格制度，明确媒介工作者的权利、义务、责任和职业规范。未来媒介员工职称评审和岗位聘任均应与其专业化和职业化程度挂钩。综合现在的情况来看，国家正致力于形成完整的媒介人才培训与发展体系，推动媒介人才队伍向专业化、职业化方向发展。据悉，当前全国性新闻媒介工作人员的职业培训期限可能

由三个月延长至一年。这种职业培训与发展，未来将趋于常态化和制度化。目前，关于国家干部和公务员培训体系的完善也可佐证这一趋势。

四、智能传播时代的媒介人力资源管理

在智能传播时代，媒介行业面临前所未有的变革与挑战，媒介人力资源管理也迎来了新的机遇和挑战。媒介行业依托大数据、云计算、人工智能等先进技术，实现了信息传播的智能化、个性化和高效化。这种变革不仅改变了媒介行业的业务模式，也对其人力资源管理提出了新的要求：一方面，媒介行业技术更新迅速，要求员工具有更高的专业素养和创新能力；另一方面，市场竞争激烈，媒介组织需要不断优化人才结构，提升组织效能。

1. 媒介人力资源管理面临的问题

第一，人才结构失衡。当前，媒介行业人才结构存在失衡现象：一方面，高端人才短缺，尤其是具备跨界融合能力、创新精神的复合型人才匮乏；另一方面，基础岗位人才过剩，导致资源浪费。这种结构失衡制约了媒介的创新发展。

第二，培训与发展体系不完善。智能传播时代，媒介行业对员工的专业素养和综合能力要求更高。然而，目前许多媒介组织的培训与发展体系仍不完善，无法满足员工的个性化需求。同时，培训内容与业务需求脱节，导致培训效果不佳。

第三，激励机制不健全。激励机制是激发员工工作积极性和创新精神的重要手段。部分媒介组织在激励机制方面存在不足，如薪酬体系不合理、晋升机会有限等，影响了员工的工作积极性和满意度。

2. 媒介人力资源管理的创新实践

在智能传播时代，媒介需要积极探索人力资源管理的创新实践，以适应行业发展的需求。例如：利用大数据和人工智能技术，对员工的绩效进行精准评估，为人才培养和激励提供有力支持；引入柔性化管理理念，注重员工的个性化和多元化需求，提升员工的归属感与忠诚度；加强企业文化建设，营造积极向上的工作氛围，激发员工的创新精神和团队协作精神。

在智能传播时代，媒介的人力资源管理不再局限于传统的招聘、培训、绩效考核等层面，而是与先进的信息技术深度整合，形成了智能化、数据化的人力资源管理新模式。

首先，大数据技术使媒介能够更精准地分析人才市场需求，预测行业发展趋势，从而制定更科学、合理的人才引进和培养策略。通过对大量数据进行挖掘和分析，媒介可以了解员工的技能、兴趣、绩效等，为人才合理配置和激励提供依据。

其次，人工智能技术在人力资源管理中的应用日益广泛。例如：智能招聘系统可以快速筛选符合要求的候选人，提高招聘效率；智能绩效评估系统可以根据员工的工作数据和行为表现，自动进行绩效评估，减少人为因素的干扰，确保评估结果的客观公正。

当然，技术应用也带来了一定的挑战，如何确保数据的准确性和安全性、如何避免技术过度依赖导致的人文关怀缺失等问题，都是媒介在应用信息技术进行人力资源管理时需要关注和解决的。

五、媒介人力资源管理的对策

全球企业面临新的竞争环境，一些研究人员倾向于将不确定性视为新竞争环境的主要特征。而这种不确定性主要由迅速变化和差异化的顾客需求、技术创新以及经济全球化等带来。媒介在应对这种充满不确定性的新竞争环境时，必须保持高度的清醒和忧患意识，根据自身特点制定适宜的应对策略。媒介人力资源管理能否有效发挥其在媒介中的作用，值得每一位媒介管理者深思。

（一）树立前瞻意识

前瞻意识，是指媒介要建立预警系统，对外部复杂多变的风险进行长远预判。媒介经营者应具有全球视野，以更宏观的视角审视经营活动，避免闭目塞听、因循守旧；对媒介产业发展的趋势及全球进步方向，要有全面的了解和把握；时刻认清自己在竞争中的位置，经常进行横向或纵向的比较与学习，交流经验、总结教训，对市场变化做出快速的反应，并长期有效地协调内部资源，强调整体性。

（二）建成学习型组织

学习型组织，是将持续学习和激发潜能作为核心竞争战略并进行充分投入的组织。其通过技术和信息系统，将学习和工作紧密结合。学习型组织被认为是21世纪的管理新模式。

对于智力资本密集的媒介来说，向学习型组织转型尤为必要。要迎接挑战、抵御风险、超越对手，就必须进行持续、全面的学习，深化对媒介产业发展的认识，从而制定以市场为导向的有效战略。在媒介内部营造良好的学习氛围，实现知识共享，建立资源中心，是对既有智力资源的再利用和价值提升，是媒介赢得竞争的重要手段。

（三）促进有效沟通

在媒介中，保持良好的沟通是至关重要的。有效沟通也是一种组织资源。只有进行有效的沟通，才能消除媒介管理者与媒介员工之间、媒介员工与媒介员工之间因为等级、能力的差距产生的隔阂，真正促进人对人的理解。在日趋白热化的竞争中，这种有效沟通显得弥足珍贵。只有建立在对人的理解和认识基础上的人力资源评估，才是真正有效和有益的。

（四）更新绩效评估系统

媒介人力资源管理部门的一项重要工作，就是搭建合理、高效、适应性强的绩效评估系统，为媒介领导者的决策提供有力的依据。所以，绩效评估系统的合理与否直接影响对媒介人员做出评估的合理程度。当今社会，竞争环境在快速变化，工作业绩、创造能力、思维活力等的评估标准也要随之改变，这样才能顺应环境的改变。对于任何一个媒介人力资源管理部门来说，绩效评估系统都不是一成不变的，要随时更新，确保其发挥应有的作用。

思考题

1.媒介人才与其他行业人才相比，有哪些自己的特点？

2.如何理解媒介员工职业计划与职业发展？

3.如何发现与任用媒介人才？

4.如何进行媒介人力资源的绩效考核？

5.媒介人力资源管理的发展趋势是怎样的？

第八章

媒介战略管理

媒介战略管理理论虽然源于现代企业战略管理理论，但是二者并不等同。由于媒介同时具有上层建筑的意识形态属性和商品属性这一特殊双重属性，媒介与一般企业相比存在较大的差异。如果将企业战略管理理论直接应用于媒介战略管理可能不适用，因此需要根据媒介产业的特殊性进行科学创新与融合。本章首先介绍了媒介战略管理的概念、特征与意义，然后重点围绕媒介使命、媒介目标确定、媒介战略选择、媒介战略控制与评估等环节分析了媒介战略管理的过程。

第一节　媒介战略管理的概念、特征与意义

一、媒介战略管理的概念

在我国，"战略"一词古已有之，先是"战"与"略"分别使用，"战"是指战斗和战争，"略"是指谋略、战略和计划。我国古代通常将战略称为猷、谋、韬略、方略、兵略等，在《左传》《史记》《孙子兵法》中对此均有较为全面的论述和精彩的呈现。在西方，"战略"一词源于古希腊语"strategos"，其含义是将军指挥作战的艺术。德国军事理论家克劳塞维茨在《战争论》中指出：战略是为了达到战争的目的而对战斗方法的运用。那么，现代意义上的战略是什么呢？明茨伯格认为，战略是一种事先的计划，是对未来

行动方案的说明和要求；德鲁克强调战略是一种统一的综合的一体化的计划，用来实现企业的基本目标；钱德勒认为，战略是确定企业基本的长远目标和为了实现这些目标所采取的相应的措施、行动以及必要的资源分配。[1]被誉为"战略管理大师"的美国哈佛商学院教授波特则认为，战略是一个企业成败的关键。

为了更好地理解媒介战略管理的内涵，我们引入明茨伯格的战略5P模型进行阐述。5P即计划（plan）、计策（ploy）、模式（pattern）、定位（position）和观念（perspective）。[2]

1. 媒介战略是一种计划

媒介战略是一种有意识、有计划和有组织的行动程序，是解决媒介如何以当前的状态实现未来目标的问题。媒介战略能够为媒介提供发展的方向和路径，包括一系列处理特定情况的方针政策，属于行动之前的概念。

2. 媒介战略是一种计策

媒介战略不仅是行动之前的计划，还能够在特定的媒介外部环境和内部条件下成为行动过程的手段和策略，以及一种在媒介竞争博弈中威胁和战胜竞争者的工具。

3. 媒介战略是一种模式

媒介战略可以体现为媒介组织一系列具体的行动和现实结果，而不仅仅是行动之前的计划或手段。也就是说，无论媒介是否事先制定战略，只要有具体的媒介营销行为，就有事实上的战略。明茨伯格认为，战略作为计划或模式的两种阐释是相互独立而存在的。具体实践中，计划可能未必实施，模式却可能在计划之前或未计划状态中形成。因此，媒介战略可能是媒介行为的结果，而非设计的结果。因此，作为计划的战略是设计的战略，作为模式的战略是已实现的战略，即一种从计划向现实流动的结果。那些不能实现的战略在战略设计终结时，通过一个单独的渠道消失，脱离准备实施战略的渠道。而准备实施的战略与自发的战略则通过各自的渠道，流向已实现的战略。这是一种动态的战略观点，将整个媒介战略视为一种"行为流"的运动过程。

4. 媒介战略是一种定位

媒介战略是一个媒介组织在其所处媒介环境中的位置，对于媒介而言就是确定自己在媒介市场中的定位。制定媒介战略时需要充分考虑到媒介外部环境，特别是传媒业竞争结构对媒介行为和盈利模式的影响，确定自己在传媒业中的目标定位和达成目

① 徐文蔚：《市场营销学（第2版）》，电子工业出版社，2012年版。
② 徐文蔚：《市场营销学（第2版）》，电子工业出版社，2012年版。

标所应采取的措施。将媒介战略视为一种定位就是要通过正确地配置媒介资源，形成竞争优势。

5. 媒介战略是一种观念

媒介战略表达了媒介对于客观的媒介生态所持有的认知方式、价值取向与态度，进而反映出媒介战略决策者的价值观念。媒介战略决策者在对媒介外部环境和媒介内部条件进行分析后做出的主观判断即为战略，因此，战略是基于客观事实的主观产物。媒介战略决策者的主观判断是否符合媒介内外部环境的实际情况，决定了其制定的战略是否正确。

综合战略的定义以及媒介的特殊属性，我们认为：媒介战略管理是媒介组织根据媒介自身资源和媒介环境，做出前瞻性、长远性、全局性的谋划和对策。媒介战略管理是媒介组织最高层级的管理，其核心并不是战略本身，而是一系列动态管理过程，通过制定和实施媒介战略以指导媒介组织活动。它反映了媒介组织在一个较长的时间内所要达到的主要目标和实现这些目标的主要措施、部署、步骤的设想，并强调媒介组织根本日标和宗旨的实现。

二、媒介战略管理的特征

（一）统筹性

媒介战略管理需要综合考虑媒介组织层面与市场层面的各种因素，统筹各种媒介资源以确定媒介自身现状和媒介市场、环境的现状。统筹性是媒介战略管理的首要特征，指媒介战略是从实现媒介的整体目标出发，根据媒介组织的总体发展需求而制定的。统筹性所关注的媒介整体，是由诸多具有差异性的要素组成的统一集合体。

需要注意的是，媒介整体并不是单一要素的机械式叠加，而是各要素有机组合的整体系统。所以，媒介战略管理首先应具有明确的全局观念，将媒介组织、媒介市场、媒介环境、媒介资源等诸多因素都看作具有区别但相互联系和作用的有机整体。其次，对于媒介生态中的因素进行科学、合理组合，统筹配置，避免产生整体力量小于部分力量之和的现象。媒介战略管理虽然包括媒介的局部活动，但所涉及的局部是作为全局中的有机组成而出现在媒介战略中。媒介战略管理并不侧重于具体部门的作用，如采编部、广告部、发行部等具体部门的作用，而是统一协调、统筹安排诸多职能部门的工作。媒介战略管理的重要任务之一就是协调组织内各子系统间的运行以达到系统功能的最优。自安索夫系统地提出协同思想以来，系统协调、统筹规划就一直是战略管理中的重要内容。最后，统筹性还体现在媒介组织与宏观社会环境的联系，所有媒介都是社会环境中的组成部分，媒介战略不仅需要关注内部的统筹性，还需要在与外部社会系统发生联系的情况下，以统筹性和整体性原则，有效协调媒介自身与外部错综复杂的关系，维持媒介生态的平衡。

（二）长期性

　　媒介战略的最终目的是确定媒介的长期目标，是一个在统筹媒介资源和分析内外部环境的基础上制定媒介长期决策的过程。媒介战略既是谋求长远发展要求的反映，也是对未来较长时期内生存和发展的整体考量。只要是为适应外部环境和内部条件的变化而确定的长期基本不变的目标和实现目标的方案，都属于战略的范畴。具体实践中，可以发现国内媒介运营中的一些困境，正是在以往的经营中由于媒介战略管理的缺位而造成的。媒介战略管理，需要解决的不是近在眼前的问题，而是关注和思考将来，思考媒介当下的部署，以长期性、前瞻性、预见性的角度，对于较长时期内的媒介生存与发展进行统筹规划。

　　虽然媒介战略制定基于现实媒介资源、条件和环境，并对当下媒介组织产生指引和约束作用，但战略本身以更为长期的发展为目标。比如，2013年是中国微博发展的转折之年，用户规模和使用时间均大幅下降，这一年中22.8%的网民减少了微博的使用，而微博产品的使用时间仅增加了12.7%。在手机端使用微博的网民数量也呈下降趋势，使用热度也在下降。至2013年底，中国手机微博用户数为1.96亿，较2012年底减少了596万人，同时手机微博的使用率仅为39.3%，比2012年底降低8.9个百分点。微博在2014年开始布局，以渠道下沉、视频生态矩阵、信息流优化为战略任务，由此开始迎来微博的第二春。从2014年微博全年净亏损6340万美元，较2013年扩大66%，到2017年微博净营收11.5亿美元，其中广告和营销营收9.967亿美元，增值服务营收1.533亿美元，归属于微博的净利润为3.526亿美元。[1]一些媒介集团在投资时着眼于长期的战略目标，这些投资可能要经过10~20年的规划，因此允许特定时间的亏损，而不急于盈利，主要目标在于发展市场、形成规模。但并不是说不论结果，相反，集团会对项目进行严格评估，以使集团的经营战略决策建立在资本的有效配置基础上。

（三）前瞻性

　　前瞻性是谋划的前提、决策的基础。媒介战略管理面向媒介未来发展，其根本目的在于通过管理组织活动的不确定性来谋求媒介组织的长期存续与发展。媒介战略的制定过程就是在广泛调查研究的基础上，全面分析、准确判断、科学预测各种范围的战略环境和利益关系等可能的发展变化。也就是说，要对其所处的现实环境有正确的认识，能够进行科学判断，并能对环境的发展趋势进行有效预测。此外，媒介组织还要通过合理策划，调动全部资源去影响和控制环境变化的节奏和方向。

　　比如，美团网创始人王兴在中国互联网界被认为是具有前瞻性的创业者，他创办了校内网、饭否网和美团。事实证明，在国外兴起的诸多商业模式中，王兴总能选中后来

---

① 《微博2017年营收首超10亿美元 增长75%》，http://finance.sina.com.cn/stock/usstock/c/2018-02-13/doc-ifyrmfmc2305227.shtml，2018年2月13日。

被证明在中国极具发展空间的一个。2009年底筹备美团网时，王兴对"四纵三横"理论进行了阐述：四纵是信息（如门户）、沟通互动（如 IM、E-mail）、娱乐（如游戏）、商务（包括 B2B、B2C、C2C、购物搜索）；"三横"则是搜索、社会化网络和移动互联网。2016年，王兴提出"互联网下半场"概念，"互联网+"战略就是"互联网下半场"。后来"下半场"不仅成为企业家的独特判断，也成为行业的广泛讨论主题和普遍方法论。[①]王兴提出，美团点评进入下半场，O2O（online to offline，在线到离线/线上到线下）也进入了下半场。从过去的用户红利，以用户规模增长为代表，转为加大服务深度，深入到整个产业链的深耕细作。进入下半场后，美团点评要实现和餐饮行业的深度融合，全面帮助餐饮商家提升经营效率，降低经营成本。到2018年，众多2C（to consumer）移动互联网企业都感受到流量红利的枯竭，即便是短视频看上去也正触及天花板。再回头看王兴的"下半场理论"，可谓对行业影响深远。如果说移动互联网上半场是实现人与人、人与物、人与服务的连接，下半场则是连接本身所带来的效率提升和成本降低红利逐渐消失。而美团网以王兴为代表的管理层，早在2015年即开始搭建平台、建设生态。这一年，美团进行组织调整，新设立外卖配送事业群和酒店旅游事业群；2016年，美团进行了五次较大的架构调整，涉及美团点评、商户介入、营销、配送、IT系统、供应链、金融等业务层面；2017年，美团建立了新到店事业群、大零售事业群、酒店旅游事业群以及出行事业部四大业务体系，聚焦到店、到家、旅行、出行四大 LBS（location based services，基于位置的服务）场景；2018年美团完成上市。[②]

（四）稳定性

媒介战略需要战略决策者经过周密严谨的调查研究来制定，其作为长期目标，所部署的内容涉及媒介整体的人力、物力、财力等资源，如果频繁变动将会使媒介经营处于混乱状态，媒介战略也将失去指导意义。需要注意的是，这种稳定性是一种相对稳定性。在动态的媒介管理过程中，当外部环境和内部条件发生变化时，媒介战略的某些方面需要随之调整，因此应使其具有一定的适应性和自由度。当媒介面对突发的、难以预见的重大状况时，媒介战略管理必须迅速响应。所谓"稳定"，是指从一段较长的时间来看，媒介战略整体保持稳定状态，或者说具备一定的可持续性。

2002年湖南卫视将频道定位为"以娱乐、资讯为主的综合频道"。2003年初，湖南卫视又提出了"锁定娱乐，兼顾资讯；锁定年轻，兼顾其他；锁定全国，兼顾湖南"的品牌定位策略。2004年6月，湖南卫视正式提出"打造中国最具活力的电视娱乐品牌"，秉持"快乐中国"的核心理念，将其作为自己的全新定位，最终形成了湖南卫视的整体频道品牌——最具活力的中国电视娱乐频道。[③]可以看出，湖南卫视的定位始终围绕"快

---

① 王冠雄：文见 http://www.sohu.com/a/119832389_354971，2016年11月24日。

② 《美团简史：八年与八个关键词》，https://www.sohu.com/a/254909211_168553，2018年9月20日。

③ 左晓萌：《湖南卫视品牌定位的分析》，《当代电视》2010年第7期，第70–71页。

乐"，"快乐中国"是湖南卫视的品牌核心理念，而湖南卫视的品牌运营和扩张因此就有了坚实的、统一的基础。从娱乐功能来看，湖南卫视主要为全国观众提供快乐、愉悦的体验，这和《快乐大本营》的口号"快乐大本营，天天好心情"一脉相承。在这一品牌内核的引导下，湖南卫视陆续推出民间竞技娱乐节目《谁是英雄》、创新体育竞赛节目《国球大典》、大众娱乐节目《超级女声》《快乐男声》、生活智慧脱口秀《百科全说》、极限挑战类节目《芒果大直播》、歌唱真人秀节目《我是歌手》、亲子互动真人秀节目《爸爸去哪儿》、明星旅行真人秀节目《花儿与少年》、明星女神生活体验秀节目《偶像来了》《我们来了》、青春合伙人经营体验节目《中餐厅》、全民解压趣味竞技类节目《摇啊笑啊桥》、创意潮拍中国城市魅力秀《快乐哆唻咪》、《我和我的经纪人》等。这些节目从不同内容、不同层面始终如一地诠释"快乐中国"这一频道战略。

（五）抗争性

媒介战略的存在是以媒介竞争为前提的，媒介战略是关于媒介在激烈的竞争中如何应对竞争者挑战的行动方案，也是针对来自各方的冲击、压力、威胁和阻碍进行应对与抗争的部署安排。媒介战略与那些仅以改善媒介现状、增加经济效益、提高管理水平等为目的的行动方案有所区别。只有当这些工作与提升媒介应对挑战和竞争的能力直接相关、具有战略意义时，才能构成媒介战略的内容。需要明确的是，媒介战略之所以产生和发展，正是因为现代市场犹如战场，充满激烈的竞争与对抗。媒介只有制定有效的经营战略以获得市场优势，才能获取自身生存与发展的空间。

在媒介市场上，不仅存在同质性媒介组织、媒介产品的竞争，还存在不同媒介形态的竞争。以传统媒体中的报纸为例，一个城市中如果有两份及以上数量的都市报，不同都市报之间即存在竞争。然而，面对数字化媒介环境的转变，这些都市报的竞争者范围扩展至各类相关网站，比如新浪、腾讯等门户网站都开设了本地新闻频道。而当"今日头条"等算法驱动的平台凭借精准推送能力，将与某地相关的资讯高效触达当地人群时，它们也成为都市报强有力的竞争者。可以看出，媒介市场中多元竞争者的存在及其优势，对媒介自身构成了巨大的挑战。因此，媒介战略的核心属性之一便是其抗争性，它要求媒介必须直面并有效应对来自竞争环境的种种压力。

三、媒介战略管理的意义

（一）有助于媒介更好地适应新技术和新经济时代

19世纪30年代末至40年代，电报技术走向实用阶段，19世纪70年代电话诞生并普及，这推动了早期电子媒介的出现。在第三次科技革命浪潮中，1946年世界上第一台通用电子计算机问世。从使用真空管的第一代计算机，到采用晶体管的第二代计算机，再到基于集成电路（从小规模到超大规模）的第三代计算机及以后，计算机的发展日新月异。随着计算机技术、光纤通信技术和数字技术的突飞猛进，继报刊、广播、电视之后，互联网作为"第四媒介"崛起。每一种媒介新技术和新形态的诞生，在为受众带来欣喜的同时，都不可避免重塑当时的媒介格局。比如，电视的普及给广播带来了巨大压力，进入网络时代，网络视频的发展又对传统电视收视率造成显著冲击，而曾被认为式微的广播，则在网络时代借助车载场景的普及（如通勤广播）和播客等新形态，开辟了新的生存空间。可以预见，当人工智能时代全面降临时，势必会带来新一轮的行业格局调整。媒介组织若想在这场永不停歇的技术变革中探寻生存和发展机会，就需要清晰地认知新技术和新经济时代的特点，分析和预判竞争格局与用户需求的变化，实施具有前瞻性的媒介战略管理。

（二）有助于提高媒介的经济效益和社会效益

实践证明，大多数实行战略管理的媒介经营成果可能超越没有实行战略管理的媒介，同时也更加可能超越自己未实行战略管理时的经营成果。在市场经济中，媒介的经济效益对于媒介生存至关重要。比如，字节跳动公司（其核心产品包括"今日头条"），在2018年进行了品牌升级，更强调公司整体形象，其核心战略由"以资讯分发为主"转向"资讯分发+短视频双轮驱动"。其连续"押中"资讯分发和短视频赛道，实现了可观的经济效益，也彰显了管理团队的卓越战略定位能力。

除了经济效益外，合理的媒介战略还能够提升公信力、吸引力等社会效益。美国未来学家阿尔文·托夫勒指出：市场不仅是一种经济结构，还是组织民众的途径，是人们思考问题的一种方法、一种精神气质，同时它还是民众一系列共有的期望，所以市场也是一种经济现实、一种社会结构，其影响所及远远超出了经济领域。[①]媒介产品不同于一般的商品，它属于精神产品，同时具有鲜明的政治属性，因此追求社会效益是媒介组织必须承担的责任与考量的核心要素。科学的媒介战略管理有助于媒介坚持正确的方向，坚持维护国家形象和人民利益，坚持贯彻社会主义传播方针，遵守传播纪律和媒介职业道德。实践证明，对导向性原则理解深刻、执行到位的媒介，更可能产生良好的社会效益。

（三）有助于保持媒介目标统一性，建立媒介协同创新机制

媒介战略管理有助于媒介决策保持连贯性，对媒介组织过去和目前的资源、技能进行合理配置，其中不仅包括物质资源的统筹，还包括资讯信息的管理，从而保持媒介目标统一性。媒介战略立足于整个组织，不仅将近期目标和战略目标、局部战术和总体战略统一起来，还可以将组织的各种资源进行有机协调和科学配置，有利于各项

---

① 阿尔文·托夫勒：《第三次浪潮》，朱志焱、潘琪、张焱译，新华出版社，1996年版。

资源得到充分利用，有利于组织从资源配置和业务范围的决策中寻求合力的最大发挥，实现协同创新，达到"合力大于分力简单相加"的目标，最大限度地发挥媒介组织的系统力。

第二节　媒介战略管理的过程

一、媒介使命

媒介使命是媒介在整个社会系统中所应担当的责任。媒介使命立足于媒介所处的现实环境和条件，倾向于对媒介组织所应达到的状态进行描述。比如《纽约时报》的媒介使命为"刊登一切适合刊登的新闻"，网易的媒介使命为"做有态度的门户"，知乎的媒介使命是"与世界分享你的知识、经验和见解"，等等。

（一）媒介使命的含义

一般而言，媒介使命包含以下含义。

第一，媒介使命是媒介的根本性质和存在理由，也是一个媒介组织与其他类型的组织或其他媒介组织的区别所在。媒介存在的理由可以是提供某种媒介产品或服务，也可以是满足某种媒介需求或承担某种责任。

第二，媒介使命是媒介生产经营的哲学定位，也是媒介根本的经营理念。媒介使命为其提供了经营的基本指导思想、原则、方向和经营哲学等，虽然它不是媒介具体的战略目标或抽象的存在，但会影响媒介经营者的决策和思维。媒介使命中包含媒介经营的哲学定位、价值观呈现、形象定位等。

第三，媒介使命是媒介生产经营的形象定位。它反映了媒介试图为自己树立的形象，比如"有担当的媒介""传播快乐的媒介""分享知识的媒介"等。在明确的形象定位指导下，媒介的经营活动会呈现始终如一的整体感觉和形象。

（二）媒介使命的必要性

1. 明确媒介的发展方向

要明确媒介的发展方向，媒介管理者需要合理阐述"我们是一个什么样的媒介组织""我们要做什么""我们前进的方向是什么""为了满足目标受众的需求，我们需要发展哪些能力""我们未来何以安身立命"等问题。清晰而周密的展望能够为媒介组织绘制前进的航线。以媒介使命为依据确定的经营主题，将在一定时期内保持相对稳定，并为媒介的资源配置、具体实践提供依据，使媒介在经营战略决策中实现整体统一，将资源进行有机整合，协同创新和提高媒介运行效率。

2. 增强媒介的组织凝聚力

充满激情、鼓舞人心的发展目标通常能够激活媒介组织的战略动力，增强参与者的勇气和信心，提升其对媒介组织的信任和认同水平，进而促使他们在战略执行过程中保持积极态度、坚守责任心，并强化目标感。众所周知，强烈的目标感能够转化为强大的行动力。如果组织成员不能理解媒介组织的业务现状和动态变化的处境，就很可能对新制定的战略发展方向无动于衷；如此一来，媒介组织新提出的使命也就难以促使组织成员投入与合作。也就是说，媒介使命能在不确定的媒介大环境中，作为长期性的战略导向，引导和激励媒介组织成员对未来情景形成认知与憧憬，将组织活动聚焦于一个核心的目标状态上，使组织及成员在面对混沌状态或结构惯性阻力时有所坚持，持续依循明确的方向、步骤与路径前进。

3. 协调媒介的利益冲突关系

在具体的媒介实践中，存在多个层面、多个利益方的竞争和博弈。对于我国媒介而言，存在的冲突有媒介事业属性与企业管理的冲突，新闻媒介的上层建筑属性要求我国社会主义新闻媒介坚持党性原则，商品属性要求实行"独立核算、自负盈亏、照章纳税"的企业化管理形式；在具体管理中，媒介管理的行政部门属性与市场化运作冲突，比如，媒介存在多头管理的情况，如报纸、广播电视的宣传报道思想属中共中央宣传部管理，而报纸在技术方面则属国家新闻出版署管理，广播电视又属于国家广播电视总局管理。[1]此外，还有媒介的所有制结构与市场发展的矛盾，产生媒介全民所有制与媒介产业化的博弈。在所有的矛盾中，如何取舍？如何规避矛盾并前进？无论是媒介内部的矛盾，还是外部的冲突，都要以媒介使命为根本，在冲突中协调多重关系，从而更好地解放生产力，推动传媒产业的进步与繁荣。

（三）媒介使命的内容

媒介使命包含媒介宗旨和媒介哲学两个层面。媒介宗旨明确了媒介行为的核心目标，或媒介应承担的社会责任与追求。媒介哲学是媒介所持有和依循的价值观、态度和理念，其犹如航海中的灯塔，对媒介行为产生指引作用。比如《南方周末》以"在这里，读懂中国"为宗旨，形成了"反映社会，服务改革，贴近生活，激浊扬清"的独特风格，其内容紧扣中国社会发展和国际时局的热点和关键点，完整、真实地记录中国社会迈向未

---

① 邵培仁、陈兵：《媒介战略管理》，复旦大学出版社，2003年版。

来的脉络、趋势和图景。此外，它以"正义、良知、爱心、理性"为基本理念，在媒介行为中"彰显爱心，维护正义，坚守良知"，因而赢得了众多忠实读者。

现实中的媒介使命与媒介功能密切相关。关于媒介的功能，传播学奠基人哈罗德·拉斯韦尔认为，大众传播媒介有三个显著功能：监视周围环境，联系社会各部分以适应周围环境，传承社会文化。赖特在拉斯韦尔的基础上，补充了媒介的娱乐功能。威尔伯·施拉姆将传播功能概括为：雷达功能、控制功能、教育功能、娱乐功能。基于这些功能定位，我国媒介当前的媒介使命可以概括为：成为社会经济发展的助推器；引领传播方式创新；推动现代文明进程；提供有价值的生活内容/信息；承担环境监督的责任。

二、媒介目标确定

媒介目标是指媒介为实现其宗旨所要达到的预期效果。媒介目标与媒介使命联系密切，它在一定的情境下将使命转化为在特定时期所要达到的具体目标绩效水平。媒介组织用这些目标来衡量使命的落实情况。

（一）媒介目标的特征

1. 层次化

媒介目标体系从层次上可以分为整体目标、事业部或子公司等业务单位层面的目标、职能部门的运营目标。所有低层次的目标都应支撑促进更高层次目标的实现。目标的层次化就是将总体目标按照组织层级和职能分解为次级目标。媒介目标的层次化有助于各个职能部门明确自身的具体任务和绩效考核标准；此外，也有助于媒介整体目标的实现和对组织成员产生激励作用。

2. 可量化

与较为定性、笼统的媒介哲学、宗旨相比，媒介目标需要可量化。这一方面可以使各部门任务更加具体，有利于目标的实现；另一方面，可衡量的目标也更便于考察执行结果。所以，媒介目标在设定时应尽量可测量。

3. 具备可行性和现实性

媒介要从自身条件和所处环境出发，制定可行的、可操作的、现实的目标。媒介目标不能是空中楼阁，而应是通过努力能够实现的，否则不切实际的目标将失去指导效力。

4. 具备一致性

媒介组织存在多种目标，各目标之间可能存在冲突。媒介应进行协调，确保长期目标、中期目标、短期目标以及总目标与分目标之间协调一致，避免目标体系在纵向或横向上失衡。

（二）媒介目标的构成

1. 服务受众目标

满足受众需求是媒介发展的基础和存在的根本理由。该目标项可通过传播信息的客观性、及时性、新鲜性、接近性以及受众的满意度、关注度、互动率等指标来衡量。

2. 承担社会责任目标

媒介不同于一般企业，它不仅是营利性组织，更承担着重要的社会功能。在我国，媒介是党和人民的耳目喉舌；在西方，媒介常被称为"第四权力"。媒介在传播信息的同时，还肩负着传播知识、教育公众、引导舆论等社会责任。该目标项可通过公益服务项目数量与质量、舆论引导效果等指标来衡量。

3. 媒介利润目标

作为媒介属性之一的经济属性，决定了媒介创造经济价值的重要性。在市场经济条件下，我国媒介自主经营、自负盈亏。对媒介上市公司而言，利润目标也与投资者的利益密切相关。该目标项可通过利润率、利润总额、净利润、广告收入等指标来衡量。

4. 媒介市场地位目标

媒介在市场竞争中所处的地位以及所拥有的竞争优势，是衡量媒介成功与否的重要标志。该目标项常用发行量、收听率、收视率、点击率、市场份额、增长率等指标来衡量。

5. 媒介经济实力目标

媒介所拥有的物质资源和财力资源，是其运营能力的重要体现。物质资源常用土地、房屋、机器设备等固定资产价值来衡量；财力资源则常用资本结构、现金流、运营资本、资产负债率等指标来衡量。

6. 媒介人才目标

人才是媒介的核心资源，人才队伍状况直接影响媒介的生存与发展。该指标项可通过专业人才数量与结构、技术职务晋升比例、人员流失率、培训投入与成效等指标来衡量。

7. 媒介组织成员需求目标

媒介可能在目标中承诺为员工提供良好的工作机会和环境，体现对员工的重视。员工待遇与福利直接影响其积极性的发挥，进而影响媒介运营。该目标项的相关指标体现为薪酬增长率、奖金水平，以及住房、交通等福利条件的改善计划。

（三）媒介目标的制定

1. 主要模式

媒介目标的制定通常有以下几种模式。

（1）从上到下式

媒介高层管理者作为主要决策者，确定媒介组织的战略方向，并向职能部门下达指导性要求；职能部门则根据自身情况和领导者要求制订详细计划并落实执行。

（2）从下到上式

通过鼓励基层部门与员工广泛参与，征集目标建议方案，高层管理者在分析整合这些方案的基础上确定最终目标。

（3）上下结合式

此模式融合了前两种模式的特点，强调双向沟通，通常由高层管理者提出战略指导原则或初步目标框架，与部门负责人充分讨论后，职能部门据此制订具体的计划。

（4）战略小组式

由来自媒介组织不同层级的管理者、部门负责人与专家及相关领域专家共同组建战略规划小组，在高层管理者的领导下，定期研讨并制定媒介组织的战略目标与方案，解决关键问题。

2. 媒介目标的制定步骤

通常而言，媒介目标的制定有如下步骤：媒介组织高层管理者确定媒介使命；确定媒介长期目标；确定媒介短期目标；媒介组织的职能部门和下属机构综合依据媒介长期目标和短期目标，制定适合自身发展的长期目标和短期目标；媒介组织成员个体制定个人目标。

三、媒介战略选择

（一）媒介战略选择的影响因素

媒介战略选择受到诸多因素影响。在大多数情况下，战略制定过程会提供多个可行方案而非唯一方案。决策者必须综合考量和权衡利弊，选择最适合媒介的战略。具体而言，影响决策者媒介战略选择的因素有以下几个。

1. 媒介过去的战略

过去的战略通常是当前战略选择的起点，对后续选择存在显著影响（即"战略路径依赖"现象）。由于当前管理者可能是过去战略的制定者或执行者，已对其投入大量资源并形成既定思维模式，易倾向于选择与过去相似的战略，这就要求媒介管理者在选择战略时保持开拓创新的态度，必要时可通过调整管理层来降低历史战略对未来选择的约束性影响。

2. 媒介对外部环境的依赖程度

任何媒介都存在于特定外部环境中，其战略选择必然受政府、竞争者、受众等外部环境因素的影响。媒介对这些因素的依赖程度直接影响战略选择过程。如果媒介高度依赖于其中一个或多个因素，其最终战略方案必须优先考虑其诉求，战略选择的范围和灵活性相应受限。

3. 媒介管理者的能力和风险偏好

管理者在媒介发展过程中起着至关重要的作用，其能力和风险偏好对战略选择具有显著影响。管理者对客观环境的判断基于主观认知，而不同认知导致不同的决策。在风险偏好上，进取型管理者视风险为成功的必经之路，乐于承担风险，倾向于选择进攻型战略；稳健型管理者则认为高风险可能带来重大损失，倾向于在稳定的状态中经营媒介，常选择防御型战略。

4. 媒介组织文化的影响

媒介战略确定后，需要获得组织认同并有效执行。媒介文化具有导向、约束、凝聚、激励等作用，当其与媒介战略协调一致时，能形成强大的竞争优势。组织文化与战略选择相互影响、动态适应。未来战略的选择必须评估其与现有及预期组织文化的兼容性，这样才能有效落地。

5. 决策时间压力

决策时间对媒介战略选择的影响可能体现在以下几点：一是时间压力程度，在紧迫时限下，媒介管理者可能会更关注风险因素，常采取防御型战略；二是媒介战略规划期长度，规划期越长，需考量的不确定性因素越多，战略选择的复杂性也就越高；三是战略实施时机，良好的媒介战略需要匹配适宜的时机，否则难以达成预期效果。

6. 竞争者的预期反应

在进行媒介战略选择时，必须预测竞争者对本媒介不同战略的可能反应。主要竞争者的反应直接影响媒介战略实施的效果，特别是在寡头垄断的媒介市场结构中。比如，如果媒介采用的是直接向某个主要竞争者发起挑战的进攻型战略，对方很可能会以强有力的反击来应对。因此，媒介需要对竞争者的反击能力进行科学、适当的评估。

（二）媒介战略选择方法

1. SWOT 矩阵

SWOT 矩阵中的字母分别是优势（strengths）、劣势（weakness）、机会（opportunities）和威胁（threats）四个英文单词的首字母，其代表了影响媒介战略的四个重要因素。通过 SWOT 矩阵分析，我们不仅可以发现媒介的突出竞争力，还可以发现媒介由于缺乏竞争力而造成的机会损失，从而形成四种不同的战略，即 SO 战略、WO 战略、ST 战略、WT 战略（见表 8-1）。

表 8-1　SWOT 矩阵分析

	优势（S）	劣势（W）
机会（O）	SO 战略：发挥优势，利用机会	WO 战略：利用机会，降低劣势
威胁（T）	ST 战略：利用优势，规避威胁	WT 战略：降低劣势，回避威胁

分析步骤为：分析媒介的关键外部机会—分析媒介的关键外部威胁—分析媒介的关键内部优势—分析媒介的关键内部劣势—形成四种不同的战略。网易公司 SWOT 矩阵分析如表 8-2 所示。

表8-2　网易公司SWOT矩阵分析[①]

内部 要素 外部 要素	**优势**（S） 自主研发及创新能力； 市场研究能力； 售后服务品质； 团队协作、业务协同； 财务结构的合理性	**劣势**（W） 质量控制体系； 销售渠道构建能力； 筹集与运用资金能力
机会（O） 国家政策支持； 用户规模庞大； 国产游戏需求高； 人们消费水平 日益提高； 社会生活方式的转变； 研发技术难度高	**SO战略** 　游戏产业正在蓬勃发展，政府不断出台支持互联网企业的新政策和研发上的补贴。拥有成熟研发团队的网易更能在政策的"顺风车"中占尽优势 　网易拥有庞大的潜在用户群体，通过对游戏平衡性的有效控制，数百人的专业客服团队可以有效地为用户提供良好的服务 　我国网络游戏供应商大部分仅从事代理运营业务，游戏本体均来自海外开发商，而网易有自己的游戏开发团队，更能精准定位国内市场，同时开发成本也更低廉 　消费者的消费偏好开始从"价格至上"转向"重视服务"。网易的产品线一直致力于品质与高端设计，其云音乐App更是实现了口碑用户双丰收	**WO战略** 　利用网易本身拥有的强大的科研技术实力，扎扎实实地去解决每款产品的安全问题、质量问题，而不是由于一些完全可以避免的情况陷入用户安全问题的丑闻中 　网易资金的投入集中于宣传广告方面，而不是研发人员的薪水和工作环境。其邮箱安全性一直饱受质疑，更是闹出一些软件安全性风波，不得不警告用户卸载软件 　面对不断增长的市场份额，网易的销售渠道依旧和其他互联网企业一样，停留在以往的免费有限服务，通过转让会员获得收入的模式，销售渠道十分有限
威胁（T） 同行竞争压力大； 产品差异化程度低	**ST战略** 　网易虽然拥有自主研发团队，但在同行巨头的挤压下，市场空间很小。其他运营商虽然只能引进海外厂商的游戏，但也借助庞大的用户群体和卖力宣传抢占了巨大的市场份额 　网易虽然产品线众多，但和竞争对手的同类产品相比，同质化严重，利润空间小，用户数量也不及竞争对手。只有在服务层面和对手拉开差距才能抢占高端市场，避免恶性价格战	**WT战略** 　在产品本身同质化比较严重的背景下，网易的销售渠道也无特别之处，虽然邮箱拥有广泛用户但付费用户凤毛麟角，变现能力有限

①刘毅宁：《媒介战略分析与对策——以网易公司为例》，《艺术科技》2007年第2期，第335-336页。

（1）SO战略

当外部环境提供了机会且媒介自身具备对应优势时采用这种战略。这是理想的情况，媒介可充分发挥优势、把握机会制定战略。

（2）ST战略

当外部环境存在威胁但媒介自身具备相关优势时采用这种战略。媒介可以采取两种策略：一种是扬长避短，利用现有优势拓展新业务领域或产品线，通过多元化发展分散风险（适合有其他机会的媒介）；另一种是直接抗衡威胁（仅在媒介优势显著高于威胁时可行）。

（3）WO战略

当外部环境存在机会但媒介自身存在相关劣势（资源不足）时采用这种战略。媒介需要着力克服劣势（采取扭转型战略），同时有效利用外部机会。

（4）WT战略

当外部环境存在威胁且媒介自身存在相关劣势时采用这种战略。这是最不理想的情况。在这种情况下，媒介应采用防御型战略，以规避威胁并逐渐改善劣势。

2. 波士顿矩阵

波士顿矩阵（Boston consulting group approach matrix，简称BCG矩阵）是由美国波士顿咨询集团创立的一种分析和规划企业产品组合的方法。这种方法依据市场增长率和相对市场占有率两个因素对产品组合进行分析，这两个因素分别作为矩阵图上的纵轴和横轴。波士顿矩阵把全部产品和业务单位所处的市场地位分为明星类、现金牛类、问题类和瘦狗类四种类型。如图8-1所示，四种产品或业务是处于矩阵图中不同象限的战略业务单位，其对应不同的应对策略。

图8-1　波士顿矩阵

（1）明星类

明星类是指市场增长率及相对市场占有率都高的媒介产品或业务。它们处于优势竞争地位，发展前景良好，但通常需要大量投资以维持增长。若经营适当，可能发展为现金牛类。对于明星类应采取的策略是：短期内优先投入资源，扩大市场份额，培育为未来的支柱产品。

（2）现金牛类

现金牛类是指市场增长率低但相对市场占有率高的媒介产品或业务。它们具有强大的竞争力，可为媒介组织带来大量的现金收入，用以支持明星类和问题类产品或业务。此媒介业务的特点是：市场占有率较高，但增长较为缓慢，属于成熟产品；投入少、产出多；是媒介的财力支柱。对于这类产品或业务，通常采取稳定型战略，在维持市场份额的同时，降低成本、提高收益，持续产生现金流。

（3）问题类

问题类是指市场增长率较高而相对市场占有率较低的媒介产品或业务。它们存在市场机会，但还没有在市场上有适当的地位。相对市场占有率低意味着其市场地位有待提升，市场增长率高表明需要大量资金支持。问题类产品或业务存在两种变化的可能：通过追加投资等努力提升为明星类，或在竞争中失败，难以盈利甚至亏损。对于问题类产品或业务，应采用的策略是：谨慎甄别并分析不同媒介产品或业务的前景，合理配置有限的资源。

（4）瘦狗类

瘦狗类是指市场增长率及相对市场占有率均较低的媒介产品或业务。它们处于饱和或衰退的媒介市场，竞争力弱，通常难以盈利甚至亏损，成为媒介负担。对于瘦狗类产品或业务，一般是有计划地采取退出或剥离策略。

3. GE矩阵

GE矩阵也称通用矩阵，由美国通用电气公司（GE）与麦肯锡咨询公司共同开发，是一种比波士顿矩阵更复杂的投资组合分析工具。GE矩阵的评价维度为媒介产品或业务在传媒业中的竞争力（即媒介业务实力）与行业吸引力。每个维度又可以划分为三个等级，从而把矩阵分割为九个象限。纵轴表示行业吸引力，由市场增长率、市场规模、盈利性、市场结构、竞争格局、技术环境及社会政治因素等指标加权综合评估构成；横轴代表媒介业务实力，由相对市场占有率、价格优势、产品差异化程度、生产能力等要素构成。

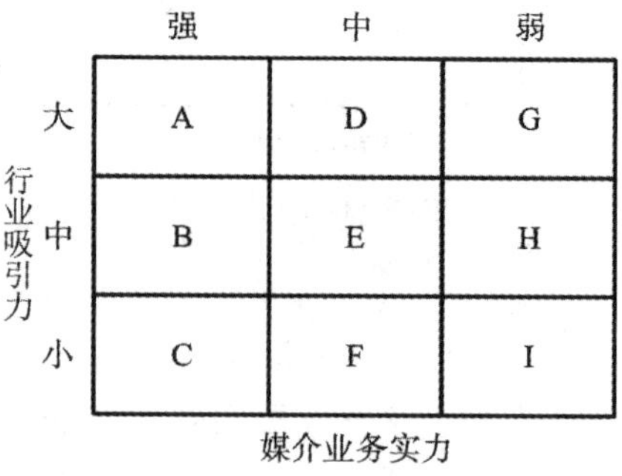

图8-2　GE矩阵图

可将媒介业务实力分为强、中、弱三档，将行业吸引力分为大、中、小三档，在矩阵中形成9个战略区域（见图8-2）。这9个区域又可以分为3个地带。在图8-2中，A、B、D为绿色地带。这一地带的媒介产品具有较强的吸引力与实力，媒介应采取发展战略，将此区域的媒介产品作为重点投资与发展对象。C、E、G为黄色地带。这一地带的媒介产品处于中间状态，媒介应对此采用维持战略，即保持现有规模、集中有限力量有选择地投入资源。F、H、I为红色地带，是处于低状态的产品。对于该区域的产品，媒介应减少投入，并适时采用放弃战略。

（三）媒介战略类型

通常情况下，媒介战略可分为稳定型战略、增长型战略、紧缩型战略和混合型战略。

1. 稳定型战略

稳定型战略是指媒介基于外部环境和内部条件，将资源配置和经营状况基本维持在现有状态和水平上的战略。在此战略下，媒介的经营方向、核心业务以及在其经营领域的产销规模和市场地位保持相对稳定，或仅允许较小幅度的增减。稳定型战略的风险相对较小，适用于处于成熟期或稳定环境中的行业，以及自身运营状况良好的媒介组织。当媒介满足以下条件时，常采用稳定型战略：对过去业绩较为认可，计划延续相似的战略目标；追求与市场自然增长同步的绩效提升（常规增长）；无意对核心媒介业务或产品进行重大创新或更新，仅做微调。虽然稳定型战略可能被视为缺少创新精神或市场开拓意识，但因其建立在媒介组织过去的战略已经获得成功的基础上，且投入少、成本低、实施简便，因此，其在一定时期内对特定媒介组织可能是较为有效的战略选择。

按照战略目的和资源分配方式的不同，稳定型战略可以分为无增战略、维持利润战略、暂停战略、谨慎实施战略四种。无增战略是保持现有目标基本不变，仅根据通胀等因素微调，适用于过去经营非常成功且当前无明显问题的媒介组织。维持利润战略是在外部环境恶化（如经济下行）时，通过优化运营（如提高效率、精简非核心支出）来维持现有利润水平，而非降低产品或服务质量。此战略应谨慎使用，仅作为短期过渡策略，因其过度关注短期利润可能损害长期竞争力（如品牌声誉、客户忠诚度）。暂停战略是指在一定时期内主动降低发展速度，巩固成果，整合资源，解决积累的效率或管理问题。谨慎实施战略是指在外部环境出现重大不确定性因素时，有意识地放慢决策和投资节奏，待形势明朗后再行动。

2. 增长型战略

增长型战略是一种使媒介组织在现有基础水平上向更高目标发展的战略。增长型战略要求媒介组织不仅增加绝对市场份额，还增加相对市场份额；其所采用的手段不一定是价格战或开发新产品，还涉及更高品质的服务和创新的管理理念及方式，以适应并利用不断变化的环境，凸显自身竞争优势。增长型战略包括集中型增长战略和发展型战略。集中型增长战略是指媒介将大部分经营活动集中于某个业务或行业，利用规模经济效应，快速实现销售额、利润和市场占有率的增长。发展型战略包括密集型战略、一体化发展战略、多元化发展战略等。[①]

（1）密集型战略

密集型战略是媒介通过逐步扩张市场实现的增长型战略，可通过扩大生产规模、提高产能、增加产品功能、拓宽销售渠道、开发新市场、降低成本、集中资源等单一或组合策略来实施。其核心体现在市场渗透、市场开拓和新产品开发三个方面。市场渗透是指在现有媒介市场提升现有媒介产品的销量（如增加现有受众的消费频次）。市场开拓是

---

① 徐文蔚：《市场营销学（第2版）》，电子工业出版社，2012年版。

指在新市场推广现有媒介产品（如报纸/杂志扩大发行区域）。新产品开发是指向现有市场推出新产品或改进产品，以满足现有市场的不同需求。

（2）一体化发展战略

一体化发展战略是指媒介基于社会化生产链中的直接关系来扩大经营范围和经营规模，在供产、产销方面实现纵向或横向联合的战略。一体化发展战略可分为横向一体化（水平一体化）战略和纵向一体化（垂直一体化）战略。

水平一体化战略是争取对同行媒介组织的所有权或控制权，或实行各种形式的联合经营。比如传统广电媒体和新媒体试图实现产业结构的相互促进、资源共享。影响水平一体化的因素包括：受众需求的多样性和不确定性，全球经济一体化背景下的新媒介技术和形式涌现使得媒介产品生命周期缩短、产业融合加速。水平一体化体现了媒介生产的专业性与媒介市场的开放性。

垂直一体化战略是一种在产业链中向前、向后扩展业务的增长战略，其优点在于能够强化对媒介集团经营各环节的控制，降低媒介生产的不确定性和经营成本，在一定程度上提高媒介主营业务的市场地位，更好地使用媒介资源；缺点在于增加了媒介的经营风险，以强调媒介竞争、忽略媒介合作为代价。新闻集团曾经在一份年度报告中写道："作为世界上最垂直一体化的公司，我们得在好莱坞生产电影，在世界各地生产电视节目，并通过FOX网在美国、STAR在亚洲、B Sky B在英国传播。"[1]全球垂直一体化是新闻集团区别于其他媒介的战略之一，和其他媒介相比，新闻集团在海外市场的经营本土化程度较高。新闻集团往往拥有当地市场中的独立品牌，而其他媒介则更多与母公司相连。比如，在亚洲市场，隶属于新闻集团的STAR被视为一个亚洲公司，而CNNI（CNN国际台）更多与母公司的品牌相关联。默多克在1985年购买了美国的二十世纪福克斯电影公司，但他看中的并不是其电影业务，而是其福克斯电视台。只用了一年时间，这家名不见经传的小型独立电视台就被改造成为广泛覆盖的电视网，会员数量也逐步从最初的12家电视台发展到188家，成为既电视传媒传统三强ABC、NBC和CBS之后，美国第四大电视网。[2]2019年，迪士尼公司对二十一世纪福克斯电影公司的收购正式生效。由此可以看出超级媒介集团对垂直一体化战略的偏爱。

（3）多元化发展战略

多元化发展战略是指一个媒介同时经营两个或两个以上不同业务领域的拓展战略。其主要包括同心多元化、水平多元化、复合多元化。其中，同心多元化是利用现有媒介技术及优势资源，面对新媒介市场、新受众群体增加新业务实现的多元化经营；水平多元化是针对现有媒介市场和受众，采用新媒介技术增加新业务实现的多元化经营；复合多元化是直接利用新媒介技术进入新媒介市场实现的多元化经营。多元化发展战略适合较大型媒介组织，能充分利用媒介的经营资源，提高资源利用率，借助经营范围扩大缓解竞争压力、降低经营成本、分散经营风险，从而增强组织的综合竞争优势。

---

① 《从默多克数字天空的扩张看西方商业电视的冲击力》，http://media.people.com.cn/GB/40628/3902705.html，2005年11月30日。

② 于海滨：《默多克新闻集团的扩张之路》，《声屏世界》2010年第1期，第64—65页。

3. 紧缩型战略

紧缩型战略是指媒介组织在不利的环境条件下，从目前的战略经营领域和基础水平进行收缩和撤退。与增长型战略的目标相反，紧缩型战略放弃对经营规模的扩张，消极地回收资源，抽回经营力量。但媒介组织实施紧缩型战略一般具有明显的过渡性，其根本目的并不在于长期节约开支、停止发展，而是应对某些不利的经济环境，将有限的资源分配到更好的使用场合，以积聚未来的发展力量。紧缩型战略包括抽资转向战略、放弃战略和清算战略等。

抽资转向战略是指媒介组织在现有的经营领域难以维持原有规模，主动收缩产销规模和市场占有率，或者在面对新的更好的机遇时，减少在某一经营领域的投资，以削减费用支出，回收现金流量，转而投向其他战略期内重点发展领域的战略方案。

放弃战略是在媒介组织战略失败，调整无效时采用的战略，指将媒介的一项或多项业务、一个或多个经营单位进行转让、出售或停止经营。放弃战略的主要目的在于找到愿意以合适价格接盘的买主，所以媒介管理者应说服有购买意向的出资者，使其认识到通过购买所获得的资源能够增加利润。

清算战略是在所有战略皆告失败时，通过出售资产或停止全部经营业务运行，终止组织存在的战略。在确实毫无希望的情况下，媒介可实施清算战略，有计划地逐步降低资产估值，尽可能多地收回资产，避免资产流失和不良声誉对媒介组织造成更大的负面影响。清算战略在特定情况下，也是一种减少损失的明智选择。

4. 混合型战略

混合型战略是指媒介组织综合使用稳定型战略、增长型战略和紧缩型战略三种战略类型。这三种战略既可以单独使用，也可以混合使用。具体实践中，多数媒介实施的都是混合型战略。组成混合型战略的各种战略称为子战略。按照子战略的不同，混合型战略可分为同一类型战略组合和不同类型战略组合两类。

同一类型战略组合是指媒介组织采取稳定型、增长型和紧缩型中的一种战略类型为主要战略方案，但具体的战略经营单位由该战略类型下的不同子类（如稳定型战略中的无增战略、维持利润战略、暂停战略等）组合而成。

不同类型战略组合是指媒介组织同时采用稳定型、增长型和紧缩型中的两种及以上战略类型的组合。按照战略组合的不同顺序，还可分为同时性战略组合和顺序性战略组合。同时性战略组合，是指在同一时期内同时采取不同的战略。比如，在增设经营单位、产品线，即使用增长型战略时，放弃另一个经营单位或产品线，即对其使用紧缩型战略。由于同时期内有各异的两种或几种战略，采取同时性战略组合时要以媒介组织的总体战略目标为核心，确定战略的主从关系，保证各子战略的互容性，提升资源配置效率。顺序性战略组合，是指按照战略方案实施的先后顺序，顺次采取不同的战略。比如经济萧条时期采取紧缩型战略，经济繁荣时期转向增长型战略；或针对同一媒介产品的生命周期阶段采取差异化战略。[①]

四、媒介战略控制与评估

（一）媒介战略控制

1. 媒介战略控制的概念和作用

媒介战略控制，是指在媒介经营战略的实施过程中，检验媒介为达成目标所进行的各项活动的进展情况，评价实施媒介战略后的媒介绩效，把它与既定战略目标与绩效标准相比，发现战略差距，分析产生偏差的原因，并调整偏差。所有的媒介管理者都应当承担控制的职责，即便其部门是按照计划运作的。因为媒介战略管理中的一个基本矛盾是既定的战略与变化的环境之间的矛盾，管理者在将已经完成的工作与计划所应达到的标准进行比较之前，无法确定其部门的工作是否正常。

媒介战略控制的作用主要表现在以下几点。一是保证媒介战略的有效实施。媒介战略控制是媒介战略管理的重要环节，战略控制的好坏将直接影响媒介战略决策实施的效果好坏与效率高低，因此战略控制在战略管理中是必不可少的。二是战略实施的能力是战略决策的一个重要制约因素，如果媒介战略控制能力欠缺，那再科学的战略也难以得到有效实施。媒介战略控制的能力与效率的高低决定了媒介战略行为能力的大小。三是为战略决策提供重要的反馈。媒介战略控制可以为战略决策提供重要的反馈，帮助战略决策者明确决策中哪些内容是符合实际的、正确的，哪些是不符合实际、不正确的。四是促进媒介文化等媒介组织基础建设。

比如1997年，贝塔斯曼书友会在上海成立后，不仅很快在中国市场站稳脚跟，并显示出强劲的发展态势。但长期以来，贝塔斯曼一直处于高成本运营的状态，直接导致巨额亏损。从一个书友会的正常运转来看，其成本大致包括招募会员、发送目录、购货、仓储、配送、运营等方面。贝塔斯曼在招募会员方面，每年都要投入400万～500万的广告费，大约每招募1名会员，就要付出成本费25元。此外，书友会的另一个巨大开销在于向会员免费发送目录，而每一期目录少则数十万份，多则上百万。由于巨额支出，其无法给予会员更多的优惠书价。至2008年，在贝塔斯曼书友会进入中国的第11个年头，尽管已经投资数亿元人民币，但仍未能盈利。2008年6月，北京贝塔斯曼21世纪图书公司表示，将终止其全国范围内36家贝塔斯曼书友会业务。[②]事实上，在亏损的成长期，贝塔斯曼一直进行较为严格的媒介战略控制，每年都会对资源的有效配置、短期目标是

---

① 　吴秀敏：《企业战略管理》，四川科学技术出版社，2005年版。

② 　肖明超：《贝塔斯曼为何败走中国?》，《现代企业文化（上旬）》2008年第28期，第52-53页。

否完成进行控制。贝塔斯在进入中国10余年未能盈利的情况下选择退出也是媒介战略控制的方式之一。

2. 媒介战略控制的过程

媒介战略控制的过程一般如下：衡量媒介的实际绩效—将实际绩效与标准进行比较—采取媒介管理行为纠正偏差或不适当的标准。媒介战略控制过程的标准是一系列目标，是可用来对实际行动进行度量的。标准应从媒介计划中产生，所以媒介计划先于媒介战略控制而存在。

（1）衡量媒介的实际绩效

衡量媒介的实际绩效，就是对媒介计划执行的实际效果进行度量、统计、汇总，按照与控制标准相应的指标，准确地反映媒介计划执行情况。这一阶段工作的关键是信息的收集和整理。收集的信息必须及时、准确、可靠，同时对信息中的错误、虚假部分进行排除。信息的收集包括信息反馈，比如通过财务报表了解媒介利润和成本费用情况。

（2）将实际绩效与标准进行比较

在衡量媒介的实际绩效基础上，将实际绩效与标准进行比较，确定实际绩效与标准之间的偏差。这种偏差是纠正偏差过程中改变输入或调整系统结构的依据。在某些媒介活动中，偏差是难以避免的。因此必须确定可以接受的偏差范围，如果偏差显著超出这一范围，就应引起媒介管理者的关注。比较和计算偏差应实事求是，数据必须准确。

（3）采取媒介管理行为纠正偏差或不适当的标准

发现偏差的目的是纠正偏差，而纠正偏差就是执行控制。纠正偏差首先应分析产生偏差的原因：可能是环境条件变化影响，也可能是计划目标定得过高，不切合实际，还可能是执行者的人为因素，如投机行为等。分析原因是纠正偏差的关键，只有找准原因，才有可能针对性调整。媒介管理者一般在以下三种行动方案中进行选择：什么也不做，改进实际绩效，修订标准。

澎湃新闻于2014年7月上线，是上海报业集团进行改革调整开发出的一款新闻客户端产品，并以"专注时政与思想"作为自身追求。澎湃新闻的打造有上海报业集团几亿巨资的投入，有《东方早报》数百名精英记者的人力资源支持，以报纸成熟的运作模式为基础，一经上线，便迅速火爆起来。短短两年之后，澎湃新闻便取得了中国网站移动传播百强榜第5名的好成绩。2016年底，澎湃新闻做出了令业界为之震惊的决策——于2017年始停刊《东方早报》，这一举动迥异于传统媒体在发展路径上的选择，被认为是媒介融合的差异化操作。如果说停刊实体报纸，彻底转型新媒体，是澎湃新闻迫于形势不得已做出的放弃，那么区别于"中央厨房"的信息生成方式则是澎湃新闻的主动选择。澎湃新闻在内容生产上的彻底转型以及人力资源的重新调配，正是媒介战略实施过程中媒介战略控制的体现。

（二）媒介战略评价

1. 媒介战略评价的过程

（1）确定评价内容

为了采取措施以保证媒介战略管理过程更有效进行，需要首先对该过程的目前状况有比较全面的了解。也就是说，要对该过程的现状进行必要的评价，而评价的关键是在明确评价目的的基础上，具体确定评价内容。从根本上说，进行媒介战略评价的目的主要包括两个方面：一是为媒介战略管理者了解整个媒介战略管理过程的运作情况与影响因素提供信息；二是为媒介战略管理者对有关部门及员工进行业绩考核与奖惩提供依据。

（2）建立评价标准

评价标准可作为考核媒介运行是否正常的依据，通常包括媒介运行目标及每一层次的具体构成，根据不同媒介情况的差异有不同的侧重。评价指标要与战略目标和宗旨一致；首先，指标不能过多，要有突出的重点；其次，指标要能反映媒介内部的各种组织关系、媒介的变化和发展、媒介的竞争地位及在传媒业的位置。

（3）衡量实际业绩

媒介战略管理者应根据所确定的评价标准，定期、定点对媒介运行业绩进行实际测量与记录，从而为媒介战略控制提供基本的数据资料与信息依据。衡量实际业绩的困难主要体现在对于媒介整体运行效率的评价，通常需要采用一些综合性分析方法，如初步评价法、深入调查法、分析评判法、建议实施法等。

2. 媒介战略评价的基本框架

（1）监控战略执行进度

通过激励执行主体，调动其自我控制与自我评价的积极性，保障媒介战略的有效实施。采用执行控制表记录战略项目进展，并分析执行偏差原因。

（2）跟踪内外环境变化

内外环境变化意味着战略前提变动，应给予足够的关注：更新外部因素评价表，并与原外部因素评价表进行比较；通过提出和回答一些关键问题，分析和判断媒介相对竞争者的位置变化；更新内部因素评价表，并与原内部因素评价表进行比较，决定是否调整战略。

（3）评估战略运行绩效

根据媒介战略目标，结合媒介内部人力、物力、财力及信息等具体资源，预先设定媒介绩效标准。通过测量实际绩效，与标准对比，进行偏差分析与评估。

（4）动态调整战略方向

根据评价结果及时修正战略，确保其适应环境变化并有效落地。

思考题

1.什么是媒介战略和媒介战略管理？

2.媒介战略管理具有哪些特征？

3.如何理解媒介战略管理的过程？

4.媒介战略类型有哪些？

5.如何理解媒介战略选择？

6.如何理解媒介战略控制与评估？

在广播电视管理诸多工作中，为什么要特意把主持人管理单独作为一章进行讨论呢？

首先，加强主持人管理是由其岗位特殊性决定的。主持人是广播电视创作团队的核心成员，是机构中重要的人力资源，更是媒介的形象代表和品牌标识。目前在相当多的广播电台，从业者绝大多数甚至全部都是主持人；在电视从业者中，主持人占从业者的比例虽然不是最大的，但其发挥的作用至关重要。有效的主持人管理，对媒介发展战略的最终实现将起到巨大的，甚至是决定性作用。此外，播音主持工作承担着传达主流声音的职能，具有"喉舌"属性。加强主持人管理是确保宣传任务落实到位、维护媒介形象的需要。主持人处于传播前沿，直接代表媒介形象，其表现关系到媒介公信力。特别是在社会转型期，广播电视节目主持人成为具有广泛影响力的公众人物，而且这种影响力持续提升。

其次，加强主持人管理是媒介深化改革和生存发展的需要。主持人的选拔、培养和管理水平，直接关系到媒介的经济效益、社会效益，以及品牌影响力。越来越多的业内人士认识到，主持人正逐渐成为重要的市场增长点。

最后，加强主持人管理是主持人个人发展的需要。近年来，主持人队伍也面临一些新挑战：媒介产业化变革、传播理念更新与技术迭代，使行业发展呈现新态势。若管理机制滞后，将制约主持人专业成长。因此，改进管理模式成为行业的迫切议题。

第一节　主持人管理的本质和原则

一、主持人管理的本质

管理的核心在于用人。管理者的关键职责就是吸引人、用好人、开发人、留住人。人才竞争的实质是人才制度的竞争，也是人力资源开发和管理科学水平的竞争。当前我国企业面临的主要挑战之一，就是如何通过科学的人力资源管理制度实现人力资本持续增值。

主持人管理，是指对主持人的选拔、培养、使用与发展进行有计划的、科学的控制和管理，旨在培养兼具理论素养和专业能力、深受受众认可并有一定社会影响力的主持人。其核心目标是激发主持人潜能，使之作为人力资本持续保值增值，为媒介创造价值，并提升传播效能。

现代人力资源管理改革涉及利益格局的调整，只有协调好市场主体的利益关系，改革才能顺利进行。国内广播电台、电视台长期受行政事业单位管理模式影响，人事管理呈高度计划性特征。因此，从传统人事管理向现代人力资源管理的转型，既要破除陈旧观念，更要建立符合市场化运作的新机制。

在新闻资源趋同化越来越明显的今天，媒介依靠什么进行竞争？除了新闻资源的整合与运用、特色栏目的设置、好的节目样式之外，打造名牌主持人已经成为其制胜的核心竞争力。从媒介管理角度讲，主持人管理不仅是人力资源课题，更需要深度融入媒介宣传与经营体系，成为内容产品的核心价值载体。

我国广播电视"事业单位、企业管理"的双重属性，要求主持人管理必须坚持政治素养和专业能力并重。主持人既是职业化岗位，更是党的宣传工作者，其言行关乎媒介乃至政府公信力，因此理论素质和思想水平的管理不可或缺；同时，主持人更需通过个性化表达与业务风格创新提升影响力，吸引受众。

当前广播电视竞争已呈白热化态势，面对数百频道与上千节目的选择过剩局面，收视率高低不再取决于设备先进性或机构层级，而源于创意水平与人才素质，即节目团队的创新能力和专业水准。

二、主持人管理的理念更新

1. 树立主持人社会化理念

人才社会化配置是市场经济发展的必然趋势。随着市场经济的发展，以及人事制度改革的不断深入，人才对单位的依附性逐步弱化，成为可流动的专业化资源。人才基于价值实现原则在市场机制下有序流动。同时，节目制作社会化推动主持人资源配置的社会化转型。媒介市场的发展，使节目制作开始走向社会化，其必然结果是主持人也随之走上了社会化和市场化的道路。媒介要以新的思维方式提升人才资本运营能力。在这一过程中，要平衡好人才使用与人才流动的关系，建立主持人竞争机制，充分发挥现有人才的作用，留住人、用好人；还要树立"大人才观"，通过"不求所有，但求所用"模式不断充实和更新主持人队伍。

2.树立人才资源市场化配置的理念

人才资源市场化配置的本质是通过供需匹配实现人岗优化组合，促进人才效益最大化。媒介可以吸引各方人才，个人可以自由择业，双方都有选择的机会。不少媒介开出了优厚的待遇在全国范围内招聘主持人，这正是人才资源市场化配置的实践体现。

3.树立人才身价理念

人才既然进入市场，就要尊重价值规律，体现人才的价值。人才的价值包括两个方面：一是初始价值；二是附加价值（价值的再发现）。初始价值相当于一个刚毕业的大学生到单位后按统一标准领取的工资。附加价值就是随着他在工作岗位上不断发挥作用，不断取得业绩，而为其增加的工资。体现主持人人才的特殊价值和地位，需要在增加人才附加价值上下功夫，以业绩论功过，根据创造的价值和做出的业绩给予奖励，做到一流人才、一流业绩、一流报酬。对在关键岗位上承担重任的主持人，要提高他们的收入水平，对业绩突出的个人给予重奖，或提前晋职晋级，只有这样才能实现人才的"引得来、稳得住"，使人才发挥最大的积极性、创造性。

4.树立主持人资本化理念

主持人的价值可以用资本来量化。作为资产很难明确讲主持人是属于无形资产还是属于有形资产。主持人应该是一种特殊的有形资产，因为有形资产的概念是看得见、摸得着的，主持人是一个人，而不是一种理念、一种文化。但是，主持人又不是像固定资产一样的有形资产。从经济学视角来看，人力投资是回报率最高的投资形式之一。资本的本质在于价值增值，因此，对人力资源实行有效开发、将其转变为人力资本，是媒介实现可持续发展的关键保障。

凤凰卫视的"明星制"是一个完整的商业链条。在明星主持人为凤凰卫视增加附加值的同时，凤凰卫视同时把这些附加值量化，使之体现于明星主持人的收益——除了给予明星主持人高薪之外，还有一定的股权激励。招股说明书显示，凤凰卫视在向包括2名公司董事、4名高管以及140多名其他员工的授出股份中，吴小莉、窦文涛、许戈辉、陈鲁豫等明星主持人获得的股权数量仅次于几位高管人员，凤凰卫视对明星价值的资本化体现在国内无出其右。刘长乐认为，凤凰卫视的明星主持人在整个无形资产中所占的份额应该是很大的，明星的价值可以用资本来量化。中央电视台如今也越来越重视主持人价值的量化，从2003年起，其对主持人实行奖优罚劣制度，评出年度"十大优秀栏目主持人"，重奖"名嘴"，拉开了"名嘴"与普通主持人之间的收入差距，对鼓励优秀人才起到了积极作用。[①]

当前，媒介产业化发展已进入关键阶段，人才建设方面却投入太少，这将制约媒体产业化的整体推进。应把人才资本的引进和开发，与技术资本、资金资本的引进和开发进行捆绑式投入，走出"宁可花几千万、几百万购买装备，却不愿花几万用于人才培养"的误区。尽管越来越多的人在实践中开始意识到，在优秀主持人身上加大投入比单纯节目投入更省力、更便捷、更高效，因为一期期节目是离散的，而主持人是可持续的载体，对主持人的投资是一种长线投资。但实践中真正集中力量打造主持人的实例还不多见。因此，人力资本特征显著的主持人管理，亟须强化人力资本意识，围绕人力资本展开人才引进、培养开发和无形资产经营。

5. 树立用人机制竞争的理念

人才竞争的本质，是选人用人制度的竞争，看谁的选人用人制度更有优越性，更能凝聚人、激励人，更能整合和盘活人才资源，更能发挥人的聪明才智，对优秀人才更有吸纳和积聚功能。有了好的制度，没有人才也能吸引来人才；反之，没有好的制度，即使有了人才也会很快流失。在用人制度上，除了解决工作生活条件外，更应强调为主持人提供发展机会，从机制上调动其积极性与创造性。媒介增强人才竞争力，必须加快人事制度改革，采取更加灵活的政策机制，敢于突破传统模式：既要盘活现有人才存量、用好现有人才，也要筑巢引凤，吸引更多优秀人才。当主持人作用日益突出、对主持人的争夺愈发激烈时，媒介需要加快主持人管理机制创新——通过有竞争力的机制培养/获取有竞争力的主持人，进而以主持人竞争力提升媒介竞争力。

三、主持人管理的原则

1. 统一化原则

机构膨胀与频道专业化进程导致各频道、部门、栏目的分立倾向明显，主持人管理中出现政出多门、责权不清、配置混乱等现象实属必然。统一化原则要求建立统一的管理模式、准入制度、调配平台和监评网络。

在管理模式上，中央电视台采取了"领导小组+专家委员会"机制，专家委员会提供专业意见，领导小组最终决策；北京电台设立"管委会"，由总编辑担任"管委会"主

---

① 曹广随：《建立行之有效的主持人中心制》，《青年记者》2014年第21期，第68-69页。

任；北京电视台明确为以台编委会为决策机构，播音部为执行管理部门；上海文广新闻传媒集团成立东方之星公司，对主持人、演员、歌手实行统一经营。

统一准入制度包含两方面的内容：岗位标准及申报审批程序。当前，我国已实行播音员主持人持证上岗制度，设定了基础准入门槛。媒介选用主持人时，仍需统一把关，通过公开、公平、公正的准入机制保障人才水准与机会均等。

持证上岗属于宏观准入管理，在媒介操作层面更要注重统一管理、统一运营。建立统一的培养、调配、包装平台是对主持人的主动经营。比如央视新闻频道春节特别节目《传奇中国节·春节》，调配频道内七位主持人轮值主持，使节目呈现多元化风格。若有更多频道、更多类型的主持人参与节目，节目形态将更加丰富。准入制度和调配平台属于过程管理，而构建统一的监评网络，实现对工作结果的全面监督和评估，则属于结果管理。

2. 品牌化原则

品牌化原则旨在打造主持人个人品牌，通过知名主持人构建媒介品牌价值。其核心是将主持人纳入媒介产品——节目的核心价值体系。作为核心价值载体，主持人具有价值稀缺性、不可复制性、持久影响力以及品牌可延展性。主持人作为节目的有机组成部分，是独特的战略资源。每位主持人就是一个独立的品牌，对特定受众群体具有号召力和影响力。

省级电视台常有上百位主持人，却少有知名主持人。究其原因，主要有以下两点：一是媒介的"喉舌"定位曾经限制个人品牌发展，传统认知中，媒介作为宣传工具不宜强调个人名利；二是主持人易被符号化与模式化。当主持人沦为节目符号，以固定模式传递同质内容时，观众仅记住符号化形象——而观众真正期待的是立体化、有故事的主持人形象。名牌主持人为媒介带来的效益是明显的，其可以强化媒介吸引力和影响力，有效降低节目制作风险，使节目在较短时间里成长起来，成为名牌节目。

3. 市场化原则

主持人资源是媒介产业发展中的稀缺资源。为了实现主持人资源的有效配置，可以引入市场机制，发展和完善主持人人才市场，确立主持人的市场主体地位，建立主持人市场价格机制，提供相应的法律保障，成立市场中介组织，从而通过价格机制和市场交易途径，在有序流动中实现主持人资源的优化配置。主持人的市场化包含两层意思：一是主持人的配置要实现市场化；二是在价值实现过程中获得公平公正的待遇。

近年来体制内外主持人薪酬差距持续扩大，亟须建立市场化薪酬体系（如年薪制）实现与市场接轨。同时，"无违约金跳槽"现象日益普遍，可以尝试通过签约制解决这一问题。

市场化是主持人职业发展的核心保障。当然，放开管制并不意味着放任自流。比如，上海文广新闻传媒集团通过经纪公司实施统筹管理，既审查项目内容，又代理商业洽谈，在提升主持人专业价值的同时，形成经济业务新增长点。

第二节　主持人管理的有效举措

2004年8月1日起，在依法设立的各广播电视节目制作、广播电视播出机构连续从事广播电视采访编辑、播音主持工作满一年的人员，必须通过资格考试和注册取得职业资格，并持有相应的执业证书方能上岗。这是国家广播电视总局为规范广播电视编辑记者、播音员主持人执业资格管理，提高从业人员素质，加强广播电视队伍建设而采取的有效举措。

一、我国广播电视节目主持人逐步纳入规范化管理轨道

广播电视是党和人民的耳目喉舌，是重要的思想文化阵地。广播电视节目主持人的形象、气质、言谈、举止有着极其广泛的社会影响和不可低估的示范效应，直接关系到广播电视宣传舆论导向。广播电视行政部门一直高度重视主持人队伍的建设和管理。一方面，节目主持人作为广大广播电视从业人员的一分子，要遵守各项广播电视管理规定；另一方面，由于主持人工作性质的特殊性，为了提高从业人员的素质，提高准入门槛，规范从业行为，国家还专门针对播音员、主持人出台了一些规定。

1995年，《广播电影电视部关于广播电台、电视台外借播音员节目主持人的暂行规定》出台，规定：播音员、节目主持人参加外单位的节目主持、录音、配音工作，一律由单位统一组织和管理，个人不得私自联系外借事宜；外借广播电台、电视台播音员、节目主持人不准从事营利性活动的主持，不准从事歌厅、舞厅、酒吧和私人庆典活动的主持，不准做广告；等等。1997年出台了《播音员主持人上岗暂行规定》，规定了播音员、主持人的基本条件，资格的考核与取得以及资格管理。2000年出台了《关于进一步加强播音员、主持人管理有关问题的通知》，要求建立健全播音员、主持人业务管理机构，加强对播音主持专业的岗位管理，完善播音员、主持人考核办法，重视播音主持人才的选拔和培养，加强播音主持理论建设，关心播音员、主持人的工作和生活。2001年出台了《播音员主持人持证上岗规定》，对县级以上广播电视播出机构专职普通话播音员、主持人员资格取得的基本条件、程序和资格管理做了相应规定。2004年发布《广播电视编辑记者、播音员主持人资格管理暂行规定》，其是在总结上述有关规定的基础上制定的，也是为了贯彻《行政许可法》相关要求、推进依法行政。《行政许可法》规定，提

供公众服务并且直接关系公共利益的职业、行业，需要确定具备特殊信誉、特殊条件或者特殊技能等资格、资质的事项，可以设定行政许可。2004年6月，《国务院对确需保留的行政审批项目设定行政许可的决定》出台，规定由国家广播电视总局实施广播电视新闻采编、播音员、主持人资格认定许可项目。为保证许可项目依法、公开、公平、公正实施，按照《行政许可法》的要求，在《广播电视编辑记者、播音员主持人资格管理暂行规定》中比较全面地规定了播音员主持人的资格考试、执业注册、权利与义务，明确规定了许可的条件、程序、期限等。

二、《广播电视编辑记者、播音员主持人资格管理暂行规定》的主要内容

《广播电视编辑记者、播音员主持人资格管理暂行规定》（以下简称26号令）共分五章三十条。明确规定：在依法设立的广播电视节目制作、广播电视播出机构连续从事采访编辑、播音主持工作满一年的人员，必须通过考试和注册取得职业资格，并持有执业证书。广播电视编辑记者证和播音员主持人证，是广播电视编辑记者、播音员主持人的唯一执业凭证，在全国范围内有效，有效期为两年。未获得执业资格人员应当在持有相关执业证书的人员指导下从事实习等辅助性工作。广播电视编辑记者与播音员主持人资格考试原则上在每年上半年举行一次。资格考试实行全国统一大纲、统一命题、统一组织、统一标准制度。考试时间在受理报名前三个月向社会公告。凡是遵纪守法、坚持党的基本路线和方针政策、具有完全民事行为能力、具备大专以上学历人员（含高校应届毕业生）均可报名参加考试。已取得广播电视编辑记者资格考试合格证或广播电视播音员主持人资格考试合格证的，可以申请相关执业资格注册。26号令对播音员主持人的权利和义务也做出了明确规定。广播电视播音员主持人在执业活动中享有以下权利：一是以所在的制作、播出机构的名义从事广播电视节目采访编辑或播音主持工作，制作、播出机构应当提供完成工作所必需的物质条件；二是人身安全、人格尊严依法不受侵犯；三是参加继续教育和业务培训；四是指导实习人员从事采访编辑、播音主持工作；五是依法享有的其他权利。同时，其在执业活动中应当履行以下义务：一是遵守法律、法规、规章；二是尊重公民、法人和其他组织的合法权益；三是坚持正确的舆论导向；四是恪守职业道德，坚持客观、真实、公正的原则；五是严守工作纪律，服从所在机构的管理，认真履行岗位职责；六是努力钻研业务，更新知识，不断提高政策理论水平和专业素养；七是树立良好的公众形象和健康向上的精神风貌；八是依法应当履行的其他义务。参加继续教育和培训，既是权利，又是义务，这是播音员主持人不断提高业务水平的需要。特别引人关注的是26号令对主持人的道德品质提出了要求，职业道德、品行、声誉成为主持人上岗不可或缺的三大要素。广播电视是社会主义精神文明建设和先进文化传播的重要阵地，主持人作为公众人物，其一言一行对公众具有比普通群众大得多的辐射面和影响力，不少主持人还是青少年学习模仿的对象。很难想象，一个品行不端、丑闻缠身的主持人能具有良好的公信力，能有利于观众接受先进文化。因此，对主持人的道德方

面提出一些基本要求，是其特定工作岗位的必然要求。26号令规定，因故意犯罪受过刑事处罚的和受过党纪政纪开除处分的，不能报名参加考试；违反职业纪律、违背职业道德，造成恶劣影响的和品行不端、声誉较差的，注册机关不予办理注册手续，制作、播出机构应将责任人调离广播电视采访编辑或播音主持岗位；并规定广播电视播音员主持人在执业活动中应当树立良好的公众形象和健康向上的精神风貌。播音员主持人持证上岗，代表着我国在宏观的主持人管理层面，已经开始走向规范化。26号令规定涉及的内容比较全面，涵盖资格考试、证书发放、执业注册、从业权利义务等环节；另外，制度设计更加科学合理，将资格取得区分为资格考试和执业注册，符合执业资格管理的惯例，有利于实际工作中的监督管理，有利于促进播音员主持人队伍素质不断提高；整体上看，程序清楚，要求明确，具有较强的可操作性。

三、国家对主持人素质、道德进行监管

2004年4月，为深入贯彻落实党的十六大精神和中共中央、国务院《关于进一步加强和改进未成年人思想道德建设的若干意见》，结合广播影视工作实际，国家广播电视总局制订发布了《广播影视加强和改进未成年人思想道德建设的实施方案》，提出广播影视要坚持使用标准普通话和规范的汉字，帮助引导未成年人学习掌握和规范使用标准普通话。广播影视节目要提倡语言美，倡导文明用语、规范用语，净化语言文字环境，不能使用粗话脏话；除特殊需要外，节目主持人必须使用普通话，不要以追求时尚为由，在普通话中夹杂外语，不要模仿港台方言的表达方式和发音。这种要求符合相关法律法规精神，也是为了纠正一些广播影视节目、主持人在语言文字运用方面存在的随意、不正确、不规范的现象。同时，该实施方案强调：加强节目主持人队伍建设，提高主持人的综合素质；坚决纠正节目主持人在着装、发型、语言以及整体风格方面低俗媚俗现象；广播影视节目主持人在着装、发型、语言以及整体风格上，应该充分考虑全社会特别是未成年人的欣赏习惯、审美情趣，切实做到高雅、端庄、稳重、大方，不能因过分突出个人风格、个人品位而标新立异、哗众取宠，不能为追求所谓的"轰动效应"而迎合低级趣味；主持人不宜穿着过分暴露和样式怪异的服装；避免佩戴带有明显不良含义标识图案的服饰；主持人的发型不宜古怪夸张，不宜将头发染成五颜六色；不要模仿不雅的主持风格，也不要一味追求不符合广大观众特别是未成年人审美情趣的极端个性化的主持方式，更不要为迎合少数观众的猎奇心理、畸形心态而极尽夸张怪诞的言行与表情。

2004年12月，为了加强队伍建设倡导良好的职业精神和职业道德，规范广播电视播音员主持人的职业行为，国家广播电视总局发布《中国广播电视播音员主持人职业道德准则》，准则共分责任、品格、形象、语言、廉洁和附则六个部分，对播音员主持人的职业行为做了详细的规范。准则着重强调广播电视播音员主持人作为有广泛社会影响的公众人物，应时刻保持谦虚谨慎，追求德艺双馨；在工作和生活中保持良好的仪表和文明举止，自尊自爱，通过严格约束日常行为，树立良好形象，维护媒体公信力；规范使用通用语言文字，维护祖国语言和文字的纯洁，发挥示范作用。准则还规定，播音员主持人不

得将自己的名字、声音、形象用于任何带有商业目的的文章、图片及音像制品中。这是我国首部播音员主持人的职业道德准则，内容详细、具体，进一步加强了对播音员主持人的管理。

2015年，国家新闻出版广电总局（2018年改为国家广播电视总局）发布《关于进一步加强广播电视主持人和嘉宾使用管理的通知》，要求电视台严格执行主持人上岗管理规定，加强主持人职务行为信息管理，认真落实播前审查和重播重审制度，加强主持人和嘉宾教育培训，明确责任主体、确保落实到位，做好主持人资质清查和主持人、嘉宾管理制度建设工作。

第三节　主持人管理的创新

一、主持人的人力资源管理——职业生涯规划

在建立和完善主持人市场化配置与实行主持人人力资本运作的同时，广播电视还应就主持人的日常管理和战略管理建立科学、规范、有效的主持人人力资源开发和管理系统。为了与广播电视产业化发展和人事制度改革相适应，主持人管理也应当从传统的人事管理及时地转向现代人力资源管理与开发，只有这样才能与主持人市场化配置和主持人人力资本运作相配合。下面就主持人职业所表现出来的明显阶段性，讨论一下主持人职业生涯及主持人职业管理问题。

职业生涯也叫职业发展，就是一个人从参加工作开始，以心理开发、生理开发、智力开发、技能开发、伦理开发等潜能开发为基础，以工作内容的确定和变化、工作业绩的评价、工资待遇、职称职务的变动为标志，以满足需求为目标的工作经历和内心体验经历。职业生涯管理或职业管理包括个人和企业两个层面。对企业来说，职业管理是为了不断提升员工的满意度，促进其成长和发展，并使其与企业的发展和需要统一起来，而制订计划并使其实现，以实现双赢的过程。职业管理是现代人力资源管理与传统人事管理的主要区别，是"以人为本"思想在管理活动中的主要体现。

毋庸置疑，21世纪之初中国广播电视主持人的职业生涯出现了明显的波动，媒介和主持人个人对其职业前景的忧虑也到了空前高的程度。大量主持人跳槽现象的出现，正是这一趋势的反映。针对广播电视主持人的具体情况，其职业管理可以围绕职业生涯的五个阶段来展开。

1. 预备期

这是主持人进入业内之前的准备阶段，通常持续3年左右。在此阶段，媒介应依据市场需求，引导主持人专业培养方向，合理规划人才储备规模，并通过多种渠道发掘具有主持潜质的人才。

2. 尝试期

这是主持人职业生涯的探索与适应阶段。主持人通常从基础工作做起，专注于学习行业知识和积累实践经验。由于节目主持是一项高度依赖临场发挥的创造性工作，主持人需将知识灵活应用于复杂多变的传播场景，因此常伴随成就感和压力交织的心理状态。媒介应加大培训投入，鼓励"实践出真知"，并提供适时、恰当的激励与反馈。

3. 成长期

这是主持人职业能力的提升与定位阶段。主持人此时基本适应了职业环境，媒介也开始委以其更重要的任务，然而在能力快速提升、寻求更大发展空间的过程中，主持人可能面临职业方向选择的困惑（如尝试与自身特质不符的领域）或承受行业竞争压力。媒介应着力构建信任关系，可适时实施主持人品牌化策略，并通过合理的人才流动机制优化团队结构。

4. 拓展期

这是主持人职业影响力的巩固与突破阶段。主持人在业务成熟后，开始寻求个人价值实现和新的发展空间，但同时也面临后起之秀的竞争压力。其职业轨迹的延续或转变成为人们关注的焦点。媒介要审慎判断主持人在此阶段处于衰退期还是黄金期。无论何种状态，此阶段都是媒介收获前期人力资本投入、深度开发主持人品牌价值的关键时期。

5. 动荡期

职业流动是主持人职业生涯中可能发生于尝试期后期、成长期或拓展期的普遍现象。主持人开始寻求多元化发展机会（如跨平台、跨地域甚至跨国界合作）。这种流动对处于拓展期的主持人吸引力尤强，尝试期主持人也可能因此产生职业预期偏差。流动期长短不一（数月到数年不等），核心动力是主持人期望通过转换环境实现个人价值提升。媒介的应对策略是：建立规范、畅通的流动机制，及时了解并满足主持人职业发展诉求，引导其合理有序流动，从而缩短非必要动荡期，减少人才资源浪费和内耗。

二、主持人的人力资源运营——主持人中心制

1. 主持人中心制的由来

主持人中心制是相对于编辑中心制、制作人中心制而言的。主持人中心制是指主持人对节目内容拥有决策权并承担核心责任，不仅深度参与节目策划与制作，而且在关键

环节有最终决定权。为了有效运作，主持人需要精干的专业制作团队作为支持系统，完成节目生产流程中的各项工作。

主持人中心制的出现与新闻深度报道、直播常态化密切相关，其成熟形态最早在美国形成。1968年，哥伦比亚广播公司（CBS）创办了以深度调查报道为特色的电视新闻杂志栏目《60分钟》。沃尔特·克朗凯特担任该栏目主持人。凭借丰富的新闻从业经历（包括报纸和通讯社），克朗凯特展现出对重大新闻事件的卓越把握能力和对重要新闻场合的极强控制能力。他要求的"编辑主管"的职务和实际权力得到了管理层的支持。自克朗凯特开始，晚间新闻的播报员角色逐渐演变为具有决策权的"新闻主持人"，他们在新闻报道选题和制作过程中的参与程度越来越深，发挥的决策作用越来越大，由此形成了主持人中心制。

主持人中心制在新闻杂志类节目中率先成熟并非偶然，这与其特有的内容形态和制作要求高度契合。美国主流广播电视新闻节目普遍采用直播首播形式。主持人在直播过程中不仅要播报新闻，还要实时连线前方记者获取现场信息（或直接切入记者现场报道）。这种模式既要求主持人反应迅捷（即"快"），也要求其具备深度解析能力（即"深"）——节目需对当日或近期重大新闻事件进行深度挖掘、背景阐释和分析评论。这种结合在确保日常新闻信息广泛传播的同时，对重点议题进行深度加工，有效设置并引导公众议程，从而体现了媒介的综合实力。支撑这样的新闻杂志节目，要求主持人具有丰富的知识储备、快速的反应能力、准确的价值判断、良好的人际沟通能力，并拥有对节目内容的关键裁量权（如选题、编排、内容筛选）。主持人能力的充分发挥，一方面离不开主持人自身的长期积累，另一方面依赖于团队为其提供的系统化支撑。

在国内，播音员主持人在各类新闻节目中的作用不尽相同，差别很大。独立主持人独立承担整个节目采、编、播各个环节的工作，几乎是节目的唯一制作人，如敬一丹主持的《一丹话题》；单一主持人只从事话筒前的再创作即播音工作，目前大多数新闻播音员是这种；参与型主持人参与节目的采、编、播、控各个环节的工作，其与编辑是平等合作的关系；主导型主持人是节目的指导者和领导人，实际上是在话筒前或荧屏前露面的主编。

近年来，我国一些电视台开始推出以主持人为中心的新闻节目，主持人中心制初露端倪。如中央电视台的《实话实说》《面对面》《高端访问》；再如，上海东方卫视的《东方夜谭》。

2. 主持人中心制的实质及特点

主持人中心制的实质就是主持人摆脱了符号化和模式化，成为节目的独特内容要素，进入媒介产品"节目"的核心价值。这是节目人格化的表现。麦克卢汉指出"媒介即信息"，对于成熟的个性化的主持人节目而言，节目即主持人，主持人即节目。节目主持人成为广播电视节目中不可复制的独特的内容元素。其不再是节目的一个包装，也不再仅仅是节目内容的传达者和传播者，而是作为节目的内容之一。广播电视的本位是节目，而对于主持人节目来说，节目的本位就是主持人。广播电视节目的种类有很多，并不是每种节目都适用主持人中心制。主持人中心制主要应用于主持人节目，而且这种中心制应是"主持人内容中心制"而不是"主持人行政中心制"。一些媒介管理者认为，实行主持人中心制，就是让主持人担任制作人或行政领导，让他们拥有行政管理权力。实际上，一旦主持人负责过多的行政管理事务，主持人中心制就变得形同虚设，主持人也无力全身心投入节目。对于这一点，主持人白岩松有深刻的体会。2001年，白岩松在《时空连线》做制片人兼主持人，从制定员工工资单到协调同事关系都要操心，耗费了很多精力。后来，他不得不辞去了制片人的职务，用更多时间来做节目。主持人中心制绝不是让主持人当制片人，真正的主持人中心制应是掌握节目方向的灵魂，而不是成为行政管理者。

主持人中心制的优势也是非常明显的，主要表现在以下几个方面。

一是有利于直播节目的顺利播出。新闻直播越来越成为常态，特别是对于广播节目来讲，事中控制至关重要，直播中需要主持人有对节目的处置权，根据情况随时调整播出内容。

二是有利于打造节目品牌。主持人是节目的代言人，也是媒介的代言人，其素质的高低直接影响节目的质量和受众对媒介的信任度。在国外，成功的电视节目往往长期由一位资深主持人主持。比如克朗凯特、丹·拉瑟主持《晚间新闻》和麦克·华莱士主持《60分钟》都有数十年的时间。著名脱口秀主持人奥普拉以她的名字命名的谈话节目更是长盛不衰。

三是有利于解决节目组权力分散、决策冲突的问题。建立主持人中心制，主持人是节目的把关人，也是实际上的节目主编，他对节目的处置、对编辑和记者的调度是职责范围之内的事情。主持人中心制可以很好地解决权力分散造成的多头管理、多头决策的问题，避免节目运行中主持人"事事参与、事事请示"的麻烦，有利于营造节目组和谐有序的工作环境，使得团队提升效率、增强战斗力。

三、主持人绩效管理的尝试——平衡计分卡

目前我国广播电视中所使用的管理机制，大多关注的是过去的绩效评价，即"滞后指标"，它只能提供以往经营或工作的结果，而不能有效预测未来的绩效。同时，这样的指标往往只反映外部评价的结果，而不能显示内部运作是否有效。同时，这些管理机制往往相对单一，比如只看重节目收听/收视率，或者只看重广告投放量，而对其他方面关注则较少。

国内有些学者已经开始探讨将国际流行的管理工具引入主持人管理，比如平衡计分卡。平衡计分卡是一套相对全面的管理系统，它覆盖主持人管理领域的各个方面，如宣

传宗旨、媒介定位的有效贯彻，受众的占有率指标，广告投放量，节目运作具体流程，以及主持人个人生涯规划与媒介战略的统一等。从长远角度以及媒介战略实现高度来看，使用平衡计分卡对主持人进行全方位管理具有一定的可行性。

1. 平衡计分卡概述

平衡计分卡（balanced score card，BSC）是由美国哈佛商学院的罗伯特·卡普兰和复兴全球战略集团创始人兼总裁大卫·诺顿对在绩效测评方面处于领先地位的12家公司进行为期1年的研究后，发明的一种绩效管理模式，后来在实践中扩展为一种战略管理工具。它诞生于1993年，目前已经成为世界流行的管理工具之一。

平衡计分卡是把企业或组织的使命和战略转化为一套全方位的运作目标和绩效指标，其最大的特点在于"平衡"。它从四个角度（财务、客户、内部流程、学习成长）来帮助管理层对所有具有战略重要性的领域做全方位的思考。它不仅考量已取得的绩效，也关注未来的发展。它是一个核心战略执行工具，将企业或组织的远景、使命和战略转化为具体可执行的指标和行动；它也是一种先进的绩效衡量工具，通过可量化的指标对员工绩效进行衡量，确保战略执行；同时它还是一种有效的沟通工具。它的核心目标在于组织战略的有效贯彻执行。

2. 平衡计分卡运用于主持人管理的具体维度设计

平衡计分卡的具体运作过程中往往针对的是一个部门或一个工种，最终指标分解细化到个人。主持人管理领域对平衡计分卡进行的具体维度设计针对的是主持人整体，而非个体。主持人是以节目作为产品为受众服务的，所以平衡计分卡用于主持人管理时应以客户（受众）角度为核心，侧重学习成长角度进行设计。具体的设计指标包括以下几个。

（1）客户

以客户为核心设计平衡计分卡应包括五个方面的内容：市场占有率、客户的获得、客户的保持、客户满意度以及客户获利能力。其中，客户获利能力应当是最终追求的目标，也是五个方面中的超前指标，能够对企业未来发展产生关键影响。主持人管理领域受众角度的具体指标设计应当包括市场份额、受众满意度、受众忠诚度、平均接触时长、受众数量、受众流失率、受众保持率、受众获得率、目标受众花费的时间、品牌认知度、接触频率、受众获利性等。这些指标大多是围绕节目展开的，这是因为主持人为受众奉献的核心产品就是节目，所以这里的主持人仅指真正处于节目核心位置的主持人，那些只是以主持人身份出现的播音员或报幕员不在此列。另外，受众角度对于主持人的管理内容，既包括过往绩效，也包括未来发展。主持人应当努力在节目中为受众传递他们最想知道和最想感受到的有效信息，努力使节目常做常新，同时不断提升节目质量，以吸引更多的受众。

（2）学习成长

主持人要有契合媒介发展的知识结构，能够将掌握的知识转化为媒介核心能力，从而形成核心竞争力。把主持人作为一个整体加以考量时，平衡计分卡在学习成长角度关注许多指标，如参与学术组织主持人人数、平均服务年限、高学历主持人百分比、具有多种技能主持人数量、主持人提出建议数、主持人满意度、主持人增加值、激励指标、激励一致性、工作环境质量、健康促进、内部沟通评级、受培训时间、第三人传授、能力覆盖比率、个人目标实现、生涯规划、绩效评估的及时完成等。可见，平衡计分卡在学习成长角度关注的指标相当庞杂，不仅关注主持人知识结构，还从更广的范围（如健康、工作环境）和更深远的角度（如生涯规划、目标实现等）对主持人成长与媒介战略之间的一致性加以考量。在这样的背景下，主持人的学习成长就纳入了媒介成长的统一架构当中。

（3）"财务"

平衡计分卡的"财务"实际上观照的是如何满足核心利益相关方需求这一根本性问题。在广播电视行业中，核心利益相关方的需求体现为作为党和人民的耳目喉舌，同时保证资产的保值增值，其衡量指标并非仅限于企业中的传统财务收支指标。因此，这方面的具体指标应当包括：媒介定位的认识和把握、宣传方向的认识和把握、宣传口径的认识和把握、盈利能力、广告投放量、增值服务收益等。实际上，主持人管理领域的"财务"指标关注的是社会效益和经济效益的同步增长，主持人在工作过程中，既通过节目产品为广大民众提供健康的精神食粮，也让媒介获得相应的经济收益。可以说，这个维度是目前媒介在主持人管理中考虑较多的，也是主持人管理中相当重要的部分。

（4）内部流程

内部流程关注的是组织内部运作方面的内容，其目的是保证整体工作有序进行。通俗地讲，它就是一整套内部的规章制度。就媒介而言，我们所熟知的审稿制度、节目录制时间制度、直播制度等均属此列。目前，各台对于主持人在工作流程中的内部管理有着相对完整的规定，但还是要考虑一些指标，比如节目制作平均费用、研发费用、创新比例、对受众要求的反应时间、缺陷率、服务承诺、计划的准确性、新节目推出时间、超前用户的识别、其他媒体正面宣传的数量等。内部流程管理所涉及的内容不仅包括按时审稿、按时直播等细节，还包括媒介内部在成本核算、资金流向等方面对主持人的保证和倾斜，也包括工作计划、主持人创新等着眼于未来发展的指标。平衡计分卡在主持人管理方面的全面性由此可见一斑。

以上内容阐述了主持人管理领域平衡计分卡的基本维度设计，其中所列的指标往往是大的方面，需要进一步细化才具备可操作性。而且，平衡计分卡最终是以分值做指标、以图表形式来呈现的，这里只是做一个简要介绍。目前已经有相对成熟的计算机执行系统，只需要确定具体指标便可执行操作。需要说明的是，现在广播电视的分众化设计越来越细致，各频率频道的媒体定位越来越清晰，所以在主持人管理方面的以上指标中很多已经具备较细的基本定位。

四、主持人品牌的打造——明星主持人

随着媒介市场逐渐开放，中国电视开始从生产时代向营销时代迈进。塑造名牌主持人，进行电视品牌经营已经成为提升媒介形象、增强媒介竞争力的重要策略。品牌类节目意味着高收视率、高回报率和高品质的媒介形象，其不仅是媒介的立足之本，更是其参与市场竞争的有力武器。明星主持人是品牌栏目的重要组成部分，其本身就具有巨大的品牌价值，可以成为媒介的标志。通过明星主持人的知名度打造新的品牌栏目成为不少媒介的经营之道。1996年成立的凤凰卫视，仅用了8年时间便成长为中国具有很大影响力的媒介，有不少成功经验值得借鉴。其中重要一条就是明星主持人策略。曾任凤凰卫视行政总裁的刘长乐指出，凤凰卫视的一个重要策略就是大力树立名牌主持人。"我们不怕他们出名，我们就是要全力让主持人出名。这是树立凤凰品牌的重要策略，也是凤凰开拓市场的重要策略。"①凤凰卫视成立之初就致力于打造自己的明星主持人品牌。这些品牌与观众产生了深厚的联系，主持人就是凤凰卫视的"名片"。可以说，凤凰卫视的品牌效应，很大程度上是靠"明星效应"支撑起来的。

1. 明星主持人品牌定义

商业领域对"品牌"这一概念的阐述有很多，如符号说、手段说、关系说等。美国市场营销协会的定义属于"符号说"，其认为：作为一种市场概念，品牌是指打算用来识别一个或一群卖主的货物或劳务的名称、名词、符号、象征或设计，或它们的组合，并打算用来区别一个或一群卖主及其竞争者。事实上，透过外在的名称、包装、形式符号等来看本质，品牌是一种关系，而不是一种声明。"品牌化"的关系是一种特殊类型的关系——只有双方相信其价值体系存在直接联系，这种信任的关系才会出现。所以，在讨论个人品牌的树立时，我们更倾向于采用"关系说"，即品牌是买主或潜在的买主所拥有的一种印象或情感，它描述了与某组织做生意或消费其产品或服务时的一种相关体验。将品牌的概念放到节目主持人的角度去考虑，主持人品牌是受众对节目主持人所持有的一种印象或情感，描述了主持人与受众建立传受关系时的全部体验。每个节目主持人都拥有一个品牌，并通过其在节目中的活动表现出来。主持人的品牌形象就是存在于受众头脑中的印象。在不断收看主持人节目的过程中，这种印象会不断加深，品牌关系就会形成。无论对于媒介（企业）还是对于节目主持人（个人），品牌概念的关键都是理解和受众之间关系的性质和需要。主持人品牌取得成功和失败的关键，都在于两者关系的深度和广度。品牌化的关系是一种特殊的关系——在某种程度上说，是一种忠诚的关系。

---

① 王方剑：《凤凰卫视的"明星制"路线》，《经济观察报》2004年5月13日。

2. 明星主持人品牌分类及特征

明星主持人品牌是品牌研究的一部分。从不同角度来看，品牌可以有不同的划分。品牌由不同的个体创造，自然有不同的所有者。在经济领域，品牌包括制造商品牌、经销商品牌、零售商品牌、服务业品牌。在社会领域，品牌有经济品牌、政府品牌、单位品牌、个人品牌。主持人品牌应属于单位品牌和个人品牌相结合的产物。它既为主持人个人所有，又有单位参与甚至主导品牌创建过程。主持人的品牌具有一定的共性和个性。主持人品牌作为个人品牌，每个主持人所创建的品牌是不同，所具有的形象、内涵也有很大的差别，但作为一项职业，主持人品牌的创立又势必有相同的途径以及强烈的共同特征。这里所要探讨的就是这些共同特征。节目主持人品牌具有文化和商业双重属性：一方面，品牌的形成过程是个人的成长、个人形象的完善，以及个人与社会环境建立的和谐稳定的关系；另一方面，主持人品牌能直接为媒介赢得众多消费者，带来巨大的利润。品牌资产需要个人与媒介共同投资，当然，受益也是双方的。主持人品牌是主持人在观众心目中的印象，是受众在不断观看节目过程中通过认知、体验、信任而形成感情，进而产生的一种期待。这种期待源于主持人能为受众提供多少他们看重的价值。品牌关系的核心是感情因素。当人们想到"品牌"时，首先在大脑中出现的是什么呢？颜色？形状？价格？或许是，或许不是。其实，在更多的时候，人们想到的是：是否信任它们，是否喜欢它们，是否记得它们。同样，提起某位主持人，观众首先想到的可能是他（她）的相貌、声音、性格，以及喜欢或不喜欢他（她）。在生活中和在工作中是一样的，有价值和影响力的关系往往是正面感情占主导地位的。真正优秀的品牌能够引起人们的情感波澜，拥有影响观众的力量。个别电视台为了提高收视率，采用了一些具有"审丑价值"的主持人，这样的主持人固然能为节目带来笑声，但是很难产生影响观众的力量。品牌只有在恰当的环境中，才能体现自身的价值。这里的环境不仅包括节目环境，还包括受众环境。主持人只有在适当的节目中才能彰显其自身价值。节目主持人的环境就是节目，有的娱乐节目主持人相当优秀，但要把他放到《新闻联播》或《东方时空》里，他（她）可能甚至不能被称为主持人了。另外，明星主持人的定位本身就带有分众化的含义，主持人品牌只能期望去吸引属于自己的目标受众群体。价值观的多维化、人生观的多元化、审美观的复杂化，意味着主持人"大众情人"的时代已经过去，现在已经进入分众化时代。主持人品牌不要试图去吸引所有观众。

主持人的品牌就像商品的品牌一样，基于受众头脑中的印象和情感而存在。这种印象或情感一旦确定，就会形成惯性，使主持人和受众之间保持牢靠的关系。受众打开电视时，会不自觉地收看某一主持人的节目。当主持人表现失常没有做好时，其个人品牌会帮助受众提升对主持人的信心，把这次节目看成是主持人的疏忽，而不会从此转换频道，收看其他主持人的同类节目。而当主持人的表现超出了受众期望时，品牌关系会变得更加牢固持久。在这种情形下，真正起作用的是受众做出的价值判断，其对主持人的行为会起放大作用，从而加强已有的品牌关系。节目主持人建立个人品牌并非一蹴而就，而是在一次次节目中加深印象。

随着市场经济的不断深入，不论是在工作还是生活中，越来越多的人开始为自己打上品牌的烙印，树立个人品牌，形成自己在职场上无法复制的优势。把商业领域的品牌研究引入明星主持人研究，开拓了节目主持人研究的新领域，同时为主持人的自我成长、自我培育提供了新的视野和途径。

挑战与机遇同在，危机和希望共存。虽然我国的节目主持人管理面临一些挑战，但其管理机制已形成，并在实践中不断完善，而且还出现了一系列管理方法上的创新，这些都使我们有信心、有理由相信——我国节目主持人的管理必将"守得云开见月明"！

第四节　虚拟主持人管理

随着智能传播的发展，虚拟主持人作为新兴媒介形式已逐渐走进大众视野并改变着传统的信息传播方式。它们以逼真的形象、流畅的语言和智能化的交互方式为媒介行业注入了新的活力。然而，这一变革不仅带来了机遇，也对主持人管理提出了新的挑战。虚拟主持人的出现打破了传统主持人的角色定位和工作模式，它们能够全天候在线、不受地域限制，且能够根据需求进行个性化定制，这种灵活性和多样性为节目制作带来了更多可能性，但同时要求节目主持人管理必须做出相应的调整。

一、虚拟主持人的兴起与发展

1. 虚拟主持人的定义与特点

虚拟主持人是指通过先进的计算机图形学、人工智能等技术手段，创建出的具有主持能力的虚拟形象。它们不同于传统的真实主持人，而是完全由数字技术生成的，并具有高度可定制性和交互性。虚拟主持人的特点主要体现在以下几个方面。

首先，虚拟主持人具有高度可定制性。通过调整虚拟形象的外观、声音、动作等参数，可以轻松地为其打造不同的主持风格，以适应不同类型的节目需求。

其次，虚拟主持人具有强大的交互性。借助人工智能和自然语言处理等技术，虚拟主持人能够实时理解观众的问题和需求，并做出相应的回应，实现与观众的即时互动。

　　最后，虚拟主持人具有跨平台、跨时空传播优势。它们不受物理条件的限制，可以在任何时间、任何地点进行节目录制和播出，为观众提供更加便捷、灵活的观看体验。

2. 虚拟主持人的优势与局限性

　　虚拟主持人的优势在于其高度创新性和灵活性。它们能够突破传统主持人的局限性，为观众带来全新的视听体验。同时，虚拟主持人还可以降低节目制作成本，提高制作效率，为媒介行业带来更多的发展机会。

　　虚拟主持人也存在一定的局限性。首先，虽然技术进步使虚拟主持人的表现越来越逼真，但它们仍然难以完全模拟真实主持人的情感和个性魅力，这可能导致观众在情感上难以与虚拟主持人产生共鸣。其次，虚拟主持人的智能化水平有待提高。目前，大多数虚拟主持人只能依靠预设的程序进行互动和回应，难以应对复杂多变的情况。因此，在应对突发事件或进行深度交流时，虚拟主持人可能显得力不从心。最后，虚拟主持人的发展受到法律法规和技术标准的制约。目前，关于虚拟主持人的法律法规尚不完善，可能会引发一些伦理和隐私方面的问题。此外，技术标准的不统一也可能影响虚拟主持人的兼容性和互通性。

二、虚拟主持人管理

1. 虚拟主持人的挑战与应对

　　尽管虚拟主持人带来了诸多创新和优势，但在实际应用中也面临一些挑战。首先，技术的局限性是制约虚拟主持人发展的重要因素。尽管AI技术不断进步，但虚拟主持人的智能化水平仍有待提高，尤其是在理解和处理复杂语境与情感方面。此外，虚拟主持人的形象真实度和动作流畅性也需进一步提升，以更好地模拟真实主持人的表现。

　　为了应对这些挑战，需要持续加强技术研发和创新。一方面，可以通过引入更先进的机器学习算法和深度学习技术，提升虚拟主持人的智能化水平，使其能够更准确地理解观众的需求和意图，并做出更恰当的回应。另一方面，可以通过优化虚拟主持人的图像渲染和动作捕捉技术，提高其形象真实度和动作流畅性，为观众带来更加逼真的视听体验。

2. 虚拟主持人管理

　　第一，利用AI技术进行模拟主持训练。为了提高虚拟主持人的主持水平和应对能力，可以利用人工智能技术进行模拟主持训练，通过收集大量真实主持人的主持数据和观众反馈，构建训练数据集，然后利用机器学习算法对虚拟主持人进行训练和优化。例如，可以运用深度学习技术，让虚拟主持人学习真实主持人的语音、语调、表情和动作等特征，以提高其语言表达和形象表现能力，还可以利用自然语言处理技术，让虚拟主持人更好地理解观众的语言和意图，并做出恰当的回应。通过这种模拟主持训练，虚拟主持人可以不断积累经验和优化自身表现，从而逐渐接近甚至超越真实主持人的水平。

第二，主持风格与内容的智能化匹配。为了实现虚拟主持人主持风格与节目内容的智能化匹配，可以采用基于大数据和机器学习的算法，通过对节目内容和观众喜好的深入分析，为虚拟主持人设定合适的主持风格，并根据节目内容的变化进行实时调整。例如，在娱乐节目中，可以为虚拟主持人设定轻松活泼的主持风格，以营造欢快的氛围；而在新闻节目中，则需要为虚拟主持人设定严肃庄重的主持风格，以增强新闻信息的权威性和可信度。通过这种智能化匹配，虚拟主持人可以更好地适应不同类型的节目需求，提供更加贴合节目内容的主持服务。

第三，主持风格与节目类型的匹配。除了与节目内容匹配外，虚拟主持人的主持风格还需要与节目类型相匹配，不同的节目类型具有不同的特点和要求，因此需要选择适合的主持风格来呈现。在管理虚拟主持人时，我们需要根据节目类型的特点和要求，选择适合的主持风格，并进行相应的调整和优化。

第四，智能化内容生成与推荐。随着大数据和人工智能技术的发展，虚拟主持人内容的智能化生成与推荐得以实现，通过分析观众的观看历史、兴趣爱好和行为模式等信息，生成个性化的内容推荐，以满足不同观众的需求。例如，在音乐节目中，虚拟主持人可以根据观众的喜好和听歌习惯，智能化推荐适合他们的音乐曲目和歌手介绍，还可以根据观众的反馈和互动情况，实时调整推荐内容，以提高观众的满意度和参与度。通过这种智能化内容生成与推荐，虚拟主持人可以更加精准地满足观众需求，增强节目的吸引力和传播效果。

三、虚拟主持人与真实主持人的协同管理

虚拟主持人与真实主持人的协同管理是实现节目效果最大化的关键。在协同管理中，需要充分发挥两者的优势，实现互补与融合。

1. 虚拟主持人与真实主持人的互补

虚拟主持人和真实主持人在各自领域具有独特的优势，二者协同工作能够产生强大的互补效应。真实主持人拥有丰富的主持经验和专业知识，能够准确把握节目氛围，与观众建立深厚的情感联系。而虚拟主持人则凭借先进的技术手段，呈现生动逼真的形象，形成高度个性化的主持风格，为观众带来全新的视听体验。

在协同管理中，可以充分利用虚拟主持人的技术优势，为真实主持人提供更多的创意和表现空间。同时，真实主持人也可以凭借丰富的经验和技巧，指导虚拟主持人更好地适应节目需求，提升主持效果。这种互补使得虚拟主持人与真实主持人的协同成为一种可行的策略，能够进一步提升节目质量和观众满意度。

2. 协同管理策略与实践

为了实现虚拟主持人与真实主持人的有效协同，需要制定一套科学合理的协同管理策略。首先，要明确双方在节目中的角色定位和任务分配，确保各自能够充分发挥自身优势。其次，要加强双方的沟通与配合，使其建立紧密的合作关系，共同应对节目中的挑战和问题。最后，还需要定期对协同效果进行评估和调整，确保协同管理的持续优化。

3. 角色定位与任务分配

在协同管理中，虚拟主持人与真实主持人的角色定位和任务分配至关重要。真实主持人通常负责节目的整体把控和现场调度，与嘉宾和观众进行互动交流，营造节目氛围。而虚拟主持人则可以根据节目需求，担任特定的角色或负责特定任务，如介绍嘉宾、展示信息、进行互动游戏等。

为了确保角色定位与任务分配的合理性，需要根据节目类型、观众需求以及虚拟主持人和真实主持人的特点进行综合考虑。例如，在新闻节目中，真实主持人可以负责新闻的播报和解读，而虚拟主持人则可以负责展示新闻图片、视频等多媒体信息，使节目更加生动直观。

4. 互动与配合的技巧与方法

虚拟主持人与真实主持人之间的互动与配合是协同管理的关键环节。为了实现良好的互动效果，需要掌握一些有效的技巧和方法。首先，双方需要保持良好的沟通，及时了解彼此的需求和意图，以便在节目中做出恰当的回应。其次，双方可以通过设定一些默契的动作、语言或表情，来增强互动的自然性和趣味性。再次，还可以利用技术手段实现虚拟主持人与真实主持人之间的实时互动，如通过触摸屏、语音识别等方式进行互动操作。在配合方面，虚拟主持人和真实主持人需要相互支持、相互补充。当一方出现失误或不足时，另一方应及时给予帮助和补充，以确保节目顺利进行。同时，双方还需要在节目风格、节奏等方面保持一致，以营造出和谐、统一的节目氛围。最后，通过制定科学合理的协同管理策略，明确角色定位与任务分配，以及掌握有效的互动与配合技巧和方法，可以充分发挥虚拟主持人和真实主持人的优势，为观众带来更加精彩、有趣的节目内容。

思考题

1. 如何更新主持人管理的理念？

2. 如何理解主持人管理的原则？

3. 如何做好主持人的职业生涯规划？

4. 如何理解主持人中心制的实质及特点？

5. 如何打造明星主持人？

第十章

媒介集团化管理

世界传媒业的发展已进入集团化阶段。媒介集团已经成为世界信息化革命的主力军。据统计，全球50家大型媒介集团占据了当今世界95%的媒介产业市场。[①]自20世纪90年代中期以来，美国、西欧各国纷纷修改媒介法和电信法，推动媒介产业与电信产业的重组融合，全球范围内的媒介集团并购、重组风起云涌。1996年，时代华纳以460亿美元将把TBS（包括CNN）并入时代华纳通信公司，从而产生了一家销售额达230亿美元的巨型媒介集团。1999年，维亚康姆（Viacom）以460亿美元购入美国三大电视网之一的美国哥伦比亚广播公司（CBS），生成了一家年销售额近230亿美元的公司。仅仅几个月之后，2000年1月，美国在线（AOL）与时代华纳（Time Warner）宣布合并。合并后新公司的资产总值达到3500亿美元，业务范围包括通过各种传播渠道向全世界提供资讯、娱乐和通信服务。

随着经济全球化趋势的不断加强，传媒产业已成为未来经济发展的制高点。顺应世界媒介集团化发展的潮流，应对国外媒介集团的挑战，参与国际新闻信息领域的激烈竞争，从而做大做强中国传媒产业，是我国组建大型媒介集团的战略背景。我国传媒业积极调整发展战略，以恢宏的气势做大做强，拉开了组建媒介集团战略的序幕。

1996年5月29日，广州日报报业集团正式挂牌，标志着我国开始步入媒介集团化阶段。2000年，我国第一家省级广电传媒集团——湖南广播影视集团成立，这在我国广播电视发展史上具有重要的意义。2002年1月25日，首家期刊集团——家庭期刊集团在广州诞生，标志着我国期刊业开始走向规模竞争。据统计，截至2005年，由中央宣传部及

---

① 史坦国际传媒研究中心、中国传媒论坛学术编委会：《中国传媒资本市场运营》，南方日报出版社，2003年版。

中央政府传媒管理部门批准的媒介集团达到88家，其中报业集团41家、广电集团18家、电影集团6家、出版集团14家、发行集团8家，加上上述地方政府自行组建的媒介集团，我国媒介集团至少达到120家，实现了对所在行政区域市场的分割与垄断。[①]我国党和政府主导的媒介集团用短短10年时间，就走完了西方市场经济国家上百年走完的媒介产业"市场自由竞争—集中—市场垄断"的发展历程。

面对挑战与机遇，我国媒介集团的发展不仅要追求规模扩大，更要追求质的飞跃。集团是市场竞争日趋激烈的产物，是社会化大生产新的组织形式。生产关系必须适应生产力的发展，中国传媒业应通过优化整合、规模竞争，走集约化、市场化经营管理之路。因此，按照现代企业集团化管理的要求，我国媒介集团化的管理方式、经营理念、资源配置、组织方式等亟须革新和完善。

第一节　媒介集团化管理的思路与策略

一、媒介集团化的概念

如今，媒介集团已经成为国际传媒领域的活跃力量，成为我国国民经济的重要支柱。媒介集团是以一个或若干个媒介为核心，通过协作、联合、兼并等方式，把具有生产技术经济联系的各个独立的法人单位，以资产联结和契约合同为纽带而建立起来的一种大规模、多种形式、多层次结构的企业法人联合的组织形态。

媒介集团化，指的是媒介出于业务发展、市场扩张或竞争的需要，通过新建、资产兼并、股权运作或相关协议等方式，由单一经营方式向群体经营方式转变的过程。我国媒介的集团化也是一个动态发展的过程。在这个过程中，传媒业的组织方式、经营方式、管理方式和资源配置方式逐步根据市场经济环境和产业特点调整，强化传媒业的经济功能和服务功能，提升我国传媒业与国外传媒业竞争的能力。[②]

现代企业制度的基本特征是：产权清晰、权责明确、政企分开、管理科学。对于媒介集团而言，即使拥有明晰的产权属性与制度设计，如果管理混乱、战略不明、绩效低下、组织矛盾重重，也很难适应现代传媒业复杂多变的竞争环境和受众需求。因此，媒介集团的现代化和科学规范化管理是现代媒介的迫切需要。媒介集团化管理的要义就是在市场经济背景下，媒介为求得生存和发展，以集团化的形式运用一系列管理方法和手段实现资源优化配置和竞争力提升，形成有法人制度、有明晰产权的多功能的规模化经营方式。

①　赵承业、赵丽新：《我国行政主导的传媒产业集团化现象与问题的研究》，《经济与管理研究》2006年第5期，第72–75页。

②　冉华、梅明丽：《中国传媒集团化发展的历史检讨》，《江西社会科学》2005年第5期，第37–42页。

二、媒介集团化管理的价值

南方报业传媒集团前董事长范以锦认为，报业集团化发展有以下几个阶段：机关报报业集团的初级阶段，报业集团办报的中级阶段，传媒集团报刊产业化战略运营的高级阶段。要推动报业集团化从初级阶段向高级阶段发展，集团就必须为所属媒介的成长和发展创造更大的价值。[①]随着媒介集团化的不断发展，其优势不断显现。为了在日益激烈的竞争环境中求得生存，争取更大的发展空间，媒介产业的发展必须强强联合，走规模经济之路。

（一）规模经济

著名经济学家N.格里高利·曼昆认为，经济组织达到一定规模后，边际成本下降，边际成本收益递增，从而形成规模经济。对于传媒业而言，以价值创造为核心，通过集团化可以更好地打造和适度延伸一体化的配套产业价值链，在媒介产品创意、制作、营销、传输、接收和广告等多项价值活动中，发挥集团的整体优势和议价能力，降低产业价值链价值活动的交易成本，提高业务的集中度。

以媒介集团的广告经营为例，由于媒介集团是跨媒体、跨地域、跨行业的产物，集团可以对广告主进行捆绑销售，吸引广告主在集团内的各个媒体组合投放广告，形成一定的垄断性和排他性，这对于广告主而言可以买到更便宜的广告时段，对于媒介集团来说可以获得更多的广告收入。此外，由于媒介集团拥有多家子媒体，因而比分散的独立经营更具比较优势，减少创意、采编、印刷、传输、经营等过程中的交易成本，提高媒介集团内部价值链的一体化程度。

（二）成本领先

1991年诺贝尔经济学奖获得者、新制度经济学家科斯首次提出了交易成本理论。通过交易成本，科斯系统解释了企业的性质以及企业的规模问题，他认为这是企业和市场的边界问题。市场以价格机制，通过谈判、讨价还价来决定交易，这就涉及交易成本；而企业通过企业内部的行政命令配置资源，无须交易。交易成本的多寡决定了企业和市场的边界。在改革开放的时代背景下，媒介集团化不仅是媒介自身发展规律的必然要求，也是市场机制运作的必然结果。德国记协前主席赫尔曼·麦恩指出媒介集团化的成本优势体现在以下几点：一是降低生产成本；二是节约管理成本，可以均摊市场开发、促销费用；三是能够更便宜地刊登广告；四是分担风险。

---

① 范以锦：《为子媒体的成长发展创造更大价值——构建集团化运营主体的思考》，《青年记者》2006年第2期，第8-12页。

226

根据管理大师迈克尔·波特的成本领先战略理论，媒介集团通过产业价值链共享整合，可以有效降低广电、报刊等媒体的市场运营成本，提高竞争力，从而实现价值增值。南方报业传媒集团原董事长范以锦也曾谈到报业集团化对降低成本的作用："这两年新闻纸的价格一直在上升，有一些媒体增加发行赢得了更多的广告投放，但是到年终一算，大家的努力最后都是为造纸厂'打工'，广告增收刚好填补纸价上涨带来的成本增加。报业集团、媒介集团的专业是制作和运营媒体，自己开办一个纸厂是不明智的，但是能延伸参股新闻纸企业，制约纸张价格或者通过战略联盟影响纸张价格，都将为媒体带来实质性的利益。"[①]

（三）资源整合

在我国媒介集团化之前，传媒环境呈现出"山头林立"、重复建设的特点。由于传媒业体制的条块分割，我国媒介普遍数量多、规模小、节目同质化严重、经营结构单一，有限的资源得不到优化配置，存在过度竞争现象，浪费了大量的媒介资源。面对当今国际传媒行业竞争规则的根本性改变，单一媒介、单一品牌、单一地域的媒介格局面临越来越大的挑战，迫切需要媒介集团的组建与资源整合。

通过媒介集团化管理，可以将媒介资本及其他媒介资源在更高层次上进行合理配置，避免过度竞争、媒介资源浪费。媒介集团化能够进行资源重新配置，重组人员，实行现代企业制度，理顺产权关系，真正发挥市场资源配置主体的功能，使传媒业的生产要素及其资源得到优化整合。[②]

（四）效率提升

在媒介集团的组织效率上，目前我国大部分媒介集团采用的是一种近似直线职能型的组织结构模式，表面上看这种组织结构科学合理，但它其实存在诸多缺陷与弊端，主要表现在以下几个方面。[③]一是部分组织单元定位不清，管理层级不明确。例如，目前我国媒介集团都设置了总经理办公室及公共事务部等组织单元，但它们很多没有明确的工作目标和工作任务，因而也就没有相应的工作职责和职权。二是总部的部门设置未能充分体现专业化和制衡原则。尽管总部一般设置许多职能部门，但这些职能部门没有很好地体现专业化原则，也缺少必要的制衡机构，特别是对于财务部门，并没有在组织结构中设置专门的财务检查监管机构。三是职能部门职责分工不清或错位，甚至有职责缺失现象。从总部职能部门看，多个部门之间存在职责分工不清、错位的问题。四是部门权

① 范以锦：《为子媒体的成长发展创造更大价值——构建集团化运营主体的思考》，《青年记者》2006年第2期，第8–12页。

② 张向明：《中国传媒生态资源整合的有益探索：集团化》，《武汉职业技术学院学报》2006年第1期，第72–74页。

③ 向志强：《给媒介集团组织结构开处方》，《传媒》2006年第7期，第42–43页。

责利不统一，现行组织分权程度较低，决策权高度集中，层级越低，授权越不充分，在一定程度上挫伤了部门工作的积极性。五是组织标准化程度不高，现有业务流程和工作标准还需完善。集团现行的组织沟通渠道不畅通，内部信息透明方面存在较为突出的问题，同时，层级越低的职员其内部沟通存在的障碍越为明显。

在媒介集团资金运用效率上，我国媒介集团的效率不高是不争的事实。这突出表现在以下几点。一是由于基本以行政手段而非资本手段来组建媒介集团，造成集团内部各成员媒体存在势力范围的划分，较难实现资金的集中管理、统一调配，难以发挥大集团大资金的规模化优势。二是集团尚未确定合理的投资回报率，未建立科学的成本核算体系，难以确保资金的安全与完整。三是集团没有建立严格的预算控制体系，对生产经营各个环节还没有实施预算编制、执行、分析和考核。

陈正荣在谈到媒介集团化的现状时指出，从目前已经成立的集团看，基本上是几家媒介叠加在一起。集团负责人头衔多了几个，集党委书记、台长、管委会主任于一身。从资产规模来看，确实是大了，但从内部来看，多数集团存在机构重复设置、人浮于事、效率不高、责任主体不清等问题。[①]这些问题一方面是由原先的计划经济体制造成的，另一方面是由于媒介集团化之后，管理战略与制度的跟进不到位。媒介集团化管理的价值之一，就是通过组织、文化、制度等方面的创新与整合，实现高效运营。

（五）更大规模的资源配置

媒介集团化除了可以实现规模经济、成本领先、资源整合、效率提升等价值外，还可以实现资源在更大范围内的配置。由于各类资源重组整合，媒介集团有实力去做单一媒介有心无力的工作，从而推动媒介集团在深度和广度上实现跨越式发展。

以南方报业传媒集团为例，集团的前身是南方日报报业集团，是我国首家由省级党委机关报组建的报业集团，于1998年5月18日正式挂牌运作。2005年7月18日，南方日报报业集团更名为南方报业传媒集团。更名后，由于有集团强大的资源与影响力作为后盾，通过改版，以及印务、发行等环节的改造与建设，大幅提高了集团的产品与渠道竞争力。据统计，2001年12月28日，新印务中心全面投产，南方报业的印力进入国际先进行列。2002年3月4日起，《南方都市报》全面改版，发行量显著提升。2003年8月6日，《南方日报》二度改版，增设投资、IT、旅游、汽车、健康、成才六大专业周刊，进一步强化政经媒体的特色，培育有效目标市场。2003年11月25日，南方日报深圳发行中心成立。2004年9月27日，代表目前国内同行业先进水平的、占地320亩的南方报业传媒产业基地正式落户南海。此外，南方报业传媒集团提出了"媒体多品牌战略"，首先是培育出品牌报纸，以品牌报纸为龙头，将能捆绑经营的报纸进行归类，形成了自己的三个子报系列：南方周末报系、南方都市报报系、21世纪报系。在此框架下创办《名牌》《南方人物周刊》《21世纪商业评论》《南都周刊》等。在形成品牌和报系的过程中，

① 陈正荣：《集团之后，广电体制向何处去？》，《董事会》2007年第1期，第52-55页。

南方报业传媒集团采取"龙生龙、凤生凤"的多品牌滚动发展模式，以集团资源为依托，通过报系孵化新的品牌。

需要指出的是，虽然媒介集团化存在上述诸多"利好"，但集团化主要应凭借资本的力量与市场这只"无形的手"来推动实现，而非依赖行政手段。如果缺乏产权和资本联结，媒介的集团化往往只表现为数量的简单增加和规模的低效扩张，与理想的"1+1>2"的规模经济效应相去甚远。

三、媒介集团化管理的职能

我国媒介集团经营管理已经进入公司治理阶段。媒介集团的特点也随之发生了许多变化，这集中表现在以下几点：一是媒介管理战略的全局性和综合性；二是媒介组织结构的多元化和多层次；三是媒介集团内部以资产联结和契约关系为主；四是媒介集团管理的集权与分权相统一；五是集团内部存在一个实力雄厚且能起主导作用的核心。

随着媒介集团管理进入公司治理阶段，其逐渐由粗放管理转向集约管理、精益化管理，在更高层次上追求管理结构的优化和管理质量的提升。这一转变不仅增强了媒介集团的市场意识、竞争意识、产业意识、管理意识，而且推动了媒介集团化管理职能的诸多变革和创新。

媒介集团化管理是一个全新的管理理念，其既不等同于简单的媒介集团管理，也不等同于媒介的集团管理。它要求以集团化的眼光审视媒介的发展战略与管理流程，强调管理过程中的战略性、全局性、高效性与安全性。媒介集团化管理的基本职能包括以下几点。

1. 计划

计划就是对未来行为所做的安排。计划是管理的首要职能。首先，计划从明确目标着手为实现组织目标提供了保障。其次，计划通过优化资源配置保证组织目标的实现。最后，计划通过规划、政策、程序等的制定保证组织目标的实现。

2. 决策

决策就是针对预期目标，在一定条件的约束下，从诸多方案中选择一个方案，并付诸实施。决策在管理各职能中占有重要地位，贯穿管理的全过程。

3. 组织

组织是管理的一项重要职能，其主要内容有：根据组织目标，在任务分工的基础上设置组织部门；根据各部门的任务性质和管理要求，确定各部门的工作标准、职权、职责；确定各部门之间的关系、联系方式，制定相关规范。

4. 人事

人事是指组织根据任务需要，通过选拔、培训、开发等活动为组织各部门、各岗位配备合适人选的活动。

5. 领导

组织目标的顺利实现，离不开权威的领导者，其指导员工采取行为、沟通信息，增进相互理解，激励员工自觉地为实现组织目标共同努力。管理的领导职能是一门艺术，贯穿整个管理活动。

6. 激励

激励是人的需要和动机得到强化的心理状态，其作用在于激发和调动人的积极性，从而使人们以最大的热情投入到工作中去。

7. 控制

为了保证目标及为此制订的计划得以实现，就需要控制职能。控制的实质是使实践活动符合计划。

8. 协调

协调就是正确处理组织内外各种关系，为组织正常运转创造良好的条件和环境，促进组织目标的实现。

第二节　媒介集团化管理的设计与运作

媒介集团化管理是一个复杂的长期的系统工程，需要整合各方面的力量，采用多种管理手段，通过不懈的努力逐步实现管理目标。媒介集团化管理研究的思路和角度不一而足，各有其可取之处。在本书中，媒介集团化管理的设计与运作主要包括集团化战略管理、集团化组织优化、集团化制度创新、集团化财务管理、集团化资源整合（见图10-1）。

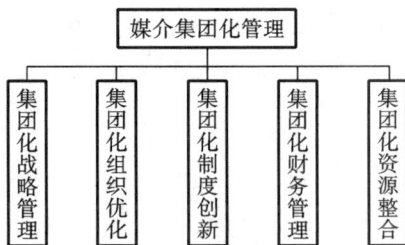

图10-1　媒介集团化管理结构

一、实施集团化战略管理，实现集团战略转型

媒介集团规模超大，实行多元化产业经营。较之以前，更需要对整个集团的长远发展目标、媒介的定位、发展模式、资源整合与配置等，做出科学规划与设计，这就必须高度重视企业的发展战略，因此，引入战略管理对于当今我国媒介集团的发展具有重大意义。[1]战略是指为达成既定目标而规划的一系列行动方案和策略体系，是制定具体战术的指导方针。古人云："谋定而后动。"纵观西方媒介集团的发展历史，具有前瞻性的战略规划对集团发展可以起到巨大的推动作用，并产生深远影响。

媒介集团化战略管理，是指广播电视媒介组织根据内部条件和外部环境，制定广播电视媒介生存和发展的战略目标，对实现目标的途径和手段进行总体谋划和具体实施，并进行有效控制的动态管理过程。[2]从这一定义出发，可以发现媒介集团化管理具有全局性、长远性、指导性、抗争性、相对稳定性等。媒介集团化管理是从宏观层面统揽全局，分析媒介环境，制定集团的战略定位、发展方向、运营重点与目标导向。

在过去的计划经济体制下，由于机制不活与人才管理僵化等，我国的媒介大都关注安全制播、节目质量与有序运营，定位基本限于舆论导向单位和节目播出机构，很少从战略层面对媒介进行通盘考量和长远规划。但是，面对外部日益激烈的竞争环境与内部经营管理优化整合的要求，战略管理越来越多地被运用到媒介集团化管理之中。战略管理包括环境分析、战略选择、战略实施和战略控制四个阶段，基本涵盖媒介集团化管理的整个实施过程。

（一）环境分析

彼得·德鲁克指出，企业的目的只有一个定义说得通，那就是创造顾客。[3]企业竞争的最终目的就是为给顾客创造价值而去创造和获取顾客。媒介集团发展战略，应基于全面、系统、仔细的调研分析和深入讨论而形成。环境分析一般可分为外部战略环境分析和内部战略环境分析。对于外部战略环境分析，媒介集团应充分把握政治环境、经济环

---

① 钟叙昭、李远杰：《传媒集团的战略管理》，《当代传播》2004年第3期，第52-54页。

② 邵培仁、陈兵：《媒介战略管理》，复旦大学出版社，2003年版。

③ 彼得·F.德鲁克：《管理实践》，帅鹏、刘幼兰、丁敬泽译，工人出版社，1989年版。

境、社会环境、科技环境以及竞争环境。对于竞争环境的分析，管理学大师迈克尔·波特提供了一个很有价值的思路，他认为，企业的竞争法则可以用五种竞争力来具体分析，具体包括：新加入者的威胁、客户的议价能力、替代品或服务的威胁、供货商的议价能力及既有竞争者。这五种竞争力不仅是企业竞争力的来源，也可作为媒介外部环境分析的评估坐标。对于内部战略环境分析，媒介集团应从集团资源和产品入手，评估资源和产品与集团战略的匹配状况，解决集团资源配置管理、市场细分、产品定位等方面的基本问题。

（二）战略选择

战略选择攸关媒介集团的发展方向，反映的是战略选择者的高超智慧与勇气。根据企业发展生命周期理论，媒介集团具体可选择的战略包括：基本战略，成长战略Ⅰ（核心能力企业内扩张），成长战略Ⅱ（核心能力企业外扩张），防御战略。具体如表10-1所示。影响媒介集团战略选择的因素包括内外环境分析、过去战略决策、未来市场预期、战略制定者的能力与水平、战略选择时限等。在选择集团管理战略之前，必须采用适当的战略评估工具，评估上述因素与战略制定的关联程度，常用的评估工具包括SWOT分析、经验曲线法、波士顿矩阵、GE矩阵等。

表10-1　媒介集团可选择的战略类型

分类	战略		定义
基本战略	成本领先		企业强调以低单位成本价格为用户提供标准化产品，目标是成为其产业链中的低成本生产厂商
	特色优势		企业力求在顾客广泛重视的一些方面独树一帜。它选择许多顾客重视的一种或多种特质，并赋予其独特的地位以满足顾客的要求
	目标聚集		企业选择产业内一种或一组细分市场，量体裁衣，为之服务，而不是为其他细分市场服务
成长战略Ⅰ：核心能力企业内扩张	一体化战略	前向一体化	企业获得分销商或零售商的所有权或加强对他们的控制
		后向一体化	企业获得供应商的所有权或加强对他们的控制
		横向一体化	企业获得生产同类产品的竞争对手所有权或加强对他们的控制
	多元化战略	同心多元化	企业增加新的、与原有业务相关的产品与服务

续表

分类	战略		定义
成长战略Ⅰ：核心能力企业内扩张	多元化战略	横向多元化	企业向现有顾客提供新的、与原有业务不相关的产品或服务
		混合多元化	企业增加新的、与原有业务不相关的产品或服务
	加强型战略	市场渗透	企业通过加强营销，提高现有产品或服务在市场中的份额
		市场开发	企业将现有产品或服务打入新的区域市场
		产品开发	企业通过改进或改变产品或服务而提高销量
成长战略Ⅱ：核心能力企业外扩张	战略联盟		企业与其他企业在研究开发、生产运作、市场销售等方面进行合作，以相互利用对方资源
	虚拟运作		企业通过合同、股权、优先权、信贷帮助、技术支持等方式与其他企业建立较为稳定的关系，从而将企业价值活动集中于自己的优势方面，而将非专长方面外包
	出售核心产品		企业将价值活动集中于自己少数优势方面，产出产品或服务，并将产品或服务通过市场交易出售给其他生产者进一步生产加工
防御战略	收缩战略		通过减少成本和资产对企业进行重组，以加强企业基本的和独特的竞争力
	剥离战略		企业出售分部、分公司或任一部分，以使企业摆脱那些不盈利、需要太多资金或与公司主营不一致的业务
	清算战略		企业为实现其有形资产价值而将公司资产全部或分块出售

资料来源：周三多：《管理学》，高等教育出版社，2000年版。

（三）战略实施

在选择战略之后，接下来便是具体的战略实施。媒介集团管理具有相对稳定性。如果说环境分析和战略选择是在战斗之前的运筹帷幄、战备动员，那么战略实施就是真刀真枪的战斗了。在各种管理概念层出不穷的时代，持之以恒地执行集团业已确定的战略是十分重要的。对于媒介集团管理的成效，战略为王、执行制胜。媒介集团战略实施是一个复杂且系统的工程，应统一领导、统一指挥，健全组织结构和管理制度、强化对员工的激励、加强职能管理和日常管理、创新企业文化。

（四）战略控制

战略实施并非"毕其功于一役"，科学技术日新月异的发展和媒介环境的不断变化发展，以及媒介集团战略实施中的实际情况都使得媒介集团的战略不是一成不变的，而是需要根据实际情况进行评估和调整。在评估和调整之前，媒介集团首先应确立一套评估战略成果的标准，建立对战略实施过程进行跟踪与分析的信息系统，以确保战略控制的科学合理。常用的媒介集团战略控制包括避免型控制、事前控制、事中控制和事后控制，应综合运用财务、预算、审计与组织等控制手段。

二、优化集团化组织设计，实现集团统一高效运营

媒介集团的组织既是管理的主体，又是管理的客体，是集团组织框架的核心。因此，集团组织架构的优化设计是媒介集团化管理的重要一环。美国通用电气集团（GE）原总裁杰克·韦尔奇指出，跨国公司必须有一个可以指挥得了手脚的大脑。这是对跨国公司的要求，也是对大型媒介集团化管理的要求。媒介集团需要根据集团的实际与特点，对自己的组织架构做适当的设计。

（一）组织优化设计的内容

组织优化设计的内容包括以下几点。[1]

1. 确定组织设计的基本方针和原则

这就是根据计划的任务、目标及外部环境和内部条件，确定设计的基本思路。媒介具体组织优化设计的原则包括：统一指挥原则、精简高效原则、控制幅度原则、权责对等原则、柔性经济原则。

2. 设计组织结构的框架

这是指设计承担各项管理职能和业务的各个管理层次、部门、岗位及其职责。它是组织设计的主体工作。可以按照职能、区域、行业、产品、服务对象以及特定组织的重要性，设计组织的不同部门。

---

[1]　严三九、张苑琛、周喆：《广播电视经营与管理》，上海外语教育出版社，2006年版。

3. 设计管理幅度和管理层次

这是根据各个部门不同的任务划分管理权力，表现为上下管理层次之间、左右管理部门之间的协调方式和控制手段。

4. 设计管理规范

这是确定各项管理业务的工作程序、工资标准和管理人员应采用的管理方法等，使之成为各管理层次、部门和人员的行为规范。

5. 设计职能分析和职能

这是设计组织职能主要包括的任务。它对组织的结构构成具有基础性意义。

6. 设计各类运行制度

如绩效评价和考核制度、激励制度、人员补充和培训制度等。

7. 人员配备和训练管理

这是人员各司其职、各就各位地准备工作。

（二）媒介集团的组织结构

媒介集团的组织设计与自身所处的环境、目标战略、技术、规模与生命周期相联系，直接制约着组织分配资源的效率、组织活动的效果，影响着组织目标的实现。目前，我国媒介集团组织架构设计优化的趋势是：精简化、多样化、模糊化、扁平化、整合化。在电视行业中具体表现为：电视频道由部门中心制逐渐转变为频道中心制，再慢慢向频道公司制转变。当然，鉴于我国当前媒介发展的水平，虽然已有像东方卫视这样为数不多的媒介或多或少地采用了频道公司制，但频道公司制的推广普及还需要一段较长的时间。

媒介集团的组织结构没有定式，需要根据不断变化的市场环境和自身发展做出合理的调整或改变。西方学者威廉姆森根据钱德勒的考证将企业组织内部管理的组织形态分为"U"形（一元结构）、"H"形（控股企业结构）和"M"形（事业部制结构）三种基本类型。对于媒介集团而言，目前比较多地倾向于采用"M"形组织结构，来缩减管理层次、降低运营成本，以及实现高效敏捷的管理。

1."U"形结构

产生于现代企业发展早期阶段的"U"形结构，是现代企业基本的组织结构，其特点是管理层级的集中控制。"U"形结构具体可分为三种形式：一是直线结构，其沿着指挥链进行各种作业，每个人只向一个上级负责，且必须绝对服从这个上级的命令；二是职能结构，其按职能实行专业分工的管理办法来取代直线结构的全能式管理，下级既要服从上级主管人员的指挥，也要听从上级各职能部门的指挥；三是直线职能制，其保证直线统一指挥，充分发挥专业职能机构的作用。从企业组织的管理形态来看，直线职能制是"U"形结构的理想管理架构，因此得到了广泛运用。

2."H"形结构

"H"形结构即控股企业结构，它严格来讲并不是单一企业的组织结构形态，而是企业集团的组织形式。在这种结构下，企业持有子公司或分公司部分或全部股份，各子公司具有独立的法人资格，是相对独立的利润中心。控股企业依据其所从事活动的内容，可分为纯粹控股企业和混合控股企业。纯粹控股企业只掌握子企业的股份，支配被控股子公司的重大决策和生产经营活动，而本身不直接从事生产经营活动。混合控股企业既从事股权控制，又从事某种实际业务经营。"H"形结构中包含"U"形结构，构成控股企业的子公司往往是"U"形结构。

3."M"形结构

"M"形结构亦称事业部制或多部门结构，有时也称产品部式结构。这种结构可以针对单个产品、服务、产品组合、主要工程或项目、地理分布、商务或利润中心来组织事业部。实行事业部制的企业，可以按职能机构的设置层次和事业部取得职能部门支持性服务的方式划分为三种类型。一是产品事业部结构：集团设置研究与开发、设计、采购、销售等职能部门，事业部主要从事生产，集团有关职能部门为其提供所需要的支持性服务。二是多事业部结构：集团下设多个事业部，各个事业部设立自己的职能部门，提供科研、设计、采购、销售等支持性服务。各个事业部生产自己设计的产品，自行采购、自行销售。三是矩阵式结构：这是职能部门化和产品部门化两种形式相融合的一种管理形式，通过使用双重权威、信息以及报告关系和网络，把职能设计和产品设计结合起来，同时实现纵向与横向联系。

事业部制媒介集团的组织结构如图 10-2 所示，其由三个相互关联的层次组成。董事会和经理班子组成的总部是公司的最高决策层，也是组织结构的核心。它既不像"H"形结构那样从事子公司的直接管理，也不像"U"形结构那样基本是一个空壳。它的主要职能是战略研究（向下游各公司输出战略与规划）和交易协调（最大限度地达到资源和战略协同）。第二个层次由职能部门和支持、服务部门组成。计划部门是公司战略研究的执行部门，财务部负责全公司的资金筹措、运用和税务安排，子公司财务只是一个相对独立的核算单位。第三个层次是围绕公司的主导或核心业务互相依存又互相独立的子公司。子公司不是完整意义的利润中心，更不是投资中心，它本质上是一个在统一经营战略下承担某种产品或提供某种服务的生产或经营单位。子公司负责人是受集团委托管理这部分资产或业务的代理人，更多的时候是直接由上级单位派驻下来，其直接对上级负责，而不是该公司自身利益的代表。

由于事业部制组织结构集权程度较高，整体协调功能突出。随着科学技术和媒介环境的变化，媒介集团的组织结构已经从"U"形或"H"形逐渐向"M"形转变，并成为目前国际上特别是欧美国家大型媒介集团组织形态的主流形式。"M"形结构的优点包括：实现了集权和分权的适度结合，既调动了各事业部发展的积极性，又能通过统一协调与管理，有效制定和实施集团整体发展战略，能做到上下联动，有效配合，反应速度更加敏捷；日常经营决策交付各事业部、职能部门进行，与长期的战略性决策分离，这使得高层领导可以从繁重的日常事务中解脱出来，有更多的时间、精力进行协调、评价和做出重大决策。"M"形结构的缺点在于管理层次增加，协调和信息传递困难加大，从而在一定程度上增加了内部交易费用。

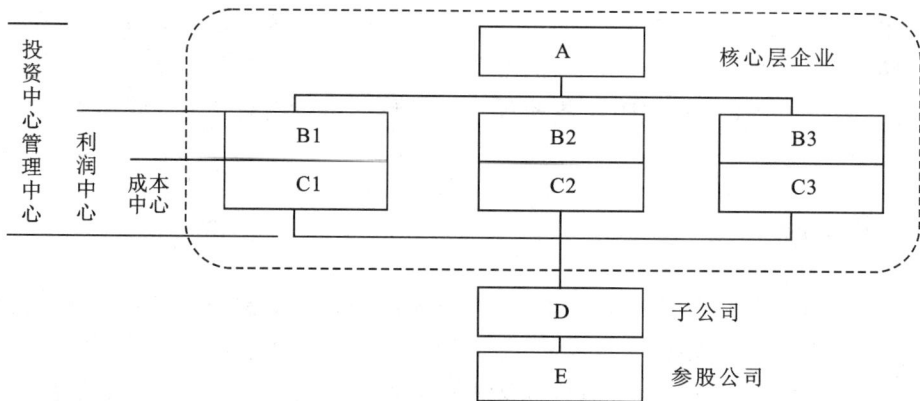

图 10-2　事业部制媒介集团的组织结构

以上海广播电视台、上海文化广播影视集团有限公司（简称 SMG）为例，其在成立之初，基本按照一个播出机构的管理模式来运行，建立了一些行政性职能部门（办公室、总编室、财务部），有一系列专业的电视频道和频率。这种模式也称"扁平化管理"。集团领导面对的是几十个媒体单位，包括经营公司和职能部门，这种管理架构是当时集团整合的过渡产物。在集团实行矩阵式管理之后，新的组织结构打破了各媒体单位自成体系的格局，按照资源种类和在产业链所处位置，成立大中心制，不同资源分属不同中心，如版权、融媒体、广播、技术、卫视、广告、影视剧等（见图 10-3）。

SMG 的横向管理部门包括人力资源部、资产管理部、战略投资部、对外事务部等。在纵向上，如旗下品牌"第一财经"创办了《第一财经》日报，联合道琼斯公司开发了指数产品，逐步发展成为跨媒体的财经信息提供商；哈哈频道整合了从电视播出、杂志出版，到儿童剧、舞台剧的演出，一直到少年儿童培训这些演艺产业资源，形成了少儿产业群；在新媒体领域，也迅速完成了覆盖手机、电脑、电视终端的业务布局。东方卫视因为是集团唯一能在全国落地的传统电视频道，所以单独列为事业部序列。

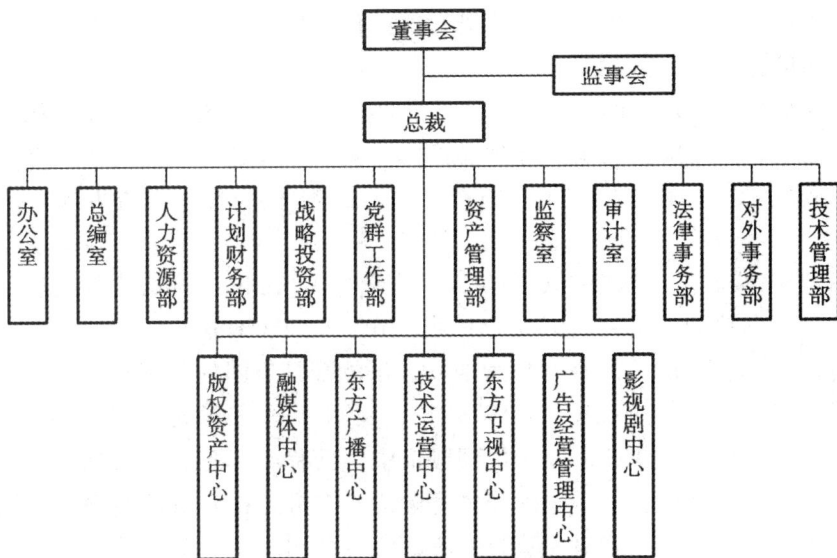

图 10-3 上海 SMG 集团组织结构

资料来源：上海 SMG 集团

三、推进集团化制度创新，为经营管理提供有力保障

从我国广播影视发展现状来看，由于长期实行的是计划事业型为主的体制，广播影视与社会主义市场经济体制逐步完善，与全面建设社会主义现代化国家的新要求和人民群众日益增长的精神文化需求、与我国加入世贸组织后对外开放的新形势、与世界科技的迅猛发展都已不相适应，广播影视在综合国力竞争中的重要作用没有得到充分发挥。随着我国传媒业改革的不断深入，传统事业体制下的运行机制和工作流程已远远不能适应媒介集团的发展。因此，创新媒介集团的制度，是当前媒介集团化管理的迫切需要。推进集团制度创新，是我国媒介集团优化内部管理、走向市场竞争、迎接国际传媒巨头挑战的必由之路。

创新通常分为技术创新和制度创新。技术创新是指通过应用新知识、新技术和新工艺，采用新的生产方式和管理模式。制度创新的内容包括产权制度创新、经营制度创新、管理制度创新，以及组织创新。在目前的制度创新中，涉及体制深层次环节的一些矛盾和问题不同程度地存在，机制创新的步伐仍显滞后。

媒介集团只有持续深入地推进集团制度创新，才能为集团化经营管理提供有力保障。首先，制度创新要结合我国国情与制度背景进行改革，既要坚持党的领导，又要建立与国际接轨的以"产权清晰、权责明确、政企分开、管理科学"为基本特征的现代企业制度。其次，媒介集团体制创新应打破原有的组织链条，按照现代企业组织创新理论，重新建构现代组织体制。具体做法是：遵循事业部制集团组织架构的变革趋势，削减中间管理层人员，让市场原则进入集团内部，构造内部资源市场化运行机制，各经营主体之间的业务关系，应由原来单纯的行政机制的被动执行型管理关系，转变为平等的买卖、服务、契约关系。集团的各个子媒体应进行差异化定位，避免内部恶性竞争，创造和谐的工作关系和良性的竞争环境。

以在制度创新方面走在前列的上海文广新闻传媒集团为例，最初在文化单位试点改革的政策鼓励下，其制度创新集中体现在集团对旗下品牌进行的公司化试点改革。根据战略目标与现实情况，其选择"第一财经""China Young"和"东方卫视"作为公司化改革的试点。

"第一财经"背后是上海第一财经传媒有限公司；"China Young"频道启用公司化机制，依附的公司名称为"上海时尚文化传媒公司"；2003年7月24日，上海东方卫视传媒有限公司以6666万元的注册资本挂牌成立。虽然都是集团的全资子公司，但三家试点改革的电视频道均拥有广告经营、人事聘用、节目采购等方面的独立自主权。时至2004年，在上海文广新闻传媒集团的11个电视频道中，已有4个频道开始或尝试公司化运作，包括东方卫视、第一财经、生活时尚和体育频道。东方卫视实行总经理负责制，下设独立营运中心、新闻中心、总编室和节目中心，负责公司运营、节目营销、广告招标。这种公司化的改制，打破了传统电视台的事业单位管理架构。[①]

公司化改制的试点让上海文广新闻传媒集团初尝甜头。据统计，"第一财经"2003年上半年广告收入约700万元，实行全成本独立核算后，下半年广告额增至3000多万元；"China Young"通过提升品牌价值和增加节目供应，广告收入也快速上升，2003年广告收入超过8000万元，2004年首次超过1亿元；改版才半年的东方卫视2003年广告收入为6000万～7000万元，2004年提升到了1.5亿元。

四、改善集团化财务管理，建立现代媒介集团财务管理制度

在市场经济条件下，媒介集团管理与一般企业管理的不同之处在于，核心企业与集团其他企业关系的维系主要以产权为纽带、以财务为核心。财务管理在任何一个跨国媒介集团中都处于不可替代的重要位置。对于一个拥有几十个甚至上百个子公司的媒介集团而言，每天会有大量涉及采编、广告、发行、投资等的现金流，无论是媒介集团的日常运营和管理，还是资本运作、公司上市、企业并购等重要项目的推进，都离不开财务的支持。如果没有完善和科学的财务管理系统，企业正常的运营肯定会受到致命影响。

这里以广州日报报业集团为例进行说明。广州日报报业集团成立后，按照责、权、利相结合的原则，以资本为纽带来处理集团与系列报刊和系列公司的关系。在财务管理方面，由集团财务管理部门制定统一的财务监管制度，成员单位的财务负责人由集团统一派出，实行集团财务部门和所在机构的双重管理。广州日报报业集团的各直属报刊社及经营性公司和单位均是独立核算、自负盈亏的法人，责、权、利相对统一，各成员单位享有充分的财务自主权，集团通过拟定经营目标对其绩效进行考核。

---

① 程洁：《东方卫视，在整合矛盾中发展》，《视听界》2004年第2期，第5-8页。

而跨国媒介集团在这一点上表现得更为明显。以新闻集团为例，集团总裁默多克对于庞大集团的控制有其独到之处——财务控制。无论集团旗下有多少附属公司，股权关系多么复杂，新闻业务多么庞大，只要将公司的现金流控制在手，那么集团化的管理就会简单许多。新闻集团有两个总部：一个在悉尼，是新闻集团在澳大利亚上市公司的总部；另一个在纽约，是对全世界业务进行管理的总部。无论在哪，财务部门始终是总部的主要组成部分，首席财务官始终是公司少数最高管理层成员之一。无论默多克身在何方，新闻集团在全世界的几个核心公司的财务总监都会及时在每周四上午，把当地汇总的财务报表传真给他。拿到财务报表后，他会快速浏览几个大报、大台的业绩。如果某个地方出了问题，他会立即跟当地的负责人联系。不管在世界的哪个角落，通过传真机收财务报表是他管理新闻集团的生命线，这个习惯默多克永远都不会改变。①

现代媒介集团财务管理制度是现代企业制度的重要组成部分，财务管理水平的高低直接影响着媒介集团的日常经营。为了建立现代媒介集团财务管理制度，媒介集团财务管理应由粗放型尽快向集约型转变。

1. 合理确定投资回报率，建立科学的成本核算体系

集团应科学核算经营成本，建立统一的会计制度，着力降低实物损耗和提高设备利用率，减少不必要的运营成本，真正实现少投入多产出，提高集团的盈利水平和质量。

2. 建立严格的预算控制体系

预算控制是发挥规划和控制职能的经典模式。建立全面的预算管理制度，以现金流量为重点，对生产经营各个环节实施预算编制、执行、分析和考核，可以严格限制无预算资金支出，最大限度减少资金占用，保证偿还到期银行贷款。集团要建立严格的组织程序，确保预算目标的实现。当确实需要时，必须按照程序调整预算。集团要将预算指标的完成与业绩考核和奖惩制度挂钩，确保预算的严肃性。

3. 节目制播阶段在准确的市场调研基础上实行差异化定位

在从节目创意策划到制作发行的整个过程中，充分了解受众、满足受众，随时根据形势的变化灵活调整自己的产品与行销策略，才能降低生产媒介产品的财务风险。差异化定位的实质就是将资源集中配置于最适合的位置，确保资源发挥最大的效用，更好地实现集团的战略目标与价值增值。

4. 加强内部审计制度与风险控制体系建设

结合集团实际，开展对集团各成员企业财务收支的合法合规审计，以及对离任领导

---

① 张志安、柳剑能：《传媒巨头的企业文化和财务管理——访星空传媒集团（中国）副总裁李映红》，《新闻记者》2003年第5期，第61—62页。

的任期经济责任审计等专项审计。制定对外投资、担保、借贷等行为的管理办法及规定，对投资、担保、借贷的立项、认证、审批、效益跟踪、责任追究等做出详细规定，建立专家认证制度，设立对外投资项目专家论证组，对投资等经济项目的经济和技术可行性进行论证。集团实行分级审批制度：对内根据项目金额划分审批权限，建立逐级审批机制；对外则实施三级审批制度，由投资审批小组、联席会议依次审议。

5. 加强对广告、发行、印刷等部门的财务管理

具体可以从资源价格、资金运转、产品需求、市场规律、生产力要素配置、生产专业化协作等方面加强常规性的财务管理与业绩评价监控。

五、加强集团化资源整合，实现集团优化配置与战略协同

2000年1月，美国在线与时代华纳宣布合并组建当时世界最大的跨媒体集团，人们惊羡地称之为传媒业的"超级航母"。就在美国在线和时代华纳合并不到三个月时，随着网络经济泡沫的破灭，美国在线的股票一路狂跌，公司随后出现了巨额亏损和假账丑闻，美国在线–时代华纳开始陷入泥潭，2003年董事会决定将美国在线从公司名称中去除，重新起用时代华纳的公司名称。美国在线–时代华纳从令人称羡的"美满婚姻"演变为公认的"最为失败的合并范例"。表面上看，原因在于互联网陷入低潮导致其股价下跌。究其根源，资源整合不力是合并案失败的重要原因。

在"2005中国传播学论坛"上，中国人民大学教授喻国明指出：整合力就是未来传媒业的核心竞争力[①]。资源整合是媒介集团能否将"捆绑的小舢板"改造为"航空母舰"的核心要素，也是媒介集团发挥集团规模优势、提升核心竞争力的重要途径。

媒介集团资源整合是对资源的重新合理配置与使用。媒介产业化的运作要求进一步明确和强化媒介资源配置的目标，即以正确的舆论导向为前提，以市场需求为准则，重新整合配置媒介现有资源，解放发展生产力，形成良好的服务体系和传播效果，实现媒介社会效益和经济效益的最大化。根据这一目标，媒介集团资源整合的构成包括业务资源整合、文化资源整合、人力资源整合和集团资源共享等。

1. 业务资源整合

业务资源整合主要是内容和技术的生产与集成，在媒介"内容为王"和媒介科技属性日益显著的背景下，业务资源整合被提上了议事日程。业务资源整合涉及业务重构、组织重构、人事变革和技术更新换代，是一种带有全局性的媒介管理行为，能产生"牵一发而动全身"的影响。如果说在常规发展竞争情境下，我们比拼的是规模和资源，在转型期间，比拼的就是速度、创新力和整合力。

---

① 喻国明：《整合力竞争 未来传媒竞争的制高点》，《传媒》2005年第8期，第10–11页。

以SMG的"第一财经"为例，集团资源整合时，其力图打破台与台之间的分割状态，以品牌取代地方色彩浓厚的报台名称，以统一的品牌为依托，实施业务资源的重组。集团将上海电视台财经频道、东方广播电台财经频率合二为一，打造出国内第一家跨媒体、跨地域的财经资讯平台——第一财经，实现了广播与电视在人力资源、信息资源和品牌资源上的整合。在外部业务资源整合方面，"第一财经"与CNBC合作，每周一至周五的上午、下午，各制作一档约5分钟的《中国财经简讯》，这是国内财经新闻首次在国际主流电视网中完整亮相；与韩国CJ家庭购物株式会社合作，制作的电视购物节目已经亮相集团下属的戏剧频道；与维亚康姆共建媒体公司，提升集团在青少节目领域的制作和传播实力；与环球唱片合资、由SMG控股的上腾娱乐有限公司，主要从事艺人经纪和艺人管理、组织和执行各种与音乐相关的大型活动、开发新媒体、市场伙伴营销，以及策划和推广各类音乐产品及DVD等。业务资源内部和外部的整合使得SMG焕发出了勃勃生机。

2. 文化资源整合

价值观是企业文化的核心，正确的价值观是塑造良好企业文化的首要战略问题。特别是对于大型媒介集团，文化资源整合更是检验集团凝聚力和战斗力的重要标准。美国在线并购了时代华纳之后，由于双方企业文化的差异性，合并后两种企业文化并未整合融通、促进集团更好地发展，反而成为双方冲突的因子。文化冲突的类型包括经营理念的冲突、决策管理的冲突、价值观的冲突、劳动人事关系的冲突。

媒介集团的文化整合有其特殊性和复杂性。第一，应充分调研集团内部的文化类型与特征。了解集团内部不同文化之间的差异性与一致性，为进一步整合提供决策依据。第二，选择合理的整合模式和程序，制订周密的整合计划。文化整合的核心是企业的价值观和认同感，整合模型应将集团的运营现状、财务状况、法律状况、信息系统、人力资源、客户服务等因素纳入其中。第三，设立专门的文化整合机构，充实专职整合队伍。专门的文化整合机构是文化整合顺利推动、有效实施的保证，专职整合人员全权负责集团的整合，负责对集团员工进行培训，并使集团不同子公司的员工能够互相理解和容纳对方的企业文化。专职整合队伍的职责可概括为四个方面：搭建整合机构，推动整合进程，促进企业内外交流，促使整合见效。第四，不断巩固和丰富文化整合的内涵。任何一种企业文化都是特定历史的产物，因此文化整合也必须是一个动态的过程。集团应不失时机地巩固落实已提炼定格的文化，使每位成员都能自觉主动地按照企业文化和价值观的标准去行动。之后，应不断丰富、完善和发展企业文化，推动文化整合的持续深入进行。

3. 人力资源整合

智力产业和信息产业中宝贵的财富不是资金和厂房设备，而是人力资源。人力资源是集团运营的主动脉，也是发展的核心动力。美国经济学家舒尔茨曾估算：物力投资增加4.5倍，利润增加3.5倍，而人力资源投资增加4.5倍，利润将增加17.5倍。由此可见人力资源投资在企业经营中的重要性。媒介集团的人力资源是指媒介集团内部有劳动能力人口的综合，是媒介集团组织内员工所拥有的体力、知识和技能以及价值观等精神存量。媒介集团人力资源整合的原则包括能级能质原则、互补原则、流动原则、奖惩原则、管理者示范原则等。

集团人力资源整合的具体步骤如下。首先，根据对集团人力资源的现状评估，制订相应的人力资源计划。通过工作分析法检查现有人力资源状况，并制定工作说明书和工作规范，预测集团未来的人力资源发展。在对现状和未来做出评估后，制订一套与集团战略目标、环境等相适应的人力资源计划，并进行及时的跟踪、监督和调整。其次，集团应拥有人力资源的分配自主权，让管理者根据传播活动规律的需要和媒体运作的实际来确定人员结构、规模，并确定具体的人选，配备一支观念新、手段新、竞争能力强、业务素质高的专业队伍。再次，进一步更新用人观念，放宽选人视野，建立健全集团干部选拔任用和监督制约机制，激励有才干、有热情的人才脱颖而出。之后，根据媒介全球化的需要，培养和造就一批集团急需的紧缺型媒介人才。媒介集团应倡导建立学习型组织，充分重视培训开发，尊重人的人格，重视人的需求，开发人的潜能，为各类员工提供施展才华的舞台。最后，深化内部劳动人事、社会保障和绩效薪酬等制度的改革。健全岗位目标责任制，加强重要岗位从业人员的资质管理，打破平均主义，按照平衡计分卡原理，建立岗位绩效薪酬制度，按岗定酬、按任务定酬、按业绩定酬。薪酬体系改革的根本目的在于激励，激励应成为集团薪酬设计的原则，在薪酬体系设计和改革的过程中应通过绩效工资、分红、员工持股、总奖金、知识工资、灵活的工作日程等形式，充分激发员工的工作热情、信心和自主性，促进员工的自我参与和自我完善，形成一套科学的激励机制。

4. 集团资源共享

相对于其他单一媒介，媒介集团的显著优势是资源共享和协同效应。媒介集团化后，集团内部资源存在互补性和同质性，如果不同媒介资源之间无法融通共享，那么不仅不利于集团化协调管理和利润最大化，而且会在很大程度上失去媒介集团化的意义。在媒介融合时代，不同媒介资源只有通过重组配置，才能实现协同效应。媒介集团可共享的资源包括业务资源、节目资源、技术资源、客户资源、人力资源、文化资源等。这些资源不应在单一媒介中孤立地发挥效用，而应通过集团的资源共享系统，实现资源边际效用最大化。

以文汇新民联合报业集团为例[1]，为了达到"1+1>2"的集团化整合目标，集团对原两报的经管部门实行了大改组，做到人尽其才、物尽其用，减少了浪费，提高了设备利用率。《文汇报》与《新民晚报》原有的三家印刷实体由于生产任务不足，人力和设备利用效率不高。组建集团实行优势互补后，原来《文汇报》及其系列报刊的印刷由《新民晚报》印务中心来承担，并将《文汇报》的部分技术骨干充实到力量相对薄弱的《新民晚报》印刷中心去。同时，对《文汇报》印务中心进行重组转产，将其改建成一个书刊

---

① 赵朏罗：《我国新闻传媒集团特征分析》，《新闻实践》2001年第3期，第38-41页。

和商业印刷的新实体。这样，不仅盘活了存量资产，而且使两报原来在印刷方面的人力、物力资源得到发掘，为开辟新的经济增长点创造了条件。

在媒介集团化时代，媒介的竞争环境和游戏规则都发生了巨大的变化，面对媒介集团化管理这一全新课题，我国的媒介集团没有故步自封、因循守旧的资本，唯有充分利用集团化优势，吸收国际媒介集团管理的先进理念与技术并提炼综合，努力创新集团化管理的战略与战术，才能在更广阔的时空里实现媒介集团的更快发展。

思考题

1.如何理解媒介集团化的内涵？

2.如何理解媒介集团化管理的价值？

3.如何理解媒介集团化管理的职能？

4.如何进行媒介集团化管理的设计与运作？

第十一章

媒介资本运营

随着社会主义市场经济的发展，越来越多的人开始认识到资本运营在我国社会经济生活中的重要作用。自"资本运营"这一概念在中国提出以来，许多人都在思考资本运营是什么以及怎么运营的问题。从不少报刊上公开发表的文章中，我们能感到有些人谈到的资本运营仅局限于资本或产权的买进和卖出：有人认为，资本运营就是并购；有人认为，资本运营就是买卖产权；有人认为，资本运营就是炒股票、证券。

资本运营的实际范畴远比常规认知更为宽广，其内涵也更为深刻。若将资本运营狭隘地界定为金融资产交易（如股票、证券及产权买卖），将产生双重危害：其一，可能导致企业轻视实业开发，忽视生产经营这一资本价值实现的根本途径；其二，将阻碍多元产业发展，使资本运营异化为助推泡沫经济的工具。真正的资本运营应当是通过优化资本配置，最终服务于实体经济的价值创造。

资本运营是贯穿所有产业的广义概念。资本必须进入实际经济领域——无论是金融、证券等虚拟经济，还是工业、房地产、文旅、科技等实体经济——才能真正发挥资本效能。市场规律决定，资本必然向回报率更高的产业或产品流动，这是其固有属性。

资本运营是我国经济继产品生产型转向商品生产型、单一生产型转向生产经营型两次飞跃后的第三次飞跃。对于我国企业来说，资本运营既是一个全新的课题，也是一个永恒的课题。对我国媒介产业来说，同样如此。从手段上来看，媒介的发展大致包括两种，即传统媒介经营和媒介资本运营。传统媒介经营指的是与媒介直接相关的广告、节目等方面的经营。媒介资本运营主要包括产业参与和行业介入的多样化、产权组合与经营形式多重化，以分散资本运营的风险，保证实现最大化增值。可以这样说，传统媒介经营为媒介资本运营积累资金；媒介资本运营为传统媒介经营提供更广阔的发展前景并提升媒介的整体效益。

那么，什么是媒介资本运营？我们对照孙正一等在《我国新闻媒体资本运营情况初探》中的"传媒资本运营"概念，认为媒介资本运营就是将报社、电台、电视台所拥有的有形资产和无形资产（主要是指和媒介业有关的广告、节目、资讯等，还有报社、电台、电视台经营的其他产业部分），均视为经营性的价值资本，通过价值成本的流动、兼并、重组、参股、控股、交易、转让、租赁等途径进行经营，优化媒介资源配置，扩展媒介资本规模，实现最大限度增值目标的一种经营手段。报社、电台、电视台实际上也是由各种生产要素构成的具有政治属性的经济实体。报社、电台、电视台所拥有的各种有形资产和无形资产（如国家台的品牌资本、人才资本等）都可视为资本，通过资本运营的方式实现价值增值。媒介开展资本运营，为市场经济条件下社会主义媒介业的发展提供了强大的经济驱动力，应当予以积极的支持和引导。同时也要认识到由此带来的负面效应，及时在制度规范上对媒介资本运营的主体与客体进行框定。媒介资本运营既要遵循一般企业的法律规定，又要恪守其特殊行业的特殊原则。媒介必须坚持党的领导、党性原则，坚持正确的舆论导向，这是我国媒介赖以生存的基础。

第一节　媒介开展资本运营的理论依据和现实需要

一、媒介开展资本运营的理论依据

产业是通过制造产品或提供服务获得收入的生产性企业或组织。在经济学中，根据社会生产活动历史发展的顺序对生产部门做三类划分：产品直接取自自然界的称为第一产业；对初级产品进行再加工的称为第二产业；为生产和消费提供各种服务的称为第三产业。我国政府对国民经济按三次产业做了这样的划分：第一产业是农业（包括林业、牧业、渔业等）；第二产业是工业和建筑业；第三产业是除此以外的其他各业，主要包括流通领域、为生产和生活服务的领域、为提高科学文化水平和居民素质服务的领域、为社会公共需要服务的领域。1985年，国务院办公厅转发国家统计局《关于建立第三产业统计的报告》，把第三产业分为四个层次，第三层次是"为提高科学文化水平和居民素质服务的部门"，包括教育、文化、媒介事业。1993年，国务院批转国家计委《关于全国第三产业发展规划基本思路》，把文化、广播影视、新闻出版等各项事业列入"文化、体育事业"。文件指出这些事业对于加强社会主义精神文明建设，提高中华民族的思想文化素质和身体素质，丰富群众的精神文化生活，开展对外交流和促进经济发展等具有特殊的作用，要按照社会效益和经济效益并重的原则，不断提高文化艺术、娱乐、音像、电影、图书、报刊等文化产品的艺术水平和服务质量，努力提高广播电视覆盖率及其节目制作能力和质量，以适应群众不同层次的文化精神生活需要。新闻出版、广播电视在我国早被列入第三产业。1996年，国家把广播电视和报刊经营管理列入需要加快发展的第三产业行列。同年，江泽民视察《人民日报》时明确指出：过去我们的传媒只讲宣传，如今在市场经济条件下，新闻传媒既要宣传，又要经营。党的十四届六中全会决议又强调，要适应社会主义市场经济的要求，建立有效的筹资机制，逐渐形成对精神文明建设多渠道投入的体制。这是对传媒在市场经济条件下产业属性的认可。①

承认媒介业的产业性质，也就是肯定了报社、电台、电视台作为生产性组织的属性。报社、电台、电视台不是单纯的宣传机构，而是可以通过自己的产品和服务，实现盈利，实现自我发展并为国家积累资金的独立经济实体。这里我们不再列举业已被广泛引用的众多数据来证明媒介业可以盈利。既然我们承认媒介业的产业属性，那么也就承认报社、电台、电视台和其他形式的企业一样，都要按市场经济规律办事。当然，我们强调媒介业的经济属性，并不是忽视其政治属性。中国二十多年媒介业改革的一个重要成果，就是显示了媒介业自身拥有的经济活力，涌现了一批经济实力雄厚的媒介集团。

从理论角度看，与资本结合是我国媒介业发展的必然趋势。这是截至20世纪90年代末我国20多年来媒介业渐进改革的结果。有学者指出：20世纪70年代末以来中国大众传播媒介的变革是大众传播媒介的产业化过程。②如果以1979年我国媒介恢复商业广告作为其经营活动的起始，那么，我们可以看到，经营活动与媒介业的改革其实一直相辅相成。广告收入可以作为媒介经营活力的有效指标。到20世纪90年代中期，媒介业的经营收入逐渐取代财政资助而在媒介业发展中占据主导地位，媒介作为具有强大盈利能力的产业属性日益凸显，由此开始谋求产业发展战略。在这样的背景下，资本介入媒介显得十分自然：一是资本的逐利性决定其必然会对成长势头良好的媒介业报以极大关注；二是媒介业是一个高消耗行业，面对新一轮的竞争和发展，仅仅依靠自身积累必然制约其发展规模与速度，因此也渴望资本的加入。实际上，从20世纪90年代初开始，陆续有资本涉足媒介业。从这个角度看，资本介入媒介既不是新鲜事物，也符合事物的发展趋势。

二、媒介开展资本运营是媒介产业发展的现实需要

在市场经济条件下，媒介业向产业化方向发展，加快资本运营的步伐是深化媒介产业改革和我国媒介产业自身发展的必然。现阶段，我国媒介普遍存在资金短缺、经营模式单一等问题，严重阻碍了我国媒介产业的进一步发展。我国媒介产业自20世纪70年代末进行经营改革以来，经济实力迅速增强，现在已成为国民经济的重要组成部分。然而，当前媒介体制仍存在结构性矛盾，条块分割、重复建设问题突出，部分领域存在低效竞争和资源错配现象；在微观运营层面，部分传统媒介权责不清、机制僵化，难以适应全媒时代的生产效率要求。与此同时，国际传媒集团通过技术合作、内容引进等方式加速

---

① 李泳：《我国传媒产业化的必然性及影响》，《岭南学刊》2001年第3期，第68—71页。

② 黄升民、丁俊杰：《媒介经营与产业化研究》，北京广播学院出版社，1997年版。

渗透中国市场，国内媒介产业面临的竞争压力持续加大。在媒介深度融合的背景下，推进资源整合、增强核心竞争力已成为行业共识。实践证明，资本运营是优化资源配置、激发市场活力的有效手段。

当前，我国媒介产业正经历系统性变革，事业单位与企业化管理的双轨制逐步向市场化运营转型。若仍以传统"事业单位"属性限制媒介集团的资本运作空间，不仅难以适应数字经济时代的发展需求，还可能制约其在技术创新、国际竞争等方面的潜力发挥。近年来，部分领先媒介集团已通过上市融资、产业基金、混合所有制改革等方式探索资本运营新路径，为行业提供了可供借鉴的经验。资本运营是媒介通过市场化手段优化资源配置、实现价值增值的战略行为。例如，浙报传媒2011年通过借壳上市成为全国首家媒体经营性资产整体上市的报业集团，利用资本市场融资31.9亿元收购杭州边锋、上海浩方，构建数字娱乐平台，互联网业务利润贡献首次超过传统主业。[1]这种"传媒控制资本，资本壮大传媒"的模式，将传统媒体的内容优势与资本市场的资源整合能力深度结合，实现了产业升级。

数字化转型要求媒介持续投入技术研发与基础设施建设，比如4K/8K超高清制播技术应用、中央厨房建设、传媒专属大模型开发等都需要大量资金投入，资本运营可以帮助传媒企业获取这方面的资源与支持，实现业务模式升级与盈利能力的提升。资本运营还可以帮助传媒企业抢占新兴赛道。比如，Meta投入150亿美元升级GPU算力，开发AI广告推荐系统，预计2029年AI贡献收入占比将达25%。[2]

此外，资本运营可以助力传媒企业实现从规模经济到生态重构的升级。比如，阅文集团通过上市融资反哺内容创作，《庆余年》等IP改编剧拉动付费用户增长，但过度依赖单一业务导致2024年计提11亿元商誉减值，凸显多元化资本布局的必要性。[3]而通过资本运营可以实现不同资源整合的协同效应，比如通过并购重组可实现"1+1>2"的效果，迪士尼收购漫威后构建起"电影—衍生品—主题乐园"的IP生态闭环便是具有代表性的案例。

第二节　当前媒介资本运营的主要形式

当前我国媒介开展资本运营的主要形式有以下几种。

① 《传媒控制资本 资本壮大传媒——浙报传媒上市三年的实践与探索》，http://media.people.com.cn/n/2015/0104/c392155-26320895.html，2015年1月4日。
② 《深度系列二：META的AI投入与ROI测算》https://data.eastmoney.com/report/zw_stock.jshtml?info-code＝AP202409021639685198，2024年9月2日。
③ 《阅文、泡泡玛特、B站在IP运营上的短板与破局之道》，https://www.toutiao.com/article/7506400000738427404/?upstream_biz＝doubao&source＝m_redirect，2025年5月20日。

一、进入证券市场的融资方式

资本运营形式虽然多种多样，但就目前来讲，证券市场上的资本运营仍是主流。媒介业要摆脱目前的资金严重不足局面，并寻找到快速发展途径，必须与证券市场相结合。由于政策方面的限制，电台、电视台不能直接上市融资，只能通过其成立的子公司上市来实现。从上市的方式来看，主要有以下三种。

一是改组上市。媒介将优质的经营性资产剥离出来，加以整合重组，注册成立隶属于媒介管理部门或媒介的、由国有资产控股的、具有独立法人资格的股份制子公司，然后申请成为上市公司，公开募集资金。

组建独立股份制公司上市，按照《证券法》和中国证监会的规定，从完成公司的股份制改造，上报审批，到发行股票最终上市，是一项十分复杂的系统工程，需要很长的周期。虽然相对投资少，风险小，融资量大，但是耗时费力，难度很大。

二是借壳上市或买壳上市。与其他企业一样，媒介改组上市的过程琐碎漫长，于是一些媒介按照市场经济规律和证券市场规则，采取通过子公司收购上市公司股票，控股并重组上市公司的方法，快速进入证券市场，获得稳定的融资渠道。例如，2000年12月，上市公司ST港澳临时股东大会审议通过了资产重组议案，以共计1.6728亿元的价格收购了信息产业部计算机与微电子发展研究中心持有的北京赛迪传媒投资股份有限公司（原名中国计算机报投资有限公司）51%股权，置换资产总额超过ST港澳总资产的50%。随后ST港澳又以持有的海景湾大酒店有限公司10%的股权及对香港港澳国际财务有限公司的全部投资置换赛迪10%的股权。至此，信息产业部计算机与微电子发展研究中心已经给ST港澳注入60%以上的新资产。这样，ST港澳彻底改头换面，从主营石油石化的工业企业变成了媒体巨子。2000年12月25日，ST港澳正式更名为北京赛迪传媒投资有限公司，主营业务有资讯、媒体、文化传播、投资管理、资讯服务、网络服务、网络工程。[①]

三是上市公司投资媒介产业。投资媒介产业的上市公司有湖南投资、上海强生，还有众多的上市公司参股地方有线电视网，如中信国安、信联股份、聚友网络等。这种合作解决了各省份（城市）广电基础设施建设资金不足的问题，加快了有线网的建设，扩大了有线网覆盖面，有利于广电事业的发展。

二、资金借贷的运作方式

少数媒介单位通过或明或暗的方式，以国有频道、频率、版面等为合作条件，通

---

① 孙正一、农秋蓓、柳婷婷：《我国新闻媒体资本运营情况初探》，《新闻记者》2001年第4期，第20-24页。

过出让一定时期的广告经营权、内容播出权或栏目运营权等方式引入社会资本。这是目前媒介与企业较为普遍的一种合作方式。在此类合作中，媒介单位将特定时期的广告经营权、内容播出权或版面编辑权授权给社会公司或机构运营，自身则按合同约定获取固定收益或分成。这种合作本质上属于资源置换关系，而非简单的借贷。

　　1995年6月，河南驻马店地区广播电视局与深圳瀚光实业发展有限公司（以下简称瀚光公司）签订了《驻马店光纤有线电视综合信息服务网工程合同书》。此后，瀚光公司擅自以"有线台"的名义开办了文艺频道，并在正常节目播出中违规插播自制广告，实际控制了频道播出权。对此，河南省广播电视厅多次下发文件，要求规范建设与管理权限。但瀚光公司一直拒绝商谈合同修订事宜。驻马店地区广播电视局于1998年9月向法院提起诉讼。1999年8月，驻马店地区中级人民法院一审判决双方所签合同无效。瀚光公司对判决不服，向河南省高级人民法院上诉，河南省高级人民法院于2000年6月作出判决，认为原判事实不清，处理欠妥，撤销了驻马店地区中级人民法院的一审判决，发回重审。对此事，国家广播电视总局于2000年7月专门发文提出严肃批评，河南省广电厅也发文要求驻马店地区广播电视局坚决纠正违规违纪现象。[①]

　　尽管社会资金投入媒介需保持国有主体主导地位，但在合作过程中，部分媒介单位出让广告经营权、内容播出权或版面编辑权给社会资本方运营。这种模式下，不仅媒介的广告经营权可能被过度让渡，甚至可能影响播出内容的主动权和导向把控。若监管不到位，可能导致国有频道频率资源过度商业化，进而影响舆论阵地的导向安全。这种现象需引起高度重视并加以规范。

三、组建股份公司的运作方式

　　股份制是现代企业的一种资本组织形式，也是国有大中型企业推进现代企业制度改革的重要途径。在媒体领域，部分媒介与社会资本合作时就借鉴了这种形式。其中，2000年5月《中国青年报》与港交所上市公司中策集团合作创办中青在线网络信息技术有限公司的案例比较典型。此后，双方将原中青报网络版改组为国内首家实行市场化独立运作的中央新闻媒体网站。根据合作协议，《中国青年报》保留网站新闻频道内容的采编、制作与发布权，确保中策集团一方不参与新闻业务；同时，中青在线技术公司则负责经营业务和其他非新闻频道的内容运营。[②]

---

① 孙正一、农秋蓓、柳婷婷：《我国新闻媒体资本运营情况初探》，《新闻记者》2001年第4期，第20-24页。

② 《中国青年报》占40%股份，中策集团占60%股份。

第三节　智能媒体与资本市场

　　智能媒体以其独特的创新能力和广泛的应用前景，成为推动文化产业发展和数字化转型的重要力量，而智能媒体的发展离不开资本市场的有力支持。资本市场以其灵活多样的融资方式和强大的资源配置能力，为智能媒体提供了源源不断的资金支持，推动了其规模化、专业化发展。本节从资本市场为智能媒体提供融资支持和推动智能媒体产业规模化发展两个方面，深入探讨资本市场对智能媒体发展的支持作用；同时关注智能媒体对资本市场的回馈与促进作用，以及智能媒体与资本市场的共生发展前景。

一、资本市场为智能媒体提供融资支持

　　智能媒体作为文化产业的重要组成部分，其创新性和高成长性使得融资需求日益增长。资本市场作为资金的重要来源，为智能媒体提供了多种融资渠道，满足了其不同阶段的融资需求。

　　首先，智能媒体在初创期往往面临资金短缺的困境。此时，资本市场中的天使投资、风险投资等私募股权投资基金发挥着关键作用。这些基金通过专业的投资团队，对智能媒体项目进行筛选和评估，为具有潜力的项目提供初始资金支持，不仅帮助智能媒体项目度过了初创期的资金难关，还为其后续发展奠定了坚实的基础。

　　其次，随着智能媒体项目的不断成熟和发展，其融资需求也逐渐增加。此时，资本市场中的股票市场和债券市场成为智能媒体的重要融资平台。通过发行股票或债券，智能媒体可以筹集到大量的资金，用于扩大生产规模、提升技术水平、拓展市场份额等，为智能媒体的快速发展提供了有力保障。

　　最后，资本市场还为智能媒体提供了并购融资等多样化的融资方式。通过并购，智能媒体可以快速获取优势资源、扩大市场份额、提升竞争力。资本市场中的并购融资工具，如并购贷款、并购债券等，为智能媒体的并购活动提供了资金支持，推动了产业的整合和升级。

二、资本市场推动智能媒体产业规模化发展

　　资本市场不仅为智能媒体提供了融资支持，还通过助力企业扩张与并购、提升产业竞争力等方式，推动了智能媒体产业的规模化发展。

　　首先，资本市场为智能媒体的扩张提供了有力支持。随着企业规模的扩大，智能媒

体需要更多的资金来支持其业务发展，资本市场通过为企业提供股权融资和债权融资等多种方式，满足了其扩张的资金需求。这些资金使得智能媒体能够扩大生产规模、增加研发投入、优化产品结构，从而提升其市场竞争力。

其次，资本市场通过并购活动促进了智能媒体产业的整合和升级。在激烈的市场竞争中，智能媒体需要通过并购来获取优势资源、提升技术水平和市场竞争力。资本市场为并购活动提供了资金支持，使得并购活动得以顺利进行。通过并购，智能媒体可以实现资源共享、优势互补，进一步提升产业的整体竞争力。

最后，资本市场还通过优化资源配置、推动产业升级等方式，促进了智能媒体的规模化发展。资本市场通过价格发现机制，使得资源能够流向更具潜力和效率的企业，同时通过推动科技创新和产业升级，提升了智能媒体的整体水平，这些都有利于智能媒体的规模化发展，提升其在全球文化产业中的竞争力。

三、智能媒体对资本市场的回馈与促进作用

智能媒体不仅从资本市场中汲取养分，实现自身的快速成长，也以其独特的方式回馈并促进资本市场的繁荣与发展。智能媒体的高成长性与高收益性为资本市场带来了丰富的投资机会，也引领着资本市场投资理念的变革，促进了资本市场产品与服务的创新。

首先，智能媒体的高成长性与高收益性为资本市场带来了高回报的投资机会。随着数字化、网络化、智能化的快速发展，智能媒体的应用场景不断拓展，市场需求持续增长。这使得智能媒体具有强大的盈利潜力和广阔的市场前景，为投资者提供了丰富的投资机会。资本市场通过对智能媒体的投资，可以获得可观的收益，实现资本的增值。比如字节跳动凭借先进的算法技术和精准的用户定位，成功打造了一系列备受欢迎的智能媒体产品，在市场上取得了巨大的成功，不仅为用户提供了优质的体验，也为投资者带来了丰厚的回报。资本市场对该企业的投资案例充分展示了智能媒体的高成长性与高收益性，吸引了更多投资者关注智能媒体领域。

其次，智能媒体的创新引领着资本市场投资理念的变革。智能媒体以数据驱动、用户为中心的理念，推动了内容生产、传播和消费的全面升级。这种创新理念也渗透到资本市场中，引导投资者更加注重企业的创新能力、用户体验和市场前景，而非仅关注短期的财务指标。这种投资理念的变革有助于推动资本市场的健康发展，提高资本市场的资源配置效率。

最后，智能媒体还促进了资本市场产品与服务的创新。随着智能媒体技术的发展，资本市场也在不断探索与智能媒体相结合的新型产品和服务。例如，基于大数据和人工智能技术的智能投顾、智能风控等产品，为投资者提供了更加便捷、高效的投资服务。这些创新产品和服务不仅提升了资本市场的服务水平，也拓宽了资本市场的业务领域，为资本市场的持续发展注入了新的活力。

四、智能媒体与资本市场的共生发展前景

智能媒体与资本市场之间存在着密切的相互促进关系，展望未来，两者之间的共生发展前景十分广阔。

一方面，技术创新与市场需求的双重驱动将推动智能媒体持续快速发展。随着人工智能、大数据、云计算等技术的不断进步，智能媒体将在内容生产、传播和消费等方面实现更多创新和突破。同时，随着消费者对个性化、多元化内容的需求不断增长，智能媒体的市场空间将进一步扩大，将为资本市场提供更多优质的投资机会，推动资本市场的繁荣与发展。

另一方面，资本市场将为智能媒体的规模化发展提供强有力的支持。通过提供融资支持、推动并购活动等方式，资本市场将助力智能媒体实现快速扩张和产业升级。资本市场还将通过优化资源配置、提升产业竞争力等方式，推动智能媒体产业的整体发展，有助于智能媒体在激烈的市场竞争中脱颖而出。

智能媒体与其他产业的深度融合也将为资本市场带来新的发展机遇。随着智能媒体技术的广泛应用，文化产业、信息产业、服务业等多个领域都将实现与智能媒体的深度融合，为资本市场提供更多跨界投资机会，推动资本市场的多元化发展。智能媒体借助资本市场的支撑还可以实现传统产业的转型升级，提升整个经济体系的创新能力和竞争力。

第四节　实现媒介与资本市场的互动双赢

资本市场是指期限在一年以上的金融交易和融资活动的市场体系，主要由债券市场、股票市场、基金市场等组成，是金融市场的重要组成部分。[①]

媒介产业可以利用资本市场的造血功能进行资本积累和资产增值，这不仅解决了长期困扰媒介产业的后续发展资金不足的问题，更重要的是引进了现代企业制度及其运行机制。资本市场的进入规则也使媒介必须优化资源配置，改善微观的公司结构，将经营性的优质资产注入股份公司才能取得上市资格。可以说，资本市场的融资功能、机制培育功能和资产重组功能都对我国媒介产业的未来发展起着积极的推动作用，其加快媒介业的市场化进程，使媒介实现几何级数的增长。

同时，资本市场也受益于媒介业的参与。由于媒介业在我国尚属起步阶段，具有较大的增长空间，媒介业进入证券市场能够为市场注入活力和动力，推动证券市场的健康发展。成熟的证券市场需要多元化的成长性上市公司，这不仅可以提高市场抗风险能力，

---

① 林祖基：《资本市场融资与运作——如何参与香港资本市场》，海天出版社，1998年版。

而且可以增强市场活力，从而为投资者提供丰厚的回报。我国证券市场要持续发展，需要更多具有成长性的公司加入，形成多元化的发展格局。快速发展的媒介产业进入证券市场，有望成为推动市场发展的强有力的力量。

需要特别注意的是，资本毕竟是一柄双刃剑：资本市场既可能成为推动产业发展的动力，也可能加速产业的衰落。一方面，资本运营有利于媒介扩大规模，增强竞争实力，引进先进的管理模式和经营人才，为强化正确的舆论导向夯实物质基础；另一方面，如果宏观调控不力，资本运营的负面影响也很明显。随着产业的快速成长，资本对决策效率、运行机制、管理能力、配置设备及相关人才储备等要求越来越高，这对于缺乏资本运营经验的我国媒介业来说无疑是一种挑战。所以，要想使资本市场与媒介真正实现互动双赢，要从以下几点着手。

一、妥善解决资本与政策和管理体制之间的冲突

在我国，媒介业是一个特殊的行业。随着社会环境的改变，之前高度计划、集中管理的媒介业开始逐步走向市场，接受市场的挑战。但目前在这个过程中仍存在不可避免的冲突，即原有行业政策和管理体制已不再完全适应当前媒介业发展的需要。

在政策方面，媒介的决策层是由行政权力来任命的，而非民主推选产生。在媒介业，当行政权力与资本权力发生冲突时，结果往往是后者退出。这种状况在短期内难以根本转变。网络行业出现的 CEO 频繁更替的现象在传统媒体中很少发生，台长、总编长期保持相对稳定的任职状态，且只有主管部门才对媒介的高层领导享有任免权。

在管理体制方面，计划经济时代的行政命令式管理仍大量存在，双重管理体制也使媒介在发展中感到束手束脚。《经济观察报》负责人张忠曾表示，将来的报纸、传媒要生存下去，不是办出来的，而是管理出来的。同时，WTO 规则要求也迫使政府部门不能既是教练又是裁判，而应从商业运作程序中退出来，按国际游戏规则办事。这就对媒介管理体制的转轨提出了要求，政府应尽快转变观念，制定出一套更加符合媒介发展规律的新管理体制，有效解决媒介的人事权、资产权和终审权问题。在人事权方面，让政治意志和资本意志相结合，两者都在经营管理者的任免上有一定发言权，并对经营者实行股票期权激励机制，能上能下、任人唯贤。在资产权方面，要明晰产权，只要不影响媒介的核心业务，不妨允许后来进入的资本占较小比例的产权。在终审权方面，对于关系到舆论导向的媒介内容，其终审权还是应牢牢把握在党和政府手中。

二、借鉴国外的先进经验

在国外，很多媒介都在资本市场发挥着重要作用。以美国纽约证券交易所为例，Disney（迪士尼）、Time Warner（华纳兄弟探索）、News Corporation（新闻集团）以及

Reuters（路透社）等传媒上市公司都具有高成长性，是道·琼斯指数的重要成分股。国外传媒业界两种典型融资模式值得参考。一是直接上市，限制个人股东持股比例（通常设定1%～3%的自动减持阈值），确保国家保持对内容审批权和出版权的控制。二是股权分置模式，即通过发行普通股（侧重决策权）和优先股（侧重收益权）的组合，既实现利润共享又保障采编独立性。与其他企业一样，股东大会是股份制媒介的最高权力机构。按拥有股份的多少，组成最高决策机构——董事会。董事会负责制定媒介的发展战略，决定媒介运营的重大事项，管理预决算，并任命媒介的高级经营管理人员。董事长是企业控股方的代表，负责执行董事会的决议。

在资本渗透的问题上，不仅可以实行将经营性资产和核心业务分开监管的"双轨制"，而且可以从英国政府设立的国企"黄金股"和新加坡的法律监管体制中获得有益启示。英国的"黄金股"也称特别股，是指政府将原来控股的重要大型国有企业的股权部分或全部出售后，在不占控股地位的情况下，仍拥有对该企业重大事项决定权的一种特殊股权。该条款一般由法律规定或设置在公司章程中。设置这一特殊股权的目的是便于政府阻止一些重要的特殊企业被某些"不受欢迎"的资本兼并，或被低价出售。新加坡的法律监管即在法律规定中设置股权限制性条款。如新加坡的《报章与印刷法》，将报业公司股权分为管理股和普通股，并明确规定管理股由政府控制，未经新闻艺术部门书面批准，报业公司不得向非新加坡公民或公司出售或转让管理股，任何非新加坡公司不得担任报业公司的董事；普通股是上市流通股，除非预先获得新闻及艺术部的批准，没有人能够直接或间接拥有报章公司3%的普通股股份。这些限制性规定对于防范资本对舆论的负面影响有着积极的作用，问题的关键是要及早建立资本和媒介之间的游戏规则，既保证资本的发言权，又保证舆论导向的正确性。[①]

三、制定符合中国国情的媒介法律法规

应根据我国现实情况实施法律监管，制定符合我国国情的法律法规。一方面，要规范我国媒介业的投资范围、方向、内容、方式等；另一方面，要规范资本对媒介进行投资的各个方面的运作。这样媒介和资本都不会在政策不明朗的情况下进行幕后交易，对二者的行为起到有效的保护和制约作用，对于出现的问题也能严惩有据，使媒介和资本的行为都走上规范化和法治化的轨道。

我国媒介投融资政策历经多年发展：1988年，国家新闻出版署同国家工商行政管理局联合发布《关于报社、期刊社、出版社开展有偿服务和经营活动的暂行办法》，首次以政府部门的规范性文件形式承认了传媒可开展经营性业务；随后又相继出台了《印刷业管理条例》《广告法》《媒介条例》《出版管理条例》等；2001年底又颁布了新闻出版广播影视业的融资规定。但从总体上看，现有法律体系仍存在系统性不足和约束力不强等问题，需要媒介业内和法律界人士共同探讨，不断健全和规范媒介融资体系。

---

① 周伟：《媒体前沿报告：一个行业的变革全景和未来走向》，光明日报出版社，2004年版。

　　媒介进入资本市场是社会主义市场经济发展的必然要求，既顺应了全球化传播趋势，也符合产业可持续发展的需要。实践证明，资本运作能有效促进媒介主营业务增长，优化产业结构与资源配置，同时为资本市场注入活力。尽管在媒介与资本融合过程中存在风险与挑战，但只要建立规范、强化监督、控制风险，就能实现互利共赢。当前关键是要在实践探索中不断完善二者的良性互动机制。

第五节　媒介资本运营的引导与管控

　　媒介资本运营作为媒介产业发展的重要驱动力，不仅关乎媒介的经济效益，更深刻影响着文化产业的整体布局和竞争格局。然而，当前媒介资本运营在快速发展的同时，也面临着诸多挑战和问题，如结构不合理、法律法规不完善、信息不对称等。这些问题不仅制约着媒介资本市场的健康发展，也影响着媒介产业的可持续发展。因此，对媒介资本运营的引导与管控显得尤为重要，政府、媒介、行业协会等需共同努力，推动媒介资本运营的规范化、高效化和可持续化。

一、媒介资本市场发展存在的问题与风险

　　首先，媒介资本市场的发展存在结构不合理的问题。当前媒介资本市场中的资本配置并不均衡，一些大型媒介集团拥有过多资本资源，而一些小型媒介则面临资金短缺的困境，这种结构性失衡不仅导致媒介资本市场中的竞争不充分，也限制了小型媒介的发展空间。

　　其次，媒介资本市场的法律法规体系尚不完善。尽管我国已经出台了一系列与媒介资本市场相关的法律法规，但这些法律法规在实际操作中仍存在诸多漏洞和不足。例如，媒介资本市场的准入机制、信息披露制度、监管措施等有待进一步完善和细化。法律法规的不完善不仅增加了媒介资本市场的运营风险，也影响了投资者的信心。

　　最后，媒介资本市场还面临信息不对称的风险。在媒介资本市场中，信息的获取和传递对于投资者和媒介都至关重要。然而，由于媒介行业的特殊性，信息的不对称现象较为普遍，一些媒介可能故意隐瞒信息，以获取更多的资本支持。这种行为不仅损害了投资者的利益，也破坏了媒介资本市场的公平性和透明性。

二、商业平台媒体借助资本快速发展过程中的问题

　　随着商业平台媒体的快速崛起，资本在推动其发展过程中起到了关键作用。然而，

在这一过程中也暴露出诸多问题，使平台治理成为近年来的热点。

首先，商业平台媒体在追求快速扩张的过程中，往往过于依赖资本的注入。这种过度依赖可能导致媒介忽视自身的核心竞争力和创新能力建设，过度追求短期的规模和效益，而忽视了长期的可持续发展。一旦资本市场出现波动或资本支持减弱，这些媒介可能面临严重的生存危机。

其次，商业平台媒体在资本驱动下，往往会出现内容质量下降的问题。为了迎合资本的需求和市场的口味，一些媒介可能过于追求点击率、浏览量等短期指标，而忽视了内容的深度和专业性，甚至出现违规或违反传播伦理的问题，这不仅损害了媒介的公信力和品牌形象，也影响了用户体验和满意度。

最后，商业平台媒体在资本运营过程中还面临着数据安全和隐私保护的问题。随着大数据和人工智能技术的应用，媒体企业能够获取和分析大量的用户数据。然而，在追求商业利益的过程中，一些媒体可能忽视对用户数据的保护和隐私权的尊重，导致数据泄露和滥用等问题是有发生，不仅违反了法律法规的规定，也损害了用户的信任和利益。

三、媒介资本运营的引导与管控措施

媒介资本运营的引导与管控是确保媒介产业健康发展的重要环节，在当前的媒介生态环境下，我们需要通过科学的引导策略和有效的管控机制，促进媒介资本运营的规范化、高效化和可持续化。

首先，政府应发挥在媒介资本运营中的引导作用。通过制定相关的政策和规划，政府可以明确媒介资本运营的发展方向和目标。例如，出台支持媒介产业创新发展的政策措施，鼓励媒介加强技术研发和内容创新；同时引导资本流向具有发展潜力和竞争优势的媒介项目，推动媒介产业的优化升级。

其次，加强对媒介资本运营的监管和调控，确保资本市场的健康运行。通过建立健全的监管机制，加强对媒介的财务审计、信息披露和风险评估等方面的监督，防止资本运营过程中的违规行为和风险事件的发生；还可以通过调整税收政策、优化融资环境等手段，为媒介提供更加公平、透明和可持续的资本市场环境。

再次，除了政府的引导与管控作用外，媒介自身也应加强自律和管理。媒介应树立正确的经营理念和发展战略，注重内容质量和用户体验的提升，避免过度追求短期效益和资本扩张。同时还应加强内部管理和风险控制，建立健全的财务制度和风险预警机制，确保资本运营的安全和稳定。

最后，行业协会和中介机构在媒介资本运营的引导与管控中也发挥着重要作用。行业协会可以制定行业标准和规范，推动媒介之间的合作与交流，提升整个行业的形象和竞争力。中介机构则可以为媒介提供专业的咨询、评估和融资等服务，帮助其更好地进行资本运营和风险管理。

思考题

1.什么是媒介资本运营?

2.媒介开展资本运营的理论依据和现实需要有哪些?

3.目前媒介资本运营的主要形式有哪些?

4.如何实现有线网络与资本市场的结合?

5.如何实现媒介与资本市场的互动双赢?

参考文献

[1] 陈勤.媒体创意与策划[M].3 版.北京：中国传媒大学出版社，2017.

[2] 崔勇，孙金龙.知本与资本的对话[M].北京：中国商业出版社，2000.

[3] 范以锦.南方报业战略——解密中国一流报业传媒集团[M].广州：南方日报出版社，2005.

[4] 干春晖.管理经济学[M].上海：上海财经大学出版社，2007.

[5] 高福安.媒体管理概论[M].北京：中国传媒大学出版社，2010.

[6] 顾凯.企业资本运营[M].深圳：海天出版社，2000.

[7] 柯林·霍斯金斯，斯图亚特·麦克法蒂耶，亚当·费恩.媒介经济学——经济学在新媒介与传统媒介中的应用[M].支庭荣，吴非，译.广州：暨南大学出版社，2005.

[8] 陆桂生，邹迎九.媒介管理通论[M].上海：复旦大学出版社，2008.

[9] 潘可武.媒介经营管理：创新与融合[M].北京：中国传媒大学出版社，2015.

[10] 戚安邦.项目成本管理[M].天津：南开大学出版社，2006.

[11] 钱晓文.当代传媒经营管理[M].广州：中山大学出版社，2008.

[12] 谭云明.传媒经营管理新论[M].北京：北京大学出版社，2007.

[13] 屠忠俊.现代传媒经营管理[M].武汉：华中科技大学出版社，2011.

[14] 王方华，吕巍.企业战略管理[M].上海：复旦大学出版社，1997.

[15] 王月辉，杜向荣，冯艳.市场营销学[M].北京：北京理工大学出版社，2017.

[16] 吴信训，金冠军，李海林，等.现代传媒经济学[M].上海：复旦大学出版社，2005.

[17] 夏乐书，姜强，张春瑞，等.资本运营理论与实务[M].沈阳：东北财经大学出版社，2010.

[18] 肖瑜，刘兴云，王维虎.资本经营战略[M].上海：上海财经大学出版社，2000.

[19] 薛誉华.国有资本经营与资产管理[M].北京：中国财政经济出版社，2000.

[20] 杨公朴，夏大慰.产业经济学教程[M].修订版.上海：上海财经大学出版社，2002.

[21] 杨海军，王成文.传媒经济学[M].郑州：河南大学出版社，2008.

[22] 俞铁成.公司紧缩——资本运营新境界[M].上海：上海远东出版社，2001.

[23] 禹建强.媒介战略管理案例分析[M].北京：华夏出版社，2004.

[24] 喻国明.媒介的市场定位——一个传播学者的实证研究[M].北京：北京广播学院出版社，2000.

[25] 约翰.查尔德.组织：当代理论与实践[M].刘勃，译.北京：华夏出版社，2009.

[26] 詹姆斯·C.范霍恩，小约翰·M.瓦霍维奇.现代企业财务管理[M].11版.郭浩，译.北京：经济科学出版社，2002.

[27] 张志安，柳剑能.媒介营销案例分析[M].北京：华夏出版社，2004.

[28] 李小健.从制播分离看电视传媒的市场走向[J].电视研究，2009（4）：21-22.

[29] 朱春阳，张亮宇，杨海.当前我国传统媒体融合发展的问题、目标与路径[J].新闻爱好者，2014（10）：25-30.